高等职业院校财经类专业"十二五"规划教材

市场营销基础

主　编　周　庆　曾玉玲
副主编　黄章黎

上海财经大学出版社

图书在版编目(CIP)数据

市场营销基础/周庆、曾玉玲主编. 黄章黎副主编. —上海:上海财经大学出版社,2015.9
(高等职业院校财经类专业“十二五”规划教材)
ISBN 978-7-5642-2214-7/F·2214

Ⅰ.①市… Ⅱ.①周…②曾…③黄… Ⅲ.①市场营销-高等职业教育-教材 Ⅳ.①F713.50

中国版本图书馆 CIP 数据核字(2015)第 173864 号

□ 责任编辑 台啸天
□ 封面设计 钱宇辰
□ 责任校对 林佳依 卓 妍

SHICHANG YINGXIAO JICHU
市 场 营 销 基 础

主 编 周 庆 曾玉玲
副主编 黄章黎

上海财经大学出版社出版发行
(上海市中山北一路 369 号 邮编 200083)
网 址:http://www.sufep.com
电子邮箱:webmaster @ sufep.com
全国新华书店经销
上海华教印务有限公司印刷装订
2015 年 9 月第 1 版 2018 年 12 月第 2 次印刷

787mm×1092mm 1/16 12.75 印张 326 千字
印数:4 001—5 000 定价:33.00 元

高等职业院校财经类专业“十二五”规划教材

编写委员会

前　言

本书的体例安排围绕着五个基本项目设计。

1. 一个人的营销。任务设计要求学生将一个小物品推销给自己的同学。目的是让学生认识推销与营销的区别，确立正确的营销观念，并掌握以塑造“卖点”为核心的基本的营销技巧。

2. 我的小店。任务设计要求学生为在学校周边小区开设的小店制作简易的营销策划书，目的是让学生认识市场分析的基本流程和方法，并初步建立如何通过市场分析提炼“特色”的基本思路。

3. 小店的特色。任务设计要求学生开发属于小店的特色产品或服务，形成明确的定位。目的是让学生认识 STP 的基本流程和方法，并初步建立“定位”观念，对品牌及品牌价值产生明确意识。

4. 成长吧小店。任务设计要求学生以设计的小店产品、服务特色为基础，围绕品牌定位，选择和利用连锁专卖、特许经营、网络零售等途径，为复制与扩张自己的小店制定市场营销策略，并拟定策划书，用以说服可能的投资人。目的是让学生初步掌握产品与渠道的基础知识，认识产品、品牌的相互关系，理解品牌的深层意义，并对市场扩张产生基本认识。

5. 顾客的小店。任务设计要求学生整合利用 4P 营销组合和促销组合工具，为小店制订推广方案。目的是让学生树立整合营销观念，初步掌握营销组合工具及其运用，并对市场推广产生明确意识。

本书各项目内的体例安排则遵循“项目一体化”教学经验：

1. 案例讨论。结合项目目的起引导作用的案例。

2. 基本知识点。提供项目所需的基本知识。

3. 任务设计。以项目训练带动内容学习。

4. 知识拓展。为任务设计提供知识扩充。

5. 案例分析。为全项目的学习与训练提供总结与思考，起强化作用。

6. 知识链接。这一部分是相关知识的延伸，建议主要由学生自主学习。

本书是在总结高职教学改革以来，市场营销教学经验基础上的一次大胆尝试。整个设计突出了三个特点：(1)项目制教学以做带学；(2)以学生为主体，学以致用；(3)培养创业精神，锻炼创业能力。

由于编者水平与能力的限制，书中难免存在各种问题，希望得到大家的谅解和指点。最后对为本书编写提供无私帮助的各位同仁、编辑等致以深深的谢意！尤其是对武汉职业技术学院商学院已故匡水发院长长期的指点表示无上的敬意！

编　者

2015 年 4 月于武汉凌波湖

目　录

项 目 一

一个人的营销

【教学目标】

1. 让学生树立市场营销的基本观念。
2. 初步掌握个人营销的一般技巧与流程。
3. 了解推销与营销的根本区别。

【教学要求】

1. 明确市场营销如何实现价值增值。
2. 明确营销取代推销的原因。

一、案例讨论

赵本山是如何"卖拐"的?

《卖拐》视频(略)

结合案例重点讨论以下问题:

1. 观察分析顾客

(1)在这个小品中,赵本山是如何分析他要针对的对象的?通过观察年龄、穿着、举止、言谈等,可以得出一些什么结论?

(2)试做一份"顾客素描"。观察时注意全面与细节,通过外部观察,客观地描述顾客基本的外在特征(注意不要加入主观分析和判断)。

2. 发掘顾客偏好

(1)通过以上分析,结合"拐棍"这件产品的一般特点,分析赵本山抓住了顾客什么样的喜好。

(2)试做一份"顾客描述",在"顾客素描"的基础上进行分析、判断和归纳,概括出顾客的生活方式、喜好、偏爱、性格特征等,进行主观描述。

3. 设立"卖点",实现价值最大化

(1)小品中赵本山为他的拐棍设立了一个什么卖点？

(3)试着列出：

①拐棍的所有功能。

②结合顾客的喜好，按价值大小列出顾客看重的拐棍的价值。

③将功能与价值结合，产生“卖点”。

④用一句话(广告词)概括出“卖点”。

4. 思考与讨论

一家生产拐棍的企业能像赵本山这样“卖拐”吗，为什么？应该如何卖呢？

提示：赵本山只卖一根拐棍，一家企业要卖无数的拐棍。在这种情况下，企业眼中的价值增值最大化与赵本山相比应该发生什么变化？

二、基本知识点

(一)市场营销的概念

从广义上讲，市场营销可定义为以满足人类各种需要与欲望为目的，通过市场变潜在交换为现实交换的活动。

人类满足自身需要与欲望的基本手段主要有以下四种：交换、自给自足、借、抢(包含一切带有强迫性质的暴力或非暴力手段)。这其中“借”和“抢”显然只能是补充性质的手段，受限制极其明显。而对比交换与自给自足，我们就会发现，人类的发展史其实就可以看作是一部人类不断通过专业化分工与合作扩大交换的历史。尤其是工业化之后，市场交换已经彻底成为人类满足自身需要与欲望的基本手段，而市场营销就是解决交换所可能遇到的一切问题的一种人类活动。

从狭义上讲，市场营销是指对创意、实体产品和服务的构思、定价、分销和促销进行计划和执行的过程，旨在创造满足个人和组织目标的交换(美国市场营销协会 AMA，1985)。

市场营销既是一种组织职能，也是为了组织自身及利益相关者的利益而创造、沟通、传递客户价值，管理客户关系的过程(美国市场营销协会 AMA，2004)。

菲利普·科特勒则将其定义为：市场营销是个人或组织通过创造并同他人交换产品和价值以满足需求和欲望的一种社会和管理过程。

理解这个概念要注意：

(1)市场营销的对象是广义产品，包含了思想创意、实体产品、无形的服务。也就是说，一切可以满足人们需要与欲望，并可以通过市场进行交换的标的都属于可营销的产品。

(2)市场营销的主体包括社会中的一切个人与组织，不仅有营利性组织，也包含非营利性组织。

(3)市场营销的目的是满足交换主体的需要与欲望，而不仅是利润目标。

(4)市场营销是一个共赢的社会性的互动行为，必须构筑在良好客户关系的基础之上。

(5)市场营销是一个管理过程，必须有良好的计划和控制。

(二)价值增值与“卖点”

本节中的“卖点”其实就是营销关于价值增值的一种通俗性的说法。

市场营销强调通过交换来实现价值增值的最大化，那么如何实现价值增值最大化呢？

1. 价值增值是顾客对产品的价值评价

通过以上关于市场营销的定义我们明白，价值增值的源泉在于顾客，因此必须首先明确在特定环境、特定的时间(when)、特定的地点(where)，特定顾客(who)为满足何种需要与欲望

(why),使用何种方式(how),从而交换何种价值(what),其核心就是顾客的需要决定产品的顾客价值。

2. 价值增值是企业能力的具体体现

企业所拥有的资源要素水平决定了企业可提供的产品,但企业能力即企业对资源要素的组织、运用水平才能决定这件产品的使用价值。

3. 价值增值是面向竞争的优势创造的过程

现代市场是要面对激烈竞争的买方市场,企业产品只有能充分满足特定顾客的顾客价值,而且其使用价值又高于竞争对手同样产品的使用价值才有可能实现与顾客的交换,从而实现价值增值。迈克尔·波特(Michael E. Porter)用竞争优势这一概念对此做了最好的解释。

回到对赵本山"卖拐"的思考,我们会进一步发现价值增值最大化是一个过程,赵本山只卖一根拐棍,而一个营销者需要的是持续地与顾客交换。因此,市场营销的价值增值最大化,必须将其理解为一个保证交换持续发生(与顾客良好关系的建立、维护和发展是基础)的过程的价值最大化,而不是一次交易的价值最大化。基于此,我们也可以理解一个有趣的现象,营销学中只使用"赢利最大化",而不使用"盈利最大化"。

(三)推销与营销

推销观认为产品的销路是企业生存与发展的关键,企业若不大力刺激消费者的兴趣,消费者就不会购买或不会大量购买它的产品,这种观念的典型用语是"我们卖什么,人们就买什么"。企业的主要任务是以销售为中心。推销观产生的背景是市场供过于求,市场竞争加剧,当企业担心生产出来的产品是否能全部销售出去时,就会产生推销观。

推销的起点在于企业已拥有的某个产品,终点是与顾客完成该产品的交易。从管理角度而言,推销没有构成闭式循环系统;从"赢利最大化"角度而言,只注重了结果,没有关注过程。特别是,当竞争进一步加剧,进而趋向白热化时,竞争对手间必然会出现包括产品功能、质量、促销等方面高度一致的产品同质化,推销的效率将急剧下降。

正是在这一背景下,营销观应运而生。营销观是一种以顾客为中心的观念,它把企业的生产经营活动看作是一个不断满足顾客需求的过程,认为实现企业各项目标的关键在于正确认识目标市场的需要和欲望,并且比竞争者更有效地传送目标市场所期望的产品,从而比竞争者更有效地满足目标市场的需要与欲望。其基本特点是在企业的一切生产经营过程中,运用产品、定价、分销、促销等多方面的手段,努力实现满足顾客需求的目标,通过满足需求换取合理利润。

营销观以顾客需要与欲望为起点,通过产品针对性的设计和开发来满足特定顾客的特定需求,从而形成自身有别于竞争对手的独特优势。并将企业经营从交易环节扩展到交换的全过程,通过售后服务等顾客互动环节强化与顾客的关系,从而为下一次与顾客交换做好准备,因此形成了一个结果与过程并重的闭式循环管理体系。

简言之,营销观从发现顾客需求出发,通过顾客需求满足的全过程,解决了竞争问题和与顾客再次交换的起点问题,是营销学走向成熟的标志。

(四)市场营销的核心概念

1. 需要、欲望、需求

(1)需要

需要(need)是指因某种欠缺未得到满足时的心理状态。

这个概念的关键有两点:①首先需要来自于"欠缺"的客观事实,缺乏这个事实基础则需要不可能出现。②需要是人的主观对欠缺这个事实的反映。也就是说,仅有欠缺的事实,而人对这个事实却没有明确意识时，需要同样是不成立的，或者我们把这种情况称为“潜在需要”，同时我们也可以明确地知道：需要是无法创造的。

需要具有以下几个特征：

①稳定性。需要来自“欠缺”的客观事实，是客观事物的反映，不以人的主观意志而改变。我们可以预测、发现需要却无法创造、发明需要。“欠缺”的客观事实存在的周期就是需要存在的周期。

②抽象性。需要又基于人们对“欠缺”事实的主观认知，是人的主观认识的结果。因此通过揭示“欠缺”的事实，可以激发人们的“潜在需要”转化为需要。

③层次性。马斯洛需要层次论(Maslow's hierarchy of needs)揭示了需要向欲望转化的基本规律。

马斯洛需要层次论是美国心理学家亚伯拉罕·马斯洛在1943年的《人类激励理论》论文中所提出的。它将人类需求从低到高按层次分为五种，分别是：生理需要(physiological needs)、安全需要(safety needs)、社交需要(love and belonging)、尊重需要(esteem)和自我实现需要(self-actualization)，如图1—1所示。

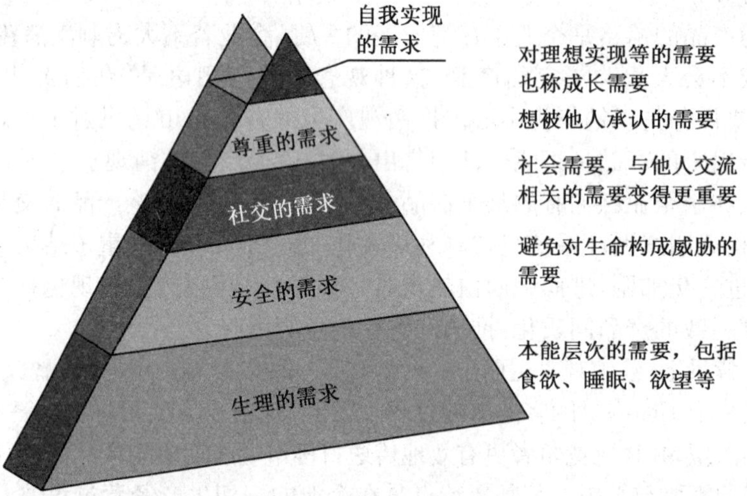

图1—1 马斯洛需要层次论

五种需要像阶梯一样从低到高、按层次逐级递升，但这样的顺序不是完全固定的，可以变化，也有种种例外情况(原因在于，需要的满足要素既是物质的，也是精神的，越是进入高层次需要满足时，精神要素的重要性越突出)。

这个理论有两个基本出发点：一是人人都有需要，某层需要获得满足后，另一层需要才出现。二是在多种需要未获满足前，首先满足迫切需要；该需要满足后，后面的需要才显示出其激励作用。一般来说，某一层次的需要相对满足了，就会向高一层次发展，追求更高一层次的需要就成为驱使行为的动力。相应地，获得基本满足的需要就不再是一股激励力量。

五种需要又可以分为两级，其中生理上的需要、安全上的需要和感情上的需要都属于低一级的需要，这些需要通过外部条件就可以满足；而尊重的需要和自我实现的需要是高级需要，它们是通过内部因素才能满足的，而且一个人对尊重和自我实现的需要是无止境的。同一时期，一个人可能有几种需要，但每一时期总有一种需要占支配地位，对行为起决定作用。任何一种需要都不会因为更高层次需要的发展而消失。各层次的需要相互依赖和重叠，高层次的需要发展后，低层次的需要仍然存在，只是对行为影响的程度大为减小。

(2)欲望

欲望(want)是指对某种需要迫切要求加以满足的心理状态。

人在某一个特定时点上，他的需要我们可知是无限的，但人为实现需要所耗费的资源(时间、体力、精力、资金等)却是有限的。因此，人们就会根据需要实现的紧迫性及其价值对其需要进行排序，欲望因此产生。欲望是动机的源头，动机驱使人们采取行为。

(3)需求

需求(demand)是指指向特定产品，并有购买力的欲望。

满足某种欲望，在市场上可能有无数的产品，而实际上人们只需其中一种就够了。因此，需求是指拥有支付能力，用某个特定化产品去满足某一欲望。由此可知，创造需求的实质是指诱导顾客选择特定产品满足特定欲望的行为。指向特定产品而缺乏支付能力的情况，我们称为“潜在需求”

2. 市场、交换、市场营销者

(1)市场

我们知道，在经济学中，市场是交换各方及其交换关系的总和，它是站在第三者的角度去研究市场的。

而现代市场营销学是站在企业的立场，从企业的角度去观察市场、解释市场的。因此在市场营销学中，市场是指具有特定需要和欲望，愿意并能够通过交换来满足这种需要或欲望的全部潜在和现实顾客的集合。

分析市场时，要注意：市场的大小不仅要看构成现实市场的人口、购买欲望、购买力三个要素(市场＝人口＋购买欲望＋购买力)；还要分析具备了购买欲望，但缺乏购买力的潜在市场的大小；更要关注潜在市场向现实市场转化的可能性与速度。

任何市场在特定时间内都有其极限，这就是市场最大量。市场不仅有最大量，也有最小量。所谓市场最小量，是指仅将产品投放到渠道中，却不进行任何促销时对应的一个产品市场销量，市场最小量肯定大于零。

(2)交换

交换(exchange)是指通过提供某种标的作为回报，从别人那里获得所需标的的行为。在交换的过程中，如果双方达成一项协议，我们称为发生了交易(transaction)。交易一般包括谈判、协议签署、协议执行三阶段，是交换的组成部分。

交换成立的要件如下：

①存在买方与卖方；

②每方都有可供交换的标的；

③每方都能沟通信息和传送物品；

④每方都有表达的自由；

⑤每方都认为交换是适当的。

市场营销是研究交换行为的，因此交换成立的五要件也就构成了营销活动的基本内容。在这五个要件中，前四个要件构成潜在交换向现实交换转换的充分条件，而第五个要件构成唯一的充要条件。我们将在第三与第四组核心概念里集中讨论：顾客在什么样的条件下会认为交换是适当的。

(3)市场营销者

市场营销者是指希望从别人那里取得资源并愿意以某种有价物作为交换的人。市场营销者既可能是买方,也可能是卖方,只要在一个交换中积极寻求交换的一方,都是市场营销者。

现代营销的基本背景是买方市场,卖方都可视为市场营销者,而作为买方的顾客是在欲望驱使下寻求交换的,因而也是积极的。但现代高度个性化的顾客,又极其反感在自己做出基本的交换选择的决策前,有任何来自外界的干预影响自己的决策和判断。因此,先创造"让顾客主动"的环境,再在顾客主动基础上全力响应顾客的"能动地营销"成为现代营销基本的模式。比如,我们看到零售商业从柜台式售货转向开架式售货,其原因正在于此。

3. 顾客价值、顾客成本、顾客让渡价值

(1)顾客价值

顾客价值是指交换带给顾客的一切利益的总和,一般包括产品价值、服务价值、人员价值、形象价值等。

(2)顾客成本

顾客成本是指交换中顾客要付出的所有代价的总和,一般包括精力成本、体力成本、时间成本、货币成本等。

(3)顾客让渡价值

顾客让渡价值是指通过交换,顾客获得的所有顾客价值与顾客成本的差值。即顾客让渡价值=顾客价值-顾客成本。

要使顾客认为交换是适当的,显然要满足"顾客让渡价值=顾客价值-顾客成本≥0"这一基本条件。即提升顾客价值,降低顾客成本是达成交换的关键。

这一概念告诉我们,在企业营销中,成本和价值分析不仅针对企业,更要针对顾客进行。例如,发生在20世纪80年代中期到90年代中期的中国报业"自办发行"的改革,其基本内容就是脱离邮局,通过自建发行系统来构建报社自己的发行渠道。简单分析就可以知道,这种改变意味着报社首先要投入巨资构建发行系统,从发行本来无需固定成本投入,转变为变动成本没减少,又新增庞大固定成本的模式。但改革却取得了巨大成功,究其原因,只能从顾客成本入手分析才能加以解释:由于买报纸是典型的习惯性消费行为,所以顾客精力成本消耗可视为零;而对愿意消费报纸的顾客而言,报纸低廉的售价也可视为约等于零;那么,我们就可以发现,决定顾客购买报纸的关键性成本就是时间成本和体力成本了。而"自办发行"正是通过紧紧抓住"两点一线"(家、办公室、交通沿线)构建发行渠道,成功地做到了总是可以让顾客"顺便"买到报纸,从而让顾客感到其为购买报纸花费的时间和体力成本降到了零,进而使报纸发行量得到了爆发性增长,广告收入随之呈几何级数上涨。

4. 顾客满意、顾客忠诚、关系营销

(1)顾客满意(customer satisfaction)

菲利普·科特勒认为,顾客满意"是指一个人通过对一个产品的实际感受效果与他的期望值相比较后,所形成的愉悦或失望的感觉状态"。亨利·阿塞尔也认为,当产品的实际消费效果超过消费者的预期时,就导致了满意,否则,则会导致顾客不满意。

从上面的定义可以看出,顾客满意度是实际感受值和期望值之间的差异函数。如果效果低于期望,顾客就会不满意;如果实际感受值与期望相匹配,顾客就满足;如果实际感受值超过期望,顾客就会满意,从而会对顾客产生正激励。即顾客满意要满足以下条件:顾客满意度=实际感受值-期望值>0。

顾客满意这一概念，可以帮助我们理解一些常见的市场现象：

①消费者获取信息的主要渠道。它包括商业渠道（如广告）、中立渠道（如新闻）、个人渠道（如朋友）、经验渠道（自身体验）。四个信息渠道的可信度呈由低到高排列，其中经验渠道和个人渠道属于私人性质的渠道，其可信度远高于属于公众渠道性质的商业和中立渠道。满意的顾客产生的正激励将驱使其采取重购、交叉购买、口碑（通过个人渠道影响其首要相关群体，如朋友）等行动，所以，“留住老顾客重于开发新顾客”。

②“创名牌容易，保名牌难”。普通品牌顾客期望值设为 60，实际感受值达到 70，其顾客满意度就是 10；名牌则意味着顾客期望值 100，即使实际感受值为 90（远高于 70），但顾客满意度为－10。

③促销要有度。“王婆卖瓜，自卖自夸”，在营销中促销几乎是不可或缺的一个环节。但顾客满意度这个公式告诉我们，过度地促销将会使期望值提高到实际感受值难以超越的高度，从而降低顾客满意度，搬起石头砸自己的脚。

④服务为本。这个式子还告诉我们，当满意的顾客重购时，其上一次购买后的实际感受值将成为此次重购的期望值，并不断循环，也就是说，顾客满意是一个精益求精的过程。

（2）顾客忠诚

顾客忠诚可以定义为顾客购买行为的连续性，它是指客户对企业产品或服务的依赖和认可、坚持长期购买和使用该企业产品或服务所表现出的在思想和情感上的一种高度信任和忠诚的程度，是客户对企业产品在长期竞争中所表现出的优势的综合评价。顾客忠诚度是指顾客忠诚的程度，是一个量化概念。顾客忠诚度是指由于质量、价格、服务等诸多因素的影响，使顾客对某一企业的产品或服务产生感情，形成偏爱并长期重复购买该企业产品或服务的程度。

从顾客满意到顾客忠诚是一个渐进的过程（见图 1—2）。

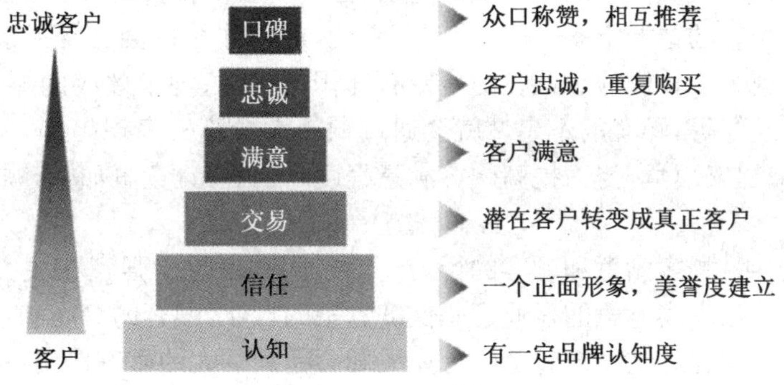

图 1—2　由顾客满意到顾客忠诚

顾客忠诚度可以分为四层：最底层是指顾客对企业没有丝毫忠诚感，他们对企业漠不关心，仅凭价格、方便性等因素购买。第二层是顾客对企业的产品或服务感到满意或是习惯，他们的购买行为更多是受到习惯力量的驱使。一方面，他怕没有时间和精力去选择其他企业的产品或服务。另一方面，转换企业可能会使他们付出转移成本。第三层是顾客对某一企业产生了偏好情绪，这种偏好是建立在与其他竞争企业相比较的基础之上的。这种偏好的产生与企业形象、企业产品和服务体现的高质量以及顾客的消费经验等因素相关，从而使顾客与企业之间有了感情联系。最上层是顾客忠诚的最高级阶段。顾客对企业的产品或服务忠贞不贰，并持有强烈的偏好与情感寄托。顾客对企业的这种高度忠诚，成为企业利润的真正源泉。

顾客忠诚和顾客满意的关系受行业竞争状况的影响(见图 1－3)，影响竞争状况的因素主要包括以下四类：限制竞争的法律、高昂的改购转移成本、专有技术、有效的常客奖励计划。

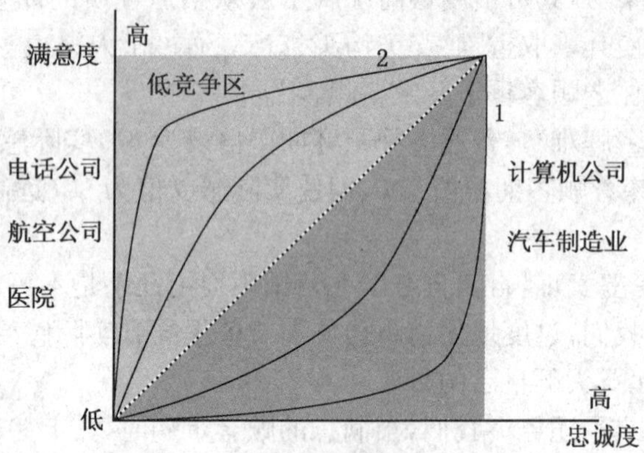

图 1－3　顾客满意与顾客忠诚的关系

虚线左上方表示低度竞争区，虚线右下方表示高度竞争区，右下曲线 1 和左上曲线 2 分别表示高度竞争的行业和低度竞争的行业中顾客满意程度与顾客忠诚可能性的关系。

如曲线 1 所示，在高度竞争的行业中，完全满意的顾客远比满意的顾客忠诚。在曲线右端（顾客满意程度评分 5)，只要顾客满意程度稍稍下降一点，顾客忠诚的可能性就会急剧下降。这表明，要培育顾客忠诚，企业必须尽力使顾客完全满意。

在低度竞争的行业中，曲线 2 描述的情况似乎表明顾客满意程度对顾客忠诚度的影响较小。但这是一种假象，限制竞争的障碍消除之后，曲线 2 很快就会变得和曲线 1 一样。因为在低度竞争情况下，顾客的选择空间有限，即使不满意，他们往往也会出于无奈继续使用本企业的产品和服务，表现为一种虚假忠诚。随着专有知识的扩散、规模效应的缩小、分销渠道的分享、常客奖励的普及等等，顾客的不忠诚就会通过顾客大量流失表现出来。因此，处于低度竞争情况下的企业应居安思危，努力提高顾客满意程度，否则一旦竞争加剧，顾客大量跳槽，企业就会陷入困境。

上面的分析表明，顾客满意和顾客的行为忠诚之间并不总是强正相关关系。但有一点毋庸置疑，那就是无论在高度竞争的行业还是低度竞争的行业，顾客的高度满意都是形成顾客忠诚感的必要条件，而顾客忠诚度对顾客的行为无疑会起到巨大的影响作用。

(3)关系营销

所谓关系营销，就是把营销活动看成是一个企业与消费者、供应商、分销商、竞争者、政府机构及其他公众发生互动作用的过程，其核心是建立和发展与顾客及这些公众的良好关系。

发现正当需求—满足需求并保证顾客满意—营造顾客忠诚，构成了关系营销中的三部曲。

贝瑞和帕拉苏拉曼归纳了三种建立顾客价值的方法：一级关系营销(频繁市场营销或频率营销)——维持关系的重要手段是利用价格刺激对目标公众增加财务利益；二级关系营销——在建立关系方面优于价格刺激，增加社会利益，同时也附加财务利益，主要形式是建立顾客组织，包括顾客档案，以及正式的、非正式的俱乐部以及顾客协会等；三级关系营销：增加结构纽带，同时附加财务利益和社会利益。与客户建立结构性关系，它对关系客户有价值，但不能通过其他来源得到，可以提高客户转向竞争者的机会成本，同时也将增加客户脱离竞争者而转向本企业的收益。

三、任务设计

如何在重阳节将一件你手中的小物品卖给同学?

1. 调查了解重阳节的文化背景与风俗习惯,结合你手中的小物品,挖掘出其中蕴涵的特殊价值。

(1)通过对二手资料的收集,整理分析重阳节的文化内涵,提炼出其蕴涵的特定文化价值。

(2)对手中的小物品进行功能分析。

(3)尝试将功能分析与重阳节的文化价值结合,产生"价值增值"列表。

2. 分析你的同学,找到理想的潜在顾客

(1)对同学进行分类,针对性地进行顾客素描。

(2)根据顾客素描,进行顾客描述。

(3)将顾客描述与上面的"价值增值"列表结合确定"卖点"。

3. 做一张 PPT 展示你的物品与"卖点":文化背景、美化的物品、广告词——"卖点"。

4. 用 Word 文稿做一份演讲词,配合 PPT 向同学传播你的"卖点"。

5. 做一段微视频记录你的第一次推销演讲。

四、知识拓展

营销学的发展

市场营销学(marketing)于 20 世纪初期产生于美国。随着社会经济及市场经济的发展,市场营销学发生了根本性的变化,从传统市场营销学演变为现代市场营销学,其应用从营利组织扩展到非营利组织,从国内扩展到国外。当今,市场营销学已成为同企业管理相结合,并同经济学、行为科学、人类学、数学等学科相结合的应用边缘管理学科。西方市场营销学的产生与发展同商品经济的发展、企业经营哲学的演变是密切相关的。市场营销学自 20 世纪初诞生以来,其发展经历了五个阶段。

(一)萌芽阶段(19 世纪末～20 世纪初)

这一时期,第二次工业革命达到高峰,生产力迅速提高,城市经济迅猛发展,人类历史上首次出现了供需关系趋于平衡的迹象,与此相适应市场营销学开始创立。

早在 1902 年,美国密执安大学、加州大学和伊利诺大学的经济系开设了市场学课程。之后相继在宾夕法尼亚大学、匹茨堡大学、威斯康星大学开设此课。在这一时期,出现了一些市场营销研究的先驱者,其中最著名的有阿切·W·肖(Arch W. Shaw),巴特勒(Ralph Star Bulter),约翰·B·斯威尼(John B. Swirniy)及赫杰特齐(J. E. Hagerty)。这一阶段的市场营销理论同企业经营哲学相适应,即同生产观、产品观相适应。其依据是传统的经济学,是以供给为中心的。

(二)功能研究阶段(20 世纪 20～40 年代)

这一阶段以营销功能研究为其特点。随着生产力水平的进一步提高,尤其是大萧条的出现,产品过剩成为企业经营要面对的首要问题。此阶段最著名的代表学者有:克拉克(F. E. Clerk),韦尔达(L. D. H. Weld),亚历山大(Alexander),瑟菲斯(Sarface)和埃尔德(Ilder)及奥尔德逊(Alderson)。1942 年克拉克出版的《市场营销学原理》一书,在功能研究上有所创新,把功能归结为交换功能、实体分配功能、辅助功能等,并提出了推销是创造需求的观点，实际上是市场营销的雏形。

（三）成熟时期（20世纪50～60年代）

第二次世界大战后西方发达国家进入经济发展黄金时期，买方市场奠定，竞争的高度同质化导致推销的局限性彻底暴露。这一时期的代表人物有范利（Vaile），格雷特（Grether），考克斯（Cox），梅纳德（Maynard），贝克曼（Beckman），罗·奥尔德逊（Wraoe Alderson），约翰·霍华德（John A. Howard）及麦卡锡（E. J. Mccarthy）等。

1952年，范利、格雷特和考克斯合作出版了《美国经济中的市场营销》一书，全面地阐述了市场营销如何分配资源，指导资源的使用，尤其是指导稀缺资源的使用；市场营销如何影响个人分配，而个人收入又如何制约营销；市场营销还包括为市场提供适销对路的产品。同年，梅纳德和贝克曼在出版的《市场营销学原理》一书中，提出了市场营销的定义，认为它是"影响商品交换或商品所有权转移，以及为商品实体分配服务的一切必要的企业活动"。

奥尔德逊在1957年出版的《市场营销活动和经济行动》一书中，提出了"功能主义"。约翰·霍华德在《市场营销管理：分析和决策》一书中，率先提出从营销管理角度论述市场营销理论和应用，从企业环境与营销策略二者关系来研究营销管理问题，强调企业必须适应外部环境。麦卡锡在1960年出版的《基础市场营销学》一书中，把消费者视为一个特定的群体，即目标市场，企业制定市场营销组合策略，适应外部环境，满足目标顾客的需求，实现企业经营目标。由此可见，这一时期已形成市场营销的原理及研究方法，营销观开始树立，市场营销学已走向成熟。

（四）变革与革命时期（20世纪70～80年代）

第三次技术革命的出现，使得系统分析、系统管理成为可能。在此时期，乔治·道宁（George S. Downing）于1971年出版的《基础市场营销：系统研究法》一书，提出了系统研究法，认为公司就是一个市场营销系统，"企业活动的总体系统，通过定价、促销、分配活动，并通过各种渠道把产品和服务供给现实的和潜在的顾客"。他还指出，公司作为一个系统，同时又存在于一个由市场、资源和各种社会组织等组成的大系统之中，它将受到大系统的影响，同时又反作用于大系统。菲利浦·科特勒（Philip Kotler）出版了《市场营销管理：分析、计划与控制》一书，该著作更全面、系统地发展了现代市场营销理论。他精粹地对营销管理下了定义：营销管理就是通过创造、建立和保持与目标市场之间的有益交换和联系，以达到组织的各种目标而进行的分析、计划、执行和控制过程，并提出市场营销管理过程包括分析市场营销机会，进行营销调研，选择目标市场，制定营销战略和战术，制定、执行及调控市场营销计划。菲利浦·科特勒突破了传统市场营销学认为营销管理的任务只是刺激消费者需求的观点，进一步提出了营销管理任务还影响需求的水平、时机和构成，因而提出营销管理的实质是需求管理，还提出了市场营销是与市场有关的人类活动，既适用于营利组织，也适用于非营利组织，扩大了市场营销学的范围。而巴巴拉·本德·杰克逊提出了"关系营销""协商推销"等新观点。同时"直接市场营销"也是一个引人注目的新问题，其实质是信息技术大发展使以数据资料为基础的实时分析、实时协调、实时回馈成为可能（这种思想在今天的大数据时代将放射其光芒）。

贸易全球化与贸易保护主义的兴起促使莱维·辛格和菲利普·科特勒于1981年对"市场营销战"这一概念以及军事理论在市场营销战中的应用进行了研究，几年后，列斯和特罗出版了《市场营销战》一书。1983年，西奥多·莱维特对"全球市场营销"问题进行了研究，提出过于强调对各个当地市场的适应性，将导致生产、分销和广告方面规模经济的损失，从而使成本增加，因此跨国公司应该考虑向全世界提供一种统一的产品，并采用统一的沟通手段（这就是"全球品牌"）。1986年，科特勒提出了"大市场营销"这一理论，即6P战略：原来的4P（产品、价格、分销及促销)加上政治权力及公共关系。他提出了企业不应只被动地适应外部环境,而且也应该影响企业的外部环境的战略思想。

消费个性化更是这一时期营销变革的关键问题。随着高等教育的普及和中产阶层成为社会的主体,战后出生的新一代消费者掀起了消费个性化的浪潮。消费个性化直接给企业营销带来两个最根本的挑战。

满足个性化消费就意味着必须变“单一品种、大规模生产”为“多品种、小规模生产”,由此产生的问题是,因此造成的规模效益损失如何得到弥补?从本质而言方法只有一个,就是系统集成、系统优化。借助于信息技术的飞速进步,通过跨企业的供应链管理(SCM)和客户关系管理(CRM),企业竞争进入到“企业群体”间竞争的时代。

消费个性化意味着顾客需求稳定的周期变短,但一定时期内企业生产经营的周期是不变的。由此产生的问题是,基于发现顾客需求从而展开一个生产经营周期的企业会尴尬地发现产品进入渠道时,很可能顾客需求已经消失或改变了。解决这一问题的办法只有一个,变发现需求为预测需求。此时预测的准确性就成为关键,由此基于与顾客间持续良好互动的关系营销体系的建设、维护和发展就成为营销最基本的问题。

(五)酝酿与升华时期(20 世纪 90 年代以来)

进入 20 世纪 90 年代以后,互联网的应用的迅猛发展正不断改变着消费者的生活模式和购买行为模式,4C、4R、大数据营销等营销理念和方法的进步仍在推动营销学不断前行。

五、案例分析

星巴克,卖的就是概念

第一个是家,第二个是办公室,星巴克则介于两者之间。星巴克,介于家与办公室之间的第三场所。在这里,让人感到舒适、安全和第三场所的温馨。

——星巴克董事长霍华德·舒尔茨

漫步在世界各大都市的街头,你会发现一个绿色的美人鱼标志,当你循着美人鱼的微笑进入店内的时候,沁人心脾的咖啡香味和舒适优雅的店内环境,会让你放松下来,轻松地享受一段美好的午后时光——这就是星巴克(Starbucks)。星巴克这家 1971 年诞生于美国西雅图、靠咖啡豆起家的咖啡公司,自从 1992 年挂牌上市后,短短十余年时间,便以其童话般的奇迹令全球瞩目。据相关媒体报道,从 1996 年至今,美国咖啡连锁巨头星巴克在全世界已经拥有了 1 万多家分店,遍布全球 37 个国家和地区。权威统计资料显示,星巴克几乎每 8 个小时就会新开一家咖啡店。环顾世界,这样规模的连锁经营能有几家?

2003 年 2 月,美国《财富》杂志评选出全美 10 家最受尊敬的公司,星巴克以其突出的表现位居第九。《商业周刊》评出的 2001 年全球 100 个最佳品牌中,星巴克排名第 88 位。但《商业周刊》却称赞星巴克是“最大的赢家”,因为在许多著名品牌价值大跌的同时,它的品牌价值却猛增 38%,在 100 个品牌中位居第一!

优质的咖啡营造星巴克的品牌化感觉

高品质的产品不一定能成为经典的品牌,但经典的品牌必须具备更好、更高、更可靠的质量。在星巴克的管理层看来,咖啡质量无疑是品牌的灵魂。试问,有谁会想到,星巴克会在如此短的时间里,从西雅图一家微不足道的小公司发展成为全球的咖啡商业帝国,这简直是世界经济的奇迹。而制造这一奇迹的除了星巴克卓越的经营者们,还有一个不可或缺的角色,那就是咖啡。

三十年来，星巴克始终坚持选用最顶级的阿拉比卡咖啡豆。专业的烘焙技术，将每一粒咖啡豆的风味发挥尽致。为了让所有热爱星巴克的人们品尝到一流的纯正口味的咖啡，他们对产品的质量要求简直达到了近乎苛刻的地步。无论是原料豆及其运输、烘焙、配制、配料的增加、水的过滤，还是最后将咖啡端到顾客面前，这一系列程序，都必须符合最严格的标准。与绝大多数咖啡公司不同的是，星巴克绝不让未经专家严格品评的咖啡豆充斥市场。星巴克的咖啡专家每年要品评 10 万杯以上的咖啡，以确保品质。专家以杯评法挑选咖啡豆，然后决定精准的烘焙程度，令每一种咖啡的独有滋味，都得以完全释放。同时，星巴克为满足顾客需求，除了星巴克当家咖啡外，还精心调制出各色口味：有甜酸果味的"女神天韵口味"，醇度饱满、口感厚重的"纳瑞诺咖啡"，香味诱人的"维罗娜咖啡"。

由此可见，星巴克将调制美味咖啡的专业技术及对卓越品质的要求融进制作咖啡的每一个细节，从咖啡豆的选择到烘焙，直至调制出一杯完美咖啡，无不体现着星巴克对咖啡的热忱。除了咖啡，星巴克还开发了高档冰淇淋系列以及和百事可乐合作经营的可即时饮用的咖啡饮料。不仅如此，星巴克还深谙现场管理的精髓，创造了咖啡行业的标准。这也是星巴克在不到三十年的时间里超越具有几百年咖啡文化内涵的欧洲咖啡的主要原因之一。谁曾想到这样古老的行业，过去从来没有标准，现在不仅仅是咖啡的标准，还有水的标准、温度的标准、奶的标准、杯子的标准，星巴克都重新设计过了，标准化了。也正是因为有了严格的品质保证，星巴克才敢放心大胆地没花一分钱做广告，星巴克的信条是："最好的广告就是我们的店。"

此外，星巴克还深知咖啡中的香味非常重要，心理学家认为，人们对咖啡的感受 90% 来自嗅觉，10% 才来自于喝咖啡的味觉。所以要让顾客一进来就闻到咖啡的香味，而不能让其他气味破坏咖啡的香味。这就是在星巴克不能抽烟，员工上班的时候连香水也不能用的原因。不仅如此，对于商品陈列的方式，甚至小到打开咖啡豆包装袋、贴上包装标签这样的琐事，都有明确的规定。星巴克规定，装好 1 磅的咖啡豆后，标签一定要贴在星巴克标志上方 1 英寸半的地方。甚至连咖啡机发出的声音都成了制造气氛、产品服务的一部分。在后来的发展中，星巴克不仅凭借优良的咖啡品质为其成功奠定了良好的基础，更重要的是，人们在这里享用世界级优质咖啡和各种调制饮品的同时，还能感受到闲适优雅的情怀。正如 Jesper Kunde 在《公司宗教》一书里指出，星巴克的成功在于，在消费者需求的中心由产品转向服务、再由服务转向体验的时代，星巴克成功地创造了星巴克概念。

星巴克概念一经提出，立即在全球范围内引起激烈的争论，品牌学家、策划专家、学者教授纷纷探寻星巴克成功之道，经过诸多专家长期研究和论证，最终得出如下结论：星巴克灵活地运用了体验营销、口碑营销、文化营销这三大手段成功地创造并传播了"星巴克概念"。

体验营销——品尝咖啡美味，体验"咖啡之道"

星巴克出售的不只是咖啡，而是人们基于咖啡而产生的综合体验。星巴克人认为自己的咖啡只是一种载体，通过这种载体，星巴克把一种独特的格调传送给顾客。这种格调就是"浪漫"。星巴克努力把顾客在店内的体验化作一种内心的体验——让咖啡豆浪漫化，让顾客浪漫化，让所有感觉都浪漫化……

哈佛大学哈里森教授在谈到其对星巴克的印象时，十分愉悦地说道："星巴克渗透了幽雅的环境、放松的气氛、交际的空间和心情的转换，大家需要的不仅仅是喝一杯咖啡，而是渴望都市中有一条交流感情的途径，一个轻松享受咖啡的时刻。"美国社会学家欧登伯格在《伟大的场所》一文中指出，大众需要有非正式的公共场所，供他们交友、聊天、聚集、解脱，暂时抛开家庭和工作的压力。因此德国有啤酒屋，英国有小酒吧，法国、意大利和奥地利有咖啡馆，它们提供一个人人平等的中性场所，让大家尽情交谈。过去美国的酒吧、理发厅和美容院也有这些功能，但这些场所在城市居民逐渐搬往郊区之后便渐渐失去了这些功能。欧登伯格还认为："如果这些交际的好去处不见了，那么城市最基本的人际多元性互动关系就得不到滋润，熙来攘往的人群孤寂依旧。"而在星巴克的品牌设计中，星巴克是顾客日常生活的"第三个好去处"，也就是说，除了家和上班地点以外的另一个舒适的社交场所，就像是客厅的延伸。正如欧登伯格所言，星巴克的经营宗旨就是努力营造"第三生活空间"，所以星巴克不仅在卖咖啡，更是在卖一种生活的场景。从表面上看，星巴克只是把咖啡店装修了一下，并没有改变咖啡。其实星巴克把什么都变了，它把喝咖啡这种西方饮食中最古老的事，又用心重新设计了一遍。这正是星巴克最吸引人的地方，在平凡中创新，把存在几百年的古老消费品，变成了挡不住的新流行，改写了现代的生活。

社会学家普遍认为，人们的生活有两大场所，一是家里，二是公司，它们分别代表了休息和工作。但是人们还有社会交往的需求，社会越进步，人们对交往的需求就越高，星巴克就提供了这样一个舒适的社交场所，成了顾客日常的"第三生活空间"。在星巴克，人们不仅能喝到地道优质的咖啡，而且能享受到店内优雅轻松的环境，感受到一种完全的身心放松，既可以邀三五好友一同来喝杯咖啡，听着店里播放的音乐、聊天叙旧；也可以独自一人前来，点一杯咖啡，享受独处的悠闲。这种生活场景的设置，让某些不喝咖啡的人，也会选择星巴克作为自己的休闲场所，点一杯果汁或茶，享受那种无拘无束的氛围。有些顾客甚至"躺"在星巴克的沙发里，悠闲地读着店内提供的杂志。

那么，什么是体验营销？星巴克是如何淋漓尽致地运用体验营销这一手段，缔造了今日星光灿烂的咖啡王国呢？《情感营销》的作者斯克特·罗比内特认为"体验是企业与消费者交流感官刺激、信息和情感要点的集合，体验营销是 21 世纪营销战中最有力的秘密武器。体验营销(experiential marketing)是站在消费者的感官、情感、思考、行动和联想五个方面，重新定义、设计的一种思考方式的营销方法。这种思考方式突破传统上'理性消费者'的假设，认为消费者消费时是理性与感性兼具的，消费者在消费前、消费中和消费后的体验才是购买行为与品牌经营的关键。"星巴克的成长与发展，诞生了一个新经济时代的创富模式：将体验融入你的产品和服务，用体验营销创造未来，创造成功。

情境体验

星巴克通过情境尽力去营造一种温馨的家的和谐氛围。在环境布置上，星巴克给自己的定位是：第三空间。即在你的办公室和家庭之外，给你另外一个享受生活的地方、一个舒服的社交聚会场所。无论是其起居室风格的装修，还是仔细挑选的装饰物和灯具，煮咖啡时的嘶嘶声，将咖啡粉末从过滤器敲击下来时发出的啪啪声，用金属勺子铲出咖啡豆时发出的沙沙声，都是顾客熟悉的、感到舒服的声音，都烘托出一种"星巴克特有的情景体验"。

产品体验

产品是顾客价值的核心部分，既然是咖啡馆，星巴克的咖啡必有过人之处。为保证星巴克印度尼西亚咖啡具有一流的纯正口味，星巴克设有专门的采购系统。他们常年旅行在印度尼西亚、东非和拉丁美洲一带，与当地的咖啡种植者、出口商交流沟通，为的是能够购买到世界上最好的咖啡豆。他们工作的最终目的是让所有热爱星巴克的人都能体验到：星巴克所使用的咖啡豆都是来自世界主要的咖啡豆产地的极品。无论是原料豆及其运输、烘焙、配制、配料的添加、水的滤除，还是员工把咖啡端给顾客的那一刻，一切都必须符合最严格的标准，都要恰到好处。

"认真对待每一位顾客,一次只烹调顾客那一杯咖啡。"这句取材自意大利老咖啡馆工艺精神的企业理念,贯穿了星巴克的服务。为了保证服务的高质量,所有在星巴克咖啡店的雇员都是经过严格而系统的训练,对于咖啡知识及制作咖啡饮料的方法,都有一致的标准。星巴克使顾客除了能品尝绝对纯正的星巴克咖啡之外,同时也可与雇员们产生良好的互动。

口碑营销——利用口碑影响力推动品牌发展

一种永远不会退出舞台、不会承认落后的营销手段,一种不需要高成本投入而又成效显著的方法,一种传统产业和新经济都不拒绝的营销举措,这就是口碑营销。口碑,是人类最原始的营销广告。但在企业进行铺天盖地的广告宣传、密集性商业轰炸的今天,口碑营销似乎已被众多的企业、商家、营销精英们遗忘和抛弃了。然而星巴克这样增长强劲的公司,却从来不做媒体广告,而是通过口口相传的古老方式塑造品牌和传播企业的文化内涵。

星巴克的创始人霍华德·舒尔茨经常说,星巴克是以一种商业教科书上没教过的方式创立了自己的品牌。一般的企业做品牌,常常是采用一点对多点的"广播"模式,这种做法的特点是见效快,当然失效也快,而且耗资多。星巴克则利用一种原始的看起来相当缓慢的一点对一点"窄播"模式,这种做法的特点是见效慢,当然失效也慢,而且花费小。

口碑是什么?口碑(word of mouth)即顾客推荐,来源于传播学。美国密歇根大学的Eugene W. Anderson教授认为,口碑传播是个体之间关于产品和服务看法的非正式传播,包括正面的观点和负面的观点,但不同于向公司提出正式的抱怨或赞赏。总之,它是关于某一组织的信用和可信赖度、经营方法、产品、服务等方面的信息,它可以从一个群体传播到另一个群体,从一个顾客传播到另一个顾客。它不能产生于某一次购买或服务,是企业长期努力的结果。良好的口碑是企业长期获得客户的根本保证。Eugene W. Anderson教授解释说,"口碑"从本质上来说是一种免费广告,但与商业广告相比,它具有与众不同的亲和力和感染力。口碑的传播内容已经被赋予了使用过后的感受,而商业广告仅仅是商家对产品的一种宣传;口碑的宣传不以营利为目的,而广告的宣传是以营利为目的。所以口碑更易促成消费者的购买行为。人们经常会让朋友、家人、亲戚推荐医生、酒店、电影,如果我们相信提出建议的人,我们常常按照建议去做。这样,一些幸运的商家不用花一分钱广告费就得到了顾客,这就是口碑的魅力。

口碑营销与广告营销最大的不同之处还在于,广告营销是对所有的人都进行狂轰滥炸,让所有的人都记住它;口碑营销则是先对部分人进行宣传或暗示,让这部分人成为自己的口碑发起人,然后由这部分人向所有人传播,那么,选择哪些人作为口碑发起人就显得至关重要。星巴克这个名字来自美国作家麦尔维尔的小说《白鲸》中一位处事极其冷静、极具性格魅力的大副,他的嗜好就是喝咖啡。麦尔维尔在美国和世界文学史上有很高的地位,但麦尔维尔的读者并不算多,他们主要是受过良好教育、有较高文化品位的人士,没有一定文化教养的人是不可能读过《白鲸》这本书,知道星巴克这个人的。星巴克咖啡的名称暗含其对顾客的定位——他不是普通的大众,而是有一定社会地位、有较高收入、有一定生活情调的人群。因为目标顾客定位的准确,导致星巴克顾客群的稳定。而随着消费时代的到来和白领阶层的增多,顾客之间在交往中纷纷涌向星巴克,靠的正是这些有身份、有地位的目标顾客的口碑效应。

获得体验的方式有两种:直接的或间接的。直接获得体验就是购买并使用某产品或服务。这种方法获得的结果是最可靠的,但是却非常昂贵、费时,并且充满失败的风险。而间接体验,即通过倾听他人的体验来间接感受自身的体验,这无疑是一种非常有效率的方法,因为有别人来买单并承担风险。所以,通过间接体验能够快速而且低成本地传递体验内容,这就是口碑的威力。

星巴克没有像其他咖啡公司一样销售听装的日用品咖啡，而是开设咖啡店，提供的是高雅的聚会场所以及彰显身份与地位的咖啡饮用方式，从而把星巴克咖啡变成了一种情感经历，将普通人变为咖啡鉴赏家，使这些人认为几十元一杯咖啡的高价合情合理。在这里的咖啡，已经不是“功能性产品”而是“情感性产品”，成为一种传递文化的符号，一种沟通心灵的道具。星巴克人认为自己的咖啡只是一种载体，通过这种载体，星巴克把一种独特的体验传送给顾客。这种体验就是“浪漫”。

在环境布置上，星巴克公司努力使自己的咖啡店成为“第三场所”，即家庭和工作以外的一个舒适的社交聚会场所，成为顾客的另一个“起居室”，既可以会客，也可以独自在这里放松身心。

星巴克所使用的咖啡豆都是来自世界主要的咖啡豆产地的极品，并在西雅图烘焙。星巴克要求所有员工都必须精通咖啡的知识及制作咖啡饮料的方法。除了为顾客提供优质的服务外，还要向顾客详细介绍这些知识和方法，依靠员工向顾客宣传星巴克品牌的内涵。此外，星巴克还采用不同的方式鼓励顾客之间、顾客与星巴克员工之间进行口头或书面的交流，使主顾们一起把拥有“星巴克体验”作为巨大的精神财富。心理学家分析这种情况认为，与所有传统宗教都是以口口相传这一方式传播的道理一样，星巴克这种传播方式看似原始、笨拙，然而其所产生的力量却是惊人的，比如耶稣最初只有12个门徒，如今信仰他的已接近12亿人。星巴克正是通过口碑营销传播走出了一条符合自己的独特道路，形成了一种令对手无法模仿和令自己脱颖而出的核心竞争力。

文化营销——以文化塑造品牌灵魂

星巴克人认为：他们的产品不单是咖啡，咖啡只是一种载体。而正是通过咖啡这种载体，星巴克把一种独特的格调传送给顾客。咖啡的消费很大程度上是一种感性的文化层次上的消费，文化的沟通需要的就是咖啡店所营造的环境文化能够感染顾客，并形成良好的互动体验。“我不在家的时候，就在咖啡馆，我不在咖啡馆，就在去咖啡馆的路上。”这段流传甚广的小资语录中所提到的咖啡馆指的就是星巴克。星巴克咖啡品质的优异只是促使其成功的一个方面，更重要的是，星巴克用文化塑造的品牌灵魂才是其克敌制胜的重要法宝。

那么，何谓文化营销？目前，全球学术界普遍盛行这样的看法，“文化营销”从字面上理解至少有以下四种意思。

一是各种文化产品或形式的营销，如音像制品、书籍、舞蹈、杂技等，这里它们也是商品，自然也有其目标顾客群，这些群体又有他们的需求特点，这与一般产品或服务的营销没有什么两样。

二是利用各种文化产品或形式来协助商品的营销，这已经很普遍，如汽车新品发布会上的时装秀、明星现场表演、背景音乐的播放，等等。

三是考虑作为社会环境的文化影响下的营销，营销学的泰斗菲利浦·科特勒尽管没有明确提出“文化营销”这样的概念，但他指出文化的因素是影响购买决策的最基本的因素，那么，什么是社会学意义上的文化呢？按照社会学家戴维·波普诺的定义，指的是一个人类群体或社会的所有共享成果，包括物质的，也包括非物质的，如果你是在中国营销，那就应该考虑中国人的价值观、语言、知识等非物质文化和建筑、交通等物质文化。

四是为了形成一种有利于竞争和销售的文化而营销，这里的文化可以理解成一种包括品牌形象、品牌内涵、品牌忠诚、独特社群（由现有的和潜在的消费者构成）等多种元素的东西，这种东西一旦形成，将使品牌的拥有者在与其他厂商竞争中获得其社群的支持，从而处于优势。

星巴克咖啡馆所渲染的氛围正是一种崇尚知识，尊重人本位，带有一点“小资”情调的文化。在星巴克咖啡馆里，强调的不再是咖啡，而是文化和知识。星巴克文化实际上是围绕人和知识这两个主题下功夫的文化，这种文化的核心，是利用尽量舒适的环境帮助人拓宽知识和能力层面，挖掘人在知识上的最大价值。在全世界，星巴克都是一种时尚文化的象征，最近它被评为世界上最受时尚女性欢迎的十大品牌之一，这不能不说是对美国咖啡馆特色的一种最好的诠释。

星巴克全球扩张之路并非一路顺畅。目前的星巴克正如有些媒体所言，是站在一个新的十字路口上，它只有在全球化经营中，对世界各国文化采取包容的管理方法，在跨文化条件下克服任何异质文化的冲突，进行成功的跨文化管理，才能使企业的经营得以顺利运转，竞争力继续增强，市场占有率持续扩大，努力放大品牌的文化光辉。正如星巴克董事长霍华德·舒尔茨所言，“星巴克的成功，证明了耗资数百万元做广告不是创立全球性品牌的先决条件。品牌是一项终身事业，星巴克品牌不是被一次性授予的封号或爵位，它必须以不断的努力来保持和维护。”

由咖啡文化想到中国的茶文化

既然谈到了来自西方的咖啡文化，就不能不提到中国历史悠久的茶文化。中国人引以为傲的茶文化在当今世界的发展势头竟然明显逊色于以星巴克为代表的咖啡文化，其原因就在于中国的茶饮企业尚未在浩如烟海的古老茶文化中找到适合自身提升和拓展、具有较强内涵和外延空间，并且能够据此建立清晰的具有差异化的品牌形象。那么茶文化该向咖啡文化吸取哪些经验呢？

如果一个品牌让顾客觉得有“亲和力”，就会产生影响强大的“顾客忠实度”。如同星巴克所标榜的“顾客体验”。星巴克国际业务总经理马斯兰(Maslen)表示：“星巴克是一次开一店，顾客是一次喝一杯，我们不做粗制滥造的批发生意，我们追求的是重复购买和忠诚度。因此，我们几乎不打广告或从事传统的营销活动，我们靠的是顾客体验及其所衍生的忠诚度。”要学一个品牌的表面功夫，如外观的感觉，都不困难，但要超越品牌过去所积累的内在经验与价值，绝非易事。茶文化在中国乃至亚洲有着很强的影响力，让人对此产生亲和力并不困难。但国内多数的茶馆装修太强调“古色”却又不正宗纯粹。容易让顾客产生反感。经营者应该将茶文化与中国古代文化以及现代文化融会贯通后，再设定合理的品牌文化。

星巴克进军音乐，文化组合产生“1+1>2”的效果。据了解，2005 年 3 月，星巴克首家音乐零售与咖啡厅二合一的新型咖啡厅“赏乐咖啡馆”(Hear Music Coffeehouse)在加利福尼亚州西南部城市圣莫尼卡开张。这是星巴克与其全资子公司——Hear Music 唱片零售公司共同推出的。在这里，顾客除了可以喝咖啡外，还可以购买旧光盘，或者在店里的电脑数据库存的数千首歌曲中选择自己喜欢的歌曲，做成非常个性化的光盘。只要花 6.99 美元，就能买 5 首歌曲，超过 5 首的每首加 1 美元。此后，星巴克又于 2006 年 8 月在西雅图的 10 个咖啡厅安装可制作 CD 的个人音乐欣赏台(music-listening station)，并在德克萨斯州推广这种音乐咖啡厅模式。音乐与咖啡的相互萦绕，更加让顾客体验到一种文化的氛围，这正是顾客们不远万里来追求的。也许中国茶饮企业的经营者应该考虑的不仅仅是营销形式的转变，更应该想到是自己作为一个经营者，是否曾深入探寻过顾客心底的那份渴望，这才是中国茶文化挑战的起点！如今，星巴克的咖啡依然在世界各地飘着它魅力的芳香，但愿有一天，中国的茶文化也能如同星巴克咖啡，在全球范围内散发出怡人清香。

(资料来源：百度文库)

1. 请结合以上案例重点讨论体验营销、口碑营销、文化营销，谈谈自己的感受。

2. 访问一家茶馆，对比星巴克的经营方式，写一份简单的营销建议书。

六、知识链接

（一）市场营销管理

市场营销管理是指为创造达到个人和组织目标的交换，而规划和实施创意、产品和服务的构思、定价、分销和促销的过程。市场营销管理的主要任务是刺激消费者对产品的需求，同时帮助企业在实现其营销目标的过程中，影响需求水平、需求时间和需求构成。因此，市场营销管理的任务是刺激、创造、适应及影响消费者的需求。从此意义上说，市场营销管理的本质是需求管理。

任何市场都可能存在不同的需求状况，市场营销管理的任务是通过不同的市场营销策略来解决不同的需求状况。

1. 负需求

负需求是指市场上众多顾客不喜欢某种产品或服务，例如，一些老年人为预防各种老年疾病不敢吃甜点和肥肉，又如有些顾客害怕冒险而不敢乘飞机，或害怕化纤纺织品有毒物质损害身体而不敢购买化纤服装。市场营销管理的任务是分析人们为什么不喜欢这些产品，并针对目标顾客的需求重新设计产品、定价，作更积极的促销，或改变顾客对某些产品或服务的信念，诸如宣传老年人适当吃甜食可促进脑血液循环，乘坐飞机出事的概率比较小等。把负需求变为正需求，称为改变市场营销。

2. 无需求

无需求是指目标市场顾客对某种产品毫无兴趣或漠不关心，如一些非洲国家居民从不穿鞋子，对鞋子无需求。通常情况下，市场对下列产品无需求：人们一般认为无价值的废旧物资；人们一般认为有价值，但在特定环境下无价值的东西；新产品或消费者平时不熟悉的物品等。市场营销者的任务是刺激市场营销，即创造需求，通过有效的促销手段，把产品利益同人们的自然需求及兴趣结合起来。

3. 潜在需求

潜在需求是指现有的产品或服务不能满足许多消费者的强烈需求。例如，老年人需要高植物蛋白、低胆固醇的保健食品，美观大方的服饰，安全、舒适、服务周到的交通工具等，但许多企业尚未重视老年市场的需求。企业市场营销的任务是准确地衡量潜在市场需求，开发有效的产品和服务，即开发市场营销。

4. 下降需求

下降需求是指目标市场顾客对某些产品或服务的需求出现了下降趋势，如城市居民对电风扇的需求已饱和，需求相对减少。市场营销者要了解顾客需求下降的原因，或通过改变产品的特色，采用更有效的沟通方法再刺激需求，即创造性的再营销，或通过寻求新的目标市场，以扭转需求下降的格局。

5. 不规则需求

不规则需求是指许多企业常面临因季节、月份、周、日、时对产品或服务需求的变化，而造成生产能力和商品的闲置或过度使用。例如，公用交通工具在运输高峰时不够用，在非高峰时则闲置不用。又如，在旅游旺季时旅馆紧张和短缺，在旅游淡季时，旅馆空闲。再如，节假日或周末时，商店拥挤，在平时商店顾客稀少。市场营销的任务是通过灵活的定价、促销及其他激励因素来改变需求时间模式，这称为同步营销。

6. 充分需求

充分需求是指某种产品或服务需求水平和时间等于期望的需求，但消费者需求会不断变化，竞争日益加剧。因此，企业营销的任务是改进产品质量及不断估计消费者的满足程度，维持现时需求，这称为“维持营销”。

7. 过度需求

过度需求是指市场上顾客对某些产品的需求超过了企业供应能力，产品供不应求。比如，由于人口过多或物资短缺，引起交通、能源及住房等产品供不应求。企业营销管理的任务是减缓营销，可以通过提高价格、减少促销和服务等方式使需求减少。企业最好选择那些利润较少、要求提供服务不多的目标顾客作为减缓营销的对象。减缓营销的目的不是破坏需求，而只是暂缓需求水平。

8. 有害需求

有害需求是指对消费者身心健康有害的产品或服务，诸如烟、酒、毒品、黄色书刊等。企业营销管理的任务是通过提价、传播恐怖及减少可购买的机会或通过立法禁止销售，称为反市场营销。反市场营销的目的是采取相应措施来消灭某些有害的需求。

（资料来源：互动百科）

（二）价值创造与传递系统

1. 价值的筛选

主要在于发现企业自身的营销机会，确定相关的营销管理重点、目标市场及提供给顾客的商品“价值”。一个企业不但要选定它所要服务的目标市场，而且还要有一个能满足此目标市场的价值定位。即确定用什么样的“价值”来满足市场的需求，而这离不开对顾客需求的研究，离不开与顾客的沟通。

2. 价值的提供

主要是开发产品，提供服务项目，定价、分销渠道的设计等。在此阶段，观念上所存在的“需求价值”被开发成为一个真正有实体的、可转换的产品。

3. 价值的沟通

一个具有价值的产品必须通过有效的沟通渠道进行介绍和宣传，才会被消费者所了解和接受。营销沟通方法包括推销人员的介绍、营业推广、广告、促销活动、媒体介绍等。要注意的是，沟通具有信息双向流通和平等交流的基本属性。

（三）市场营销管理程序

市场营销管理程序与价值创造及传递程序是密切联系在一起的。营销管理程序就是通过系统性营销策略及方法去开发和创造价值，并将其传递给顾客的过程。它包括分析营销环境、确定营销机会，研究和选择目标市场，拟定营销战略，编制营销方案，执行和控制营销方案。

1. 分析营销环境、确定营销机会

确定营销机会可通过如下步骤完成：

(1)发现市场机会

市场机会是指没有被满足的消费需求。这种未被满足需求给企业营销提供了市场机会。市场机会广泛地、客观地存在于市场中，企业营销人员可以经常通过广泛阅读新闻、参加展览会、剖析竞争者产品、访问顾客等方式，从市场需求总量的饱和程度中；从消费需求结构与市场供应的产品品种结构、规格结构等不一致中；从消费需求与时尚变化信息中去寻找和发现市场机会。

（2）评价市场机会，确定营销机会

市场机会是向所有的企业提供的机会。但是，针对某一个企业来说，市场机会不一定是该企业的营销机会。因为该企业不一定具备实现某个市场机会的必要条件，市场机会也不一定与企业的任务、目标相一致。因而，营销人员不但要善于发现市场机会，更主要的是要对所发现的市场机会进行评价，确定哪些市场机会是能够发挥企业优势，并提供有利可图的营销机会。

2. 研究和选择目标市场

任何企业都难以满足所有顾客的需求，也难以在整个市场中长期占有优势。为了提高营销效果，企业必须根据顾客需求的差异，经过与竞争者比较，结合企业自身优势，确定企业最适宜的服务对象，这就是目标市场的选择。

3. 拟定营销战略

企业的营销战略核心是进行市场定位。所谓市场定位，就是在这一市场的所有竞争对手中确定本企业的独特地位，树立本企业的独特形象，确定自己的产品特色。

4. 编制营销方案

营销战略和策略的实现，必须有具体的营销方案来支持。营销方案涉及营销费用、营销组合和营销资源的分配。营销费用的高低要与营销目标相适应，还要参考竞争对手的费用投入额。营销组合就是综合地、动态地把各种营销策略有机地配合运用。在营销方案中，应使各种营销策略具体化，在营销方案中还应明确企业的人、财、物配置，包括一个营销行动的组织结构和领导体系。

5. 执行和控制营销

确定营销方案之后，应具体地组织实施，并对实施过程进行有效控制，从而最终实现目标。营销过程应有有效的领导，营销组织包括协调全体营销人员的工作，对各类营销人员进行选择、培训、指导、激励和评价。营销控制则主要是指年度计划、盈利能力控制以及评估企业的营销战略是否适合市场条件，只有对营销方案做有效的控制，营销目标才会最大限度地得到实现。

（四）市场营销调研

1. 市场营销调研的定义与方法

美国市场营销协会（AMA）把市场营销调研定义为：把消费者、用户、大众和市场人员通过信息联系起来，而营销者可借助这些信息发现和确定营销机会和威胁，开展、改善、评估和监控营销活动，并加深对市场营销过程的认识。简言之，市场营销调研是指系统地设计、收集、分析并报告与企业有关的市场营销信息数据和研究结果。

市场营销调研是一个包括认识收集信息的必要性，明确调查目的和信息需求，决定数据来源和取得数据的方法，设计调查表格和数据收集形式，设计样本，数据收集与核算、统计与分析等内容的复杂过程。定量分析是市场营销调研的基本方法。而定性研究虽不能给出精确的结果，但其探索性、诊断性和预测性的特点，对找出问题所在、摸清情况有重要的意义。常用的定性研究方法有焦点小组、深度访谈和各种投影技术等。

2. 市场营销调研的内容

（1）市场需求调研

包括:①现有顾客需求;②现有顾客对企业的满意度;③影响需求的各因素变化情况;④顾客购买行为和动机;⑤潜在顾客需求等。

(2)产品调研

包括:①设计情况;②产品系列和产品组合;③产品生命周期;④老产品改进与新产品开发等。

(3)价格调研

包括:①市场供求及其趋势,影响价格的相关因素;②价格弹性;③替代品;④新产品定价策略;⑤目标市场对企业价格水平的反应等。

(4)促销调研

包括对各种促销手段、促销政策的可行性、效果等的调研。

(5)分销渠道调研

包括:①渠道选择的合理性;②运输与储存的合理性等。

(6)竞争调研

包括:①对手数量及其分布;②市场营销能力;③竞争产品的特性及其市场占有率;④竞争对手的优势与弱点;⑤对手的营销组合策略;⑥营销战略及其效果;⑦竞争的发展趋势等。

当然,实际上调研应涉及营销所需的一切信息,这里列举的只是一般最常涉及的领域而已。

3. 数据及其收集

(1)二手数据处理与收集

二手数据是经过编排、整理过的数据。二手数据的来源主要有:政府出版物,商业及贸易出版物,企业内部(企业信息系统),供应商、经销商、广告代理商业等商业伙伴及行业协会等。使用二手数据可省去大量时间和费用,因此在可能的情况下,在市场营销调研中应尽可能有效地利用二手数据。网络的普及为我们收集二手数据提供了越来越大的便利。但由于二手数据是经人整理过的资料,由于研究目的和条件的不同,其适用性必然受到限制,营销调研人员必须对其进行认真的审核。应注意以下三点:

①公正性

公正性是指二手数据的整理者是否怀有偏见或恶意。一般认为,政府及商业组织提供的数据公正性较高,或者与数据反映的事实无直接利益相关的中立者提供的数据公正性较高。

②有效性

有效性是指数据整理者收集数据的方式、方法是否具备有效性,如统计口径是否恰当、抽样设计是否合理等。

③可靠性

可靠性是指数据能否准确反映整体的情况,显然在抽样中样本量越大,对整体的反映越准确。

(2)原始数据的收集

①观察法

观察法是指通过观察正在进行的某一特定营销过程,以解决某一市场营销调研问题。观察法最常见的应用,是用于跟踪记录消费者的购物行为、反应,以改善售货的技巧。观察法的优点在于客观真实,能较准确地反映个体的行为(因为此时被观察者不会受到调查者任何的主观影响)。但其缺点也很明显,即运用此法很难反映被观察者的内在信息,如心理状态、动机、对产品的信念和印象，以及收入、受教育水平、家庭状况等。因此，观察法在实际应用中应侧重于在以下情况下使用：第一，对调查结果针对性和准确性要求较高的；第二，对已有信息存有疑问时；第三，其他必须使用的情况。

②实验法

实验法是指将选定的刺激措施引入适当的环境中，进而系统地改变刺激程度，以测定顾客的行为反应。实验法的应用主要有两个方面：第一，解释一定变量之间的关系；第二，研究这种关系变化的性质。在使用实验法时，关键在于对实验的恰当设计。

实验的设计，有两种基本形式：

a. 时间序列设计，即实验在无控制组（即不施加刺激的对比组）的情况下进行，只对比实验对象在施加刺激前与施加刺激后（包括不同刺激程度）的不同反应。这种对比既可只进行一次（简单时间序列设计），又可反复进行（重复时间序列设计）。

b. 控制组设计。即在同一时间段，设立实验组与控制组，对比在这一时间段内两组的反应差异。控制组设计，可有效消除时间因素及参与实验者熟练性对实验结果的影响。因为在时间序列中，显然用于对比的结果，是实验者在不同时间里做出的反应；而在重复时间序列设计中，参与实验者多次重复同一实验，面对同样的刺激，其反应不可能不出现变化。但控制组设计，必须慎重选择控制组，使之与实验组要有可比性。即应选择在各方面条件都基本接近的对象作为实验组与控制组。此外，实验设计还涉及同时施加多重刺激及多重刺激水平的问题，常用于解决这一问题的办法是使用阶乘设计和拉丁方格设计。

在营销实验中，必须考虑以下一些不可控因素的影响，在设计中应设法加以有效的抑制：

a. 时间的影响。表现为历史和成熟。所谓历史，是指随时间变化带来的环境变化（如季节、温度、光照等）对实验结果的影响；成熟是指随时间变化带来的人的变化。

b. 重复的影响。重复带来的熟悉和心理的好奇感丧失等因素对实验结果必然会有影响。

c. 研究者本身的变化。

d. 参加者的减少。时间较长的实验，很可能碰到这种情况，如何找到与减少者相应的替补，是实验者必须要考虑的。

e. 选择性错误。选择实验对象的方式必须科学，避免其不能代表调查整体。此外，竞争者在价格、促销策略上的反应，会产生额外刺激，也会对实验结果产生重大影响。

③调查法

调查法是原始数据收集最重要和使用范围最广泛的方法，主要包括：

a. 电话访问。这是最快捷及时的调查方式，费用也相对低廉。但电话访问的缺点也很明显：时间限制性大，无法借助视觉观察，态度测量较困难，信息有效性难以判断和核实。提高电话访问的有效方法是提前告之被访者访问的发生时间和访问的目的。

b. 个人访问。即面对面的交流。其优点是访问的深度和准确度较高，且灵活性高，特别是可以察言观色，这一点有重要意义。但其过于高昂的成本，是其使用的主要障碍，一般只用于补充性的典型调查。

c. 邮发问卷。送达性与可接近性都较好，尤其对不愿接受访问的对象，邮发问卷就极为有效了。总体而言，邮发问卷是三种方法中最经济、实用的方法。但其缺点也十分明显，即反应速度慢，特别是反应率最低（群发电子邮件的出现，虽解决了反应速度慢的问题，但对反应率低并无帮助。反应率过低，必然损害调查结果的代表性，甚至会产生偏见。

4. 问卷设计

调查问卷是市场调研的基本工具，设计问卷是调研的基础，其设计的好坏，直接决定了调研成功与否。成功的问卷设计应符合以下原则：主题明确、结构合理、通俗易懂、长度适宜、便于统计，并遵循以下步骤进行。

(1)确定调查内容及分析方法

①建立假设

与写文章确定主题一样，面对一个调研题目，需要确定影响调研内容的相关因素及其联系。建立假设，实际上就是明确这种相关性，进而明确调研的主题。比如调研消费者的支出，就不可能避开消费者收入，而是必须将二者联系起来，共同研究，找到相关联系，从而找到消费者支出的一些规律。

②建立指标体系

指标体系是指确定调研内容涉及的各方面内容构成及相互关系，并确定整个调研的主次、方向。其作用类似于写文章时，拟定大纲一样。如消费者收入，可能包括实物收入与货币收入，而货币收入又可能包括：工资、奖金、福利性货币收入、各种投资性收入、储蓄利息等。其中货币收入肯定会是主体。而货币收入中工资、奖金、福利因其制度性成为最稳定的来源，而其他收入则因人因时而异。我们在收入调研中一定要区别对待，正确取舍。

③确定分析方法

对调查内容及其主次安排心中有数后，还应考虑所涉及的调研内容的分析方法，以正确选择适当的提问形式。也就是说，要根据调研内容，选择定量或定性及具体的分析模型和方法，以便问卷收回后可以顺利地进行数据分析。

(2)确定调研方案

确定调研方案主要涉及以下几个方面：

①调研目的。目的决定内容和方向。

②调研预算与时间。它将直接影响调研的范围、深度。

③抽样方案。即调研对象样本的选择，涉及抽样比例、抽样形式、抽样原则等。其要旨在于既要保证抽样能准确反映整体的情况，又要最大限度地节省费用与时间。

(3)选择提问形式，拟定问题

常用的提问形式，主要有三大类型：

①封闭式。即由提问者设计好答案，只允许回答者在其中选择一个，作为最后答案。封闭式问题便于数据回收后的处理、分析，但回答的伸缩性较小。包括：

是非题。即提出问题，给出两个相互排斥的答案。如，请问您家有电脑吗？a. 是　b. 否。

多项选择题。给出多个答案(一般不超过 5 个)，任选其一。如，请问您家有几台电脑？a. 1 台　b. 2 台　c. 3 台　d. 3 台以上。

等距排列法。即将一些可量化的问题，以数量形式给出答案，等距顺序排列，给回答者挑选。如，您认为合适的电脑价格是：a. 3 000 元以下；b. 3 000～5 000 元；c. 5 000～7 000 元；d. 7 000～9 000 元；e. 9 000 元以上。

一般在调研中，为打消回答者关于隐私权的顾虑，年龄、收入等涉及个人隐私的问题都可使用此方法提问。

程度评价法。对一些答案难以量化的问题，可使用此法，进行态度测量。如，您在购买电脑时，对价格的看法是：a. 很重要；b. 重要；c. 一般；d. 不重要；e. 很不重要。

语言差别法。列出若干组相反的答案，让回答者在每一对答案中选择一个。如，您对××牌电脑的印象是：a. 式样新颖(　　)式样陈旧(　　)；b. 价格高(　　)价格低(　　)；c. 质量稳定(　　)故障较高(　　)；d. 服务优良(　　)服务一般(　　)。

②开放式。即只提出问题，但不设计答案，允许回答者自由回答。此种提问方式的主要缺点是不易进行数据的统计、分析，在问卷中应尽量少用。

a. 自由式。答案是完全无限制而自由的。如，请问您印象最深刻的电脑品牌是：______。

b. 语句完成式。给出一个不完整的句子，要求回答者完成该句子。如，电脑是：______。

c. 词语联系式：即给出一些词语，要求回答者说出其最先联想到的一个或多个词语。如，电脑品牌：______。

d. 顺位式。这种方法，要求回答者根据自己的态度排定答案的顺序。如，请根据您的喜爱程度，将以下电脑品牌进行排序______。

a. Acer　b. Dell　c. 联想　d. 浪潮　e. 海信

③封闭式和开放式相结合。

例如：请问你家有电脑吗？有(　　)无(　　)

如果有，请问是什么品牌？(　　)

拟定问卷应注意以下问题：

①隐私权保护

凡可能涉及隐私的问题，应尽可能避免。在无法避免时，也应模糊处理(如前述年龄、收入使用等距排列法，确定范围即可)。

②中立性原则

在用词上，一定要注意避免暗示或带有倾向性，以免误导被调查者。如，为增加税收，是否应提高个人所得税税率？

③简明原则

包括两方面：a. 用词准确、扼要且通俗易懂，令人一目了然；b. 全卷长度适宜(以回答时间不超过 30 分钟为宜)。同时，在问题排序上，应尽量由易到难，以吸引被调查者，顺利完成答卷。

④激励措施

为提高问卷回收率，还可采取各种激励措施，如金钱、物质激励，提前通知，跟踪提醒等。同时，在问卷首部附上一封说明信也是重要手段。

(4)抽样设计

由于普查的高昂成本，令人望而却步。因此，市场调研主要是抽样调查。抽样设计主要涉及两个方面：

①样本量的确定。确定样本的大小，首先应对目标总体进行准确的定义，其次则应对目标总体的结构进行分析。

不对目标总体进行准确定义，显然就无法确定样本对象。例如，企业的消费者显然只指该企业的目标市场现实和潜在顾客，而不包括其他消费者。

为保证样本能准确反映母本的情况，样本结构应尽可能与总体结构相符合，因此，目标总体结构分析就极为重要。例如，在一所理工院校调查学生消费水平，其男、女性比例就绝不会是通常的 1∶1，而可能是 3∶1。

调查预算与时间的限制。样本越大，虽然对总体反映的准确度越高。但显然，所需的费用与时间也越多，在这里调查者需要找到平衡。

样本的代表性与结果精确度。样本代表性即样本结构与母本结构的相似性，越相似则代表性越强。因此，一般情况下，随机抽样，特别是分层随机抽样的样本代表性较高。

结果精确度是对调查结果允许的误差范围。在随机抽样时，只要知道母本大小和误差范围、置信区间，就可以准确地计算出样本大小。而在非随机抽样时，则只能估算，其一般原则是绝对量不少于 30 个，相对量不少于母本的 10%。

②抽样方式。抽样方式主要有以下两种：

第一，随机抽样。即选择样本时，应排除一切主观干扰，使母本中每一个体成为样本的机会完全相同。

简单随机抽样即完全随机抽样，以客观且完全任意（如抽签）的形式选择样本。一般用于母本不庞大且母本中个体差异小的情况下。

等距随机抽样即根据一定的抽样距离，均衡地从母本中有规律地抽取样本。

$$抽样距离=母本量(N)/样本量(n)$$

多用于母本中个体差异较小的情况，如产品质量检验。

分层随机抽样即将母本按不同特征进行分组，再根据各组在母本构成中的比例，按比例从各组中随机抽取相应数量的样本。如前例理工院校学生消费调查，因男、女生消费情况差异较大，就可按男、女生对母本分组，如其比例确为3∶1，则样本分布也应满足这一比例，即样本中男生占 75%，女生占 25%。

分群随机抽样即对于那些总体异质性高且又难以确定分层标准的母本，可根据其分布范围等情况进行分群，使不同的“群”在母本分布范围内尽可能分布均衡，以保证样本的代表性。例如，对学生消费的调查，可以是甚至班级为单位进行分群。

第二，非随机抽样。这是一种主观抽样方式。

任意非随机抽样，此时调查者的方便性是决定样本选择的主要因素，如在街头散发问卷或询问。该方法的基本假定显然是母本中各个体是完全同质的无差异的，但显然这是很难出现的情况。此法与简单随机抽样的区别只在于，样本选择是调查者主观决定而不是抽签决定。

判断非随机抽样即调查者根据自己的经验，而不是客观数据对母本进行分层，并确定样本在母本中的分布结构的方式。使用该法需注意的一点是，应避免抽取“极端”样本。

配额非随机抽样与分层随机抽样一样，以客观的分层为基础，确定样本分布。但抽取样本时，则取决于调查人员根据“控制特征”的要求自行选取样本而非随机原则。

(5)数据分析

①数据分析的程序

完成访问与调查后，调研的最后一项工作就是对调查收集的一手、二手数据进行处理。处理的基本过程包括：

a. 整理

对所得数据进行筛选，剔除无效的数据。如可疑数据（公正性、可靠性），相互矛盾的数据，对缺乏有效性的数据的修复等。

b. 分类

对整理后的数据，按调研的目的，依一定标准进行归类，统一编码储存（主要应建立相应的数据库或数据仓库）。

c. 列表

依所得数据，编制各类图表，以供下一步分析之需。

d. 统计和计算

对所得数据利用数理统计技术和统计模型进行深入分析，以发现隐含其中的规律。现代计算机技术的发展为我们进行统计分析提供了极大的便利，特别是数据挖掘、联机数据处理和数据库、数据仓库技术，使数据的分析变得简明而直观，生动而有趣。

②数据分析技术

多变量统计技术是含有两个或两个以上变量间关系的各种统计技术。在此我们只简介以下几种分析技术：

a. 回归分析。是处理自变量 x_1、x_2…、x_n 与因变量 y 之间的相关关系的方法。它从定量的角度寻找变量间的因果关系，从而判断某些因素的变化对其他因素的影响。在营销调研中，几乎每一个问题都会涉及一组变量。而我们所关注的因变量的变化情况又受到其他变量（自变量）的影响。因此当因变量与自变量都是数值型变量时，就可利用回归分析进行因变量分析。

其主要步骤如下：首先，从一组原始数据出发，确定变量间的定量关系，即确定分析模型的具体形式和模型参数的估计值；其次，对这些定量关系式的可信度进行检验；然后，从影响因变量的诸多变量中选择最重要的影响因素，确定自变量；最后，利用模型，代入数据进行计算。

b. 判别分析。在许多情况下，因变量往往不是数值型变量，而只能是分类型变量（定性变量），此时就无法使用回归分析，而需使用判别分析。判别分析是用于判别样本所属类型的分析方法。如分析顾客是可能购买者或非可能购买者；对顾客根据其行为结果总结其特征等。

c. 因子分析。是一种用来确认一组相关变量中真正造成相关的基本因素的统计技术，即发现众多原始变量中内含的共同因子，从而可以有效地合并原始变量，简化分析模型。其在营销中的作用主要是确定对航空旅行、企业、产品及广告媒体态度的基本因素，从而大量减少回归分析中的自变量个数。

另外，在统计分析时有时要进行态度测量。所谓态度测量，就是给有关态度的定性资料配以适当的数值以便利用上述统计技术进行分析。态度由以下几方面组成：首先是人们对某个目标所了解的信息；其次是对该目标的主观感觉、印象；最后则是由此而引起的对未来行动或意向的期望。态度测量的方法很多，但其基础在于建立态度测量的尺度，以便正确地应用这些数值。

类别尺度即将一些数字分配给目标，以便辨认和区别它们。如身份证号用于区别个人，学号用于区别学生等。显然类别尺度数值提供的信息是极为有限的。

顺序尺度即利用某一特征将目标进行排序。如可将受教育水平分别对应相应数值，从而将顾客进行分类并排序——教育水平量度：

1 文盲；2 小学；3 初中；4 高中；5 大专；6 本科；7 硕士；8 博士及以上

顺序尺度使调查者能对进行排列比较，从而发现最重要的因素。

等量尺度在度量单位上的间隔是相等的，即等量尺度不仅表示目标具有的量的大小，而且表示它们大小的程度即间隔大小。但需注意，等量尺度只代表大小间隔，不代表倍数关系。如在等量尺度下，4 比 2 大，但不能说 4 是 2 的 2 倍（显然类别尺度、顺序尺度数值是无大小含义的，而只是用于区别）。请看下例：

你是否想买一台空调？

a. 很想　　b. 较想　　c. 说不清　　d. 不太想　　e. 不想

比率尺度的意义是绝对的，即它具有含义为“无”的量的原点0。其数值不仅可以比较大小，还具有倍数关系。在态度测量中这种情况极为稀少。

(五)市场预测

1. 市场预测综述

(1)市场预测的定义

市场预测是指在市场调研基础上，运用科学方法，对市场需求、企业需求及影响需求变化的因素进行分析研究，对其未来发展趋势做出判断，并据此调节市场营销活动，为企业决策提出依据。

(2)相关概念

从上述概念可知，市场预测实际上就是关于市场需求与企业需求的预测。因此，要正确地理解市场预测，就必须准确把握市场需求与企业需求这两个基本概念，及影响它们变化的相关因素。

①市场需求

某产品的市场需求是指一定的顾客在一定的空间、一定的时间、一定的市场营销环境和一定的市场营销方案下购买的总量。正确地理解市场需求，必须注意以下几点：

a. 市场需求受市场营销力量的影响。所谓市场营销力量(marketing efforts)，是指企业刺激市场需求的活动，包括市场营销的支出水平；市场营销组合，即一定时期内企业所用的市场营销工具的类型和数量；市场营销配置(marketing allocation)，即市场营销力量的在不同顾客群体及销售区域的配置；市场营销的效率。

b. 市场需求是一个受以上因素影响的函数，而非固定值。随着营销费用投入增加，市场需求以一定的曲线形式增长。但当市场需求达到其边际时，营销费用的增长就无法再刺激其上升了。这个市场需求的最高点，我们称为市场潜量。市场潜量与市场最小量的距离代表市场灵敏度。它反映了行业市场营销力量的投入对市场需求的影响力。市场营销灵敏度接近为零的市场，我们称为不可扩张市场，它往往是产品价值很低的必需品的市场，如食盐。

c. 市场需求受一定的市场营销环境条件制约市场需求受到市场营销力量的刺激而变化，但必须明白市场需求的基本制约条件仍是市场营销的环境。简言之，不同的环境条件下，市场潜量与市场最小量都不会相同。市场营销力量只能在市场营销环境条件制约下发挥其对市场需求的调节作用。

总之，所谓市场需求预测，表示的是在一定的市场营销环境条件下和市场营销力量投入下的估计的特定时间、空间下特定顾客的市场需求。

②企业需求

企业需求就是在市场需求中企业所占的需求份额。即企业在特定时间内，在特定市场上某产品销售额占该产品总销售额的比例。它不仅受市场需求决定因素的影响，还受任何影响企业市场占有率因素的影响。市场营销理论认为，在市场总需求既定的情况下，各竞争者的市场占有率同其市场营销力量成正比。也就是说，企业需求表示的是不同水平的企业市场营销力量刺激产生的企业可能的销售额，因此，企业需求预测就是根据企业确定的市场营销计划(计划投入的市场营销力量)和假定的市场营销环境确定的关于企业销售额的估计水平。

(3)市场预测的基本原则

①惯性原则

所谓惯性原则，是指从时间上考察事物的发展，其各阶段具有连续性，其实质是事物的发展是继承性与变异性的统一。量变阶段更主要的表现为继承性，即使是质变阶段，仍然不能否认继承性的存在。因此，把握事物发展的继承性，可以帮助我们有效地把握事物发展的规律。

②类推原则

事物具有普遍的联系性，因此，只要掌握事物发展的普遍规律（即共性），再结合具体事物的具体特点和具体环境（即个性），就能够举一反三，减少预测的盲目性。如新产品上市的市场预测，就完全可以借鉴老一代产品的销售历史。

③相关原则

事物的普遍联系性，还告诉我们事物之间或构成某一事物的各因素之间，存在着种种的联系即相关性。只要把握这一点，我们就可以从某一事物入手，推测其相关事物的变化规律。例如，从分析造成某种市场现象的原因入手，就可以探求预测目标的发展规律。

2. 定性预测方法

定性预测偏重于事物发展性质和发展程度的分析，主要凭知识、经验和人的分析能力，在市场预测中应用极为广泛，特别适用于在涉及因素较多的复杂情况下使用。如宏观分析、战略决策等。

(1)经验估计法

①厂长、经理评判法

厂长、经理评判法就是由最高决策人把与市场经营有关或熟悉市场情况的各职能部门负责人和业务骨干召集起来，共同研讨，做出判断。最后通过汇总、整理、分析与综合，形成预测结果。

运用这一方法的关键是如何集思广益，特别是要鼓励具有创新性的想法和反对性的意见，以通过争论，激发“思想的火花”。为做到这一点，有时也可请一些经验较少、年纪较轻、敢想敢干的人参与讨论。

这一方法的优点是迅速、及时、经济。在面对不可控因素较多的市场情况预测时最为有效，如战略决策。缺点是受主观因素影响大，缺乏量化指标与准确测算。因此，应尽可能以量化分析的数据为讨论的基础。

②销售人员估计法

销售人员估计法即由企业销售人员、商业代表等，根据其掌握的情况，提出对自己负责的工作的未来趋势性的判断，通过汇总、综合，最后形成整个企业销售的前景预测。

现在这种方法已逐渐制度化，即要求每个销售人员按周、月、季提交市场分析和预测报告，然后通过计算机软件汇总分析，综合处理。

使用该方法，一定要注意对不同销售人员的主观性差异（如个性）进行控制。方法主要是通过对每个销售人员预测值与实际发生值的一个较长时间的对比分析，通过统计找出规律性，给每个销售人员的预测值加上一个适当的修正系数。

③专家意见法

现在应用最普遍的是德尔菲法(Delphi)。其基本过程是，先由各专家针对预测问题独立地提出自己的估计和假设，经中间人（调查主持者）综合、处理，再反馈给各位专家，由各位专家修改意见，开始新一轮循环，直到各位专家的预测基本一致为止。其优点主要是最有效地避免了人情、面子的影响，使各种不同观点可以充分表达并互相调和。在缺乏基本数据时，是一种有效的弥补手段。而缺点则同前两种方法类似。

(2)调查与实验预测法

客观性强、针对性强是这一方法的两大优势。

①预购预测法

即主要依据预购订单和合同来测算产品的市场需求量。

②用户调查法

即通过对用户需求和订购意向的调查结果测算需求变化趋势和市场销售前景。

如能较充分地满足以下三个条件,则该方法较有效:a. 购买意向清晰而明确;b. 意向可转化为购买行为;c. 购买者愿意反映这种意向。常用于耐用消费品和产业用品的需求预测,且用于后者准确性更高。

其缺点是费时、费力、费钱。但优点也很多:a. 可弥补无公开发布的二手数据的缺点;b. 可树立和加强企业关心购买者需求的正面形象;c. 在对总需求的预测中,也可以同时获得各行业、各地区市场的需求预测值。

③市场试验法

在购买者无明确计划和意向,或专家意见不可靠、不统一时,可利用市场试验法。它特别适用于新产品进入市场和老产品采用新的营销组合或进入新的市场区域时的需求预测。

④典型调查法

"麻雀虽小,五脏俱全",典型调查法是由点到面的推算,因此关键就在于典型对整体的代表性,而绝不能选择极端性的样本。

⑤展销调查预测法

即通过产品展销的手段,直接了解顾客需求和顾客对产品的反应,从某种意义上也可视其为一种市场试验法。要点是要采取各种手段在展销过程中与顾客充分接触,收集信息。

3. 定量预测方法

(1)时间序列预测方法(主要用于销售额预测)

时间序列预测是以过去的连续资料来推算未来。其前提是:a. 过去的统计资料存在联系,且这种联系可以通过统计显示出来。b. 过去的情况对未来趋势有决定性影响。即销售额只是时间的函数,不受其他因素的影响。

其具体方法有简单平均法、加权平均法、指数平滑法、移动平均法以及直线趋势法等。

但必须注意的是,产品销售的时间序列实际包含四个因素。因此要通过对过去资料的统计分析,掌握这四种因素变化的规律性,再加以综合考虑,建立分析模型,才能较准确地进行时间序列预测。这四个因素是:

a. 趋势。它是人口、资本积累、技术发展等各方面共同作用的结果,可利用过去资料描绘出销售曲线来加以判断。

b. 周期。因为企业销售总会受到宏观经济活动波动的影响,因此,在时间序列分析中必须考虑周期变化的影响,在中期预测时尤为重要。

c. 季节。指一定时间段内销售量变动的规律性。主要受气候、节假日、贸易习惯等因素的影响。它对短期预测有重要影响,如"假日经济"现象。

d. 不确定事件,包括灾害、战争、流行时尚等。这些因素一般无法预测,应从历史数据中加以剔除。但需考虑到时间越长发生不确定事件的可能性越大这一点。

这些因素可构成线性模型——$Y=T+C+S+E$;也可构成乘数模型——$Y=T\times C\times S\times E$,或模型——$Y=T\times C(C+S+E)$。式中,$Y$ 是过去的销售序列,T 是趋势,C 是周期,S

是季节，E 是不确定事件。

(2)常用简易预测方法

①市场潜量测算法

$$Q=n\times q\times p$$

式中，Q——市场潜力；n——在既定条件下，某产品的购买者数量；q——购买者单位购买量；P——产品单位价格。

②连锁比例测算法

当估计一个需求量的各组成部分比直接估算更容易时，可使用该法。例如，某啤酒厂开发一种新啤酒，在预测其市场潜量时，可使用下列公式：

新啤酒需求潜量＝人口×人均可任意支配收入×个人可任意支配收入中用于购买食物的百分比×食物花费中用于饮料的平均百分比×饮料花费中用于酒类的平均百分比×酒类花费中用于啤酒的平均百分比。

在计算出总市场潜量后，还应将其与现有市场规模对比。显然，正常情况下总市场潜量应大于现有市场规模，但大多少，对于正确的市场决策有重要的意义。

③市场累加法

市场累加法是指先确认某产品在每个市场的可能购买者，再将每个市场的估计购买潜量加总合计。

④购买力指数法

购买力指数法是指借助与区域购买力有关的各种指数，如区域购买力占全国购买力的比例、区域个人可支配收入占全国平均水平的百分比、区域零售额占全国的百分比及人口占全国人口的百分比，来估计市场潜量的方法。但该法不适用于高档奢侈品。另外，该法在实际使用中需利用权数，权数大小随产品不同而有所变化，最好利用回归分析求出。

⑤统计需求分析法

统计需求分析法是运用一套统计学方法发现影响企业销售的关键性因素及这些因素影响的相对性。常见的分析对象主要有价格、收入、人口、促销等。前述的回归分析就是这样一种数理统计方法，多元线性回归分析的方程为：$Y=a+b_1x_1+b_2x_2+\cdots b_nx_n$，其中 $a,b_1,b_2\cdots b_n$——回归系数；$x_1,\ x_2\cdots x_n$——自变量；Y——因变量。

非线性回归模型常见的有：倒数模型、对数模型、幂函数模型、指数模型。

在使用统计需求分析时，应充分注意有效性问题：①观察值是否过少？②各变量是否高度相关？③变量与销售量之间是否因果关系？④是否考虑了新变量的出现问题？

需求预测是高度复杂的问题，其中的技术性问题一般均需专业人员解决，特别是建立模型问题。市场营销人员主要应掌握各种预测方法的长处、短处和适用范围、条件。

项 目 二

我的小店

【教学目标】

1. 进一步强化“以顾客为中心”的营销理念。
2. 初步掌握开设一家小店的基本技巧与流程。
3. 初步掌握制定营销策划书的方法。

【教学要求】

1. 明确“差异化”是营销的基本方法。
2. 明确环境对营销的影响作用。

一、案例讨论

24 小时便利店进入西安

唐久便利，这个西安市民看似陌生的 24 小时便利店，已于 2010 年 4 月悄然进入本地零售市场。

此前西安曾有多家商企进军 24 小时便利店行业，海星便利岛、松林、金虎、微亭等众多企业无不想在这个市场上分得一杯羹。然而，由于众多因素制约，西安 24 小时便利店如今难觅踪迹。

业内人士表示，除了西安本身消费习惯、地域差异外，企业的“内功”修炼及选点布局，都成为 24 小时便利店生存与否的重要原因。

外地 24 小时便利店潜入本土

11 月 24 日，深夜。家住高新四路世纪颐园的张卫军，下楼走到一层，推开唐久 24 小时便利店的门，来到货架前找到了方便面、香烟、花生、啤酒等，到收银台结账时顺便还交了 100 元电话费。

走出店门，裹紧衣领，不到十分钟，张卫军便拿着刚买的东西上楼回家了。

距离、时间、产品、服务等诸多方面的便利，使这家 24 小时便利店从开业至今，夜间的销售额占到每天销售额的1/3。

“我们店内货品齐全,有日常用品、零食、饮料、报刊等,还有早餐和夜宵。而且,我们还提供手机交费。”该店店长表示,便利店设施完善之后还将提供交纳水电费、天然气费、信用卡还贷、刷卡消费、小额取现等业务。

据了解,唐久集团是中国北方最大的便利店连锁企业,西安唐久便利连锁有限责任公司是其旗下的全资子公司。自7月1日位于未央大道106号蓝天大厦首家便利店开业以来,目前已有10多家唐久24小时便利店遍布于西安城内。

“目前唐久便利店还属于直营店。”西安唐久便利连锁有限公司总经理于洋表示,唐久力争在西安做大品牌后,开始考虑做更多的加盟店。“我们的目标是5年内在西安扩展2 000家门店,预计年销售额将达到20亿元。”

信心从何而来?这源自其自身的品牌理念和在太原的成功经验。唐久24小时便利店在太原达到了每2 800人就有家唐久便利店,比东部做得最好的上海每3 100人一间便利店还要密集。

这家便利店的专业性也在店中一览无余,排列有序的货品、50～100平方米的店面面积、完善的服务体系,为实现真正便民打下基础。“服务于民,才能给企业带来长足的发展。我们的产品都是厂家直接配送。相比大卖场,我们便利;相比夫妻店,我们安全。”于洋表示。

看过电影《夜店》的人,都会对那个状况频出的24小时便利店记忆深刻。当危险的一幕在现实中上演时,24小时便利店的安全问题就显得尤为突出。

对此,于洋表示,“我们不能因为存在安全隐患就不给顾客提供服务。为安全起见,每天晚上每个店都有两个人上班,一般在凌晨后遇到顾客购物时,会把产品从窗口递给顾客。这样既满足了顾客需要,又保证了门店安全。”

前赴后继的“跑马圈地”

“我们经过市场调研后发现,西安便利店市场还很落后,处于一个空白期,这对于我们做第一品牌很有利。巨大的商机是我们选择西安的原因。”于洋说。

实际上,24小时便利店在西安并不是新鲜事物,早在1999年,由陕西喔恩商贸有限公司开设的喔恩(On-Store)便利店,是西安的首家24小时便利店。其昼夜营业的方式曾受到业界关注,西安午夜以后的零售市场有多大,能否承受起门店的成本开支?这些问题成为讨论的焦点。

在人们的争论声中,喔恩点燃了西安连锁零售行业的24小时便利店的火种。

最为大众所熟知的海星便利岛,发展最好的阶段也有四五十家店面,然而时至今日,这些昔日辉煌一时的24小时便利店,在西安几乎销声匿迹。

据了解,西安已有数家企业在连锁便利店投资上“栽了跟头”,但由于其仍有利润空间存在,因此被很多人所看好,“跑马圈地”式的竞争比较激烈。

研究连锁零售的业内人士张波涛表示,陕西本土连锁零售企业之所以发展路程艰辛,究其原因是没有形成自己的核心竞争力,资金实力不强,管理经营不力,配送能力落后等。

西安财经学院商学院副教授孙华认为,便利店之所以能够出现并迅速发展,其原因还在于随着生活水平的提高和生活节奏的加快,消费者的生活方式和购物方式发生了很大的变化,主要体现为对“购物便利”的强烈需求,便利店正是能够满足这种需求的零售业态。

“实际上超市和便利店的发展是相互补充的。”孙华介绍说,超级市场的发展有其自身难以克服的障碍,即购物的不便利性;另一方面,超市的发展为便利店提供了先进的销售方式和经营管理技术。

而目前，西安市场上的便利店，有些店门口虽然挂着“便利店”的牌子，但与小超市基本雷同，仅是销售日常生活用品，所谓服务的便利性基本上没有体现。大多并非真正意义上的便利店，许多只是一种超市概念的延伸。

差异化发展以避免贴身肉搏

“西安目前不缺大超市，唯缺便利店。”陕西省商务厅市场体系建设处处长任宁日前表示，按照商业网点规划要求，大型超市服务人口一般应在15万～20万人，服务半径在1公里内。大型超市扎堆竞争造成社会资源浪费，不利于零售业态的健康发展，并与市民生活需求相悖。而便利店邻近社区，经营面积最大不超过2 000平方米，经营的货品贴近市民日常消费。

“西安便利店发展非常迅速，然而24小时营业的便利店不多。”西安市商贸局规划发展处处长姚涌表示，24小时营业的便利店比较集中在社区中心里面，在其掌握的数据中，全市24小时营业便利店数量不超过1 000家。

这其中的原因不一。姚涌分析认为，这与西安市民的生活习惯和气候特点有关，西安冬季夜间较冷，持续时间也比较长，与东南沿海城市相比，并不是一个夜间消费旺盛的城市。从国际上的经验看，在寒带发展便利店少有成功者，寒带比热带的便利店在销售收入上要少近30%左右。

此外，治安原因、经营成本等也成为制约24小时便利店发展的主要原因。

“我们会鼓励其发展，但目前尚无具体的扶持政策。”姚涌表示，西安市针对连锁经营发展有一些鼓励政策，但是24小时便利店目前还没有具体的扶持政策出台。

“24小时营业的便利店，最重要的还是门店的选址。”姚涌建议，商家必须找一个适合24小时营业的经营场所。如中心地区、社区等对夜间消费需要的地方，还有年轻人相对集中的地方、交通要道等，这些地方对24小时便利店的需求较大。

零售业“第四势力”潜力巨大

实际上，外资、内资零售商在上海、广州、北京等一线发达城市对24小时便利店市场的争夺已近白热化。然而目前，在二三线城市还是一片蓝海。

综观近几年的西安零售市场，24小时便利店似乎没有什么起色。

近几年西安零售业态竞争也很激烈。随着以华润万家、人人乐、卜蜂莲花、好又多、沃尔玛等为代表的一批大型仓储、量贩超市的抢滩登陆，以及国美、苏宁等专营店落户古城，传统百货商场“一统天下”的黄金时代已经结束，而这三种不同业态间的角逐，一直就没有停止过。

如今，24小时便利店这个零售业态的新锐力量，正在以星火燎原之势，可能成为西安零售业“第四势力”。

“西安人均收入在西北地区处于上游，因而便利店实际上蕴含着极大的消费需求。”张波涛认为，从西安市经济发展前景来看，只要解决好便利店的选址、定位及配套问题，便利店将大有所为，成为未来西安市零售业中的又一主力业态。

目前西安市场上的超市、大卖场和便利店几种业态中，便利店是发展最不成熟的一种，与上海便利店遍地开花的情景大不一样，西安便利店的需求和供给不成正比。

孙华建议，西安目前很多便利店仅靠出售产品无法在激烈的业态竞争中取得优势，它必须扩展其服务功能，如扩展包括电信、互联网、票务等有关的多项24小时便民服务。

也有业内人士认为，由于24小时便利店自身的诸多优点，因此非常适合西安市场。随着西安社会经济生活水平的提高、消费观念和方式的变化，人们对24小时便利店的需求也将会越来越多，而这种业态将大有所为，成为未来西安市零售业中的又一主力业态。

（资料来源：百度文库）

结合案例重点分析：

1. 便利店面对沃尔玛这一类超市领域的巨无霸，生存的关键何在？

2. 面对网络零售，便利店的便利如何体现？

3. 列表，将不同类型顾客对便利店的潜在需求与便利店可能提供的便利结合，进行简单的成本效益分析，进一步明确便利店应提供哪些便利。

二、基本知识点

（一）市场营销环境

市场营销环境是指影响企业市场营销活动的不可控制的各种参与者和影响力，包括宏观市场营销环境和微观市场营销环境 。宏观营销环境对企业的影响通常是间接的，微观环境的影响是直接的。宏观环境通过微观环境对企业的营销活动产生影响。

市场营销环境是在不断变化的，这些变化有可能给企业的营销活动提供市场机会，也有可能带来威胁。从这个意义上说，市场营销环境等于机会加威胁。市场营销环境对企业营销的成败有着巨大的影响力，营销成败的关键就在于企业能否适应动态的营销环境，如图 2—1 所示。

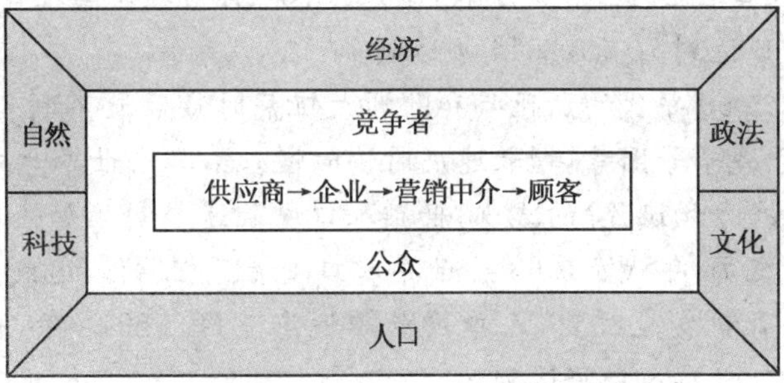

图 2—1　动态的营销环境

图 2—1 中营销中介主要包括中间商、物流企业、金融服务企业、营销服务性企业（如广告公司）等；公众主要包括融资公众、政府公众、媒体公众、社团公众、社区公众、一般公众和内部公众。

宏观市场营销环境是指企业不可控制的、并能给企业的营销活动带来市场机会和环境威胁的主要社会力量，包括人口环境、经济环境、自然环境、技术环境、政治法律环境以及社会文化环境。在营销中分析宏观环境的基本目的是准确把握顾客需求的变化趋势，掌握宏观环境变迁对企业营销带来的机会和威胁。

1. 人口环境

(1)人口总量

市场是由那些具有购买愿望与购买能力的人构成的。人口的多少直接决定着市场潜在的容量。而人口的自然构成、地理分布、婚姻状况、出生率、死亡率、人口密度、流动性、文化教育程度等人口特性，又会对市场需求格局产生深刻影响。分析人口环境可从人口的数量、质量、结构、分布等方面的变动趋势着手。范围可以是企业的目标市场、企业所在地区、所在国家，乃至更大的范围。

在我国，统计区域市场人口总量时，要注意相应人口统计口径：

区域市场人口总量＝常住人口＋流动人口

常住人口＝现有常住人口＋暂时外出人口

我国规定常住人口是指实际经常居住在某地区一定时间(半年以上,含半年)的人口。按人口普查和抽样调查规定,主要包括:除离开本地半年以上(不包括在国外工作或学习的人)的全部常住本地的户籍人口;户口在外地,但在本地居住半年以上者,或离开户口地半年以上而调查时在本地居住的人口;调查时居住在本地,但在任何地方都没有登记常住户口,如持有户口迁移证、出生证、退伍证等尚未办理常住户口的人,即所谓"口袋户口"的人。

流动人口是在中国户籍制度条件下的一个概念,从常住人口概念看,流动人口主要是指非本地户籍人口,在本地居留不超过半年者,主要包括因工作、旅游、短期学习等原因在外地居留的人员。同时,还应包括外籍居留人员。

小知识

世界人口总量

根据美国人口调查局的估计,截至2013年1月4日,全世界有70.57亿人。美国人口调查局的数据显示全球人口在2012年3月12日突破70亿;而联合国人口基金会则显示全球人口在2011年10月31日达到70亿,2014年达到77亿。

世界人口在13世纪50年代的黑死病和欧洲大饥荒时期后就不断地增长,当时的世界约有3.7亿人。随后由于战争等因素,增长速度时快时慢。第二次世界大战结束后,由于导致人口增长放缓的因素(如战争和饥荒)的减少,世界人口增长速率明显加快——每年超过1.8%。这一状态持续到20世纪70年代。1963年世界人口增长了2.2%,达到了历史峰值。随后随着经济发展,人们的生育观发生改变,人口增长率逐渐下降。2011年,世界人口增长率约为1.1%。预计2040年前,世界人口将达到80亿。

当前的预计都显示世界人口将在未来数十年持续增长,但由于较难估计出生率下降等因素,无法得出具体数值,仅得出2050年世界人口将在75亿～105亿,取决于出生率下降的速度。长远看来,估计2050年至2150年左右世界人口将停止增长并缓慢下降。与此同时,一些分析也对人口增长能否可持续表示担忧。

(资料来源:百度百科)

总的来看,世界人口变化受教育及收入影响巨大,表现为:在全球总人口继续快速增长的情况下,经济发达国家人口出生率呈现下降趋势。从中国人口总量变化情况看,由于生育观转变,造成总体和生育率过低,已成为未来经济与社会发展的重要制约因素。

小知识

中国人口总量

2013年全国人口普查数据为1 339 724 852,大陆地区为136 072万人(不包括香港特别行政区、澳门特别行政区和台湾地区),约占世界总人口的19%。

- 现在每年中国的净增人口仅600万～700万。
- 根据《2052:未来四十年的中国与世界》,作者乔根兰德斯预言,中国人口在21世纪20

年代就将到达顶峰，2050 年中国人口将下降到 12 亿以下。

·2014 年末，中国大陆总人口达 136 782 万人，比上年末增加 710 万人。其中，男性人口 70 079 万人，女性人口 66 703 万人，男性人口比女性多 3 367 万人。

1949 年新中国成立时，中国大陆人口为 54 169 万人。由于社会安定、生产发展、医疗卫生条件改善等各种因素致使人口迅速增长，到 1969 年已达 80 761 万人，随之而来的就是计划生育政策的实施。而进入 90 年代后期，随着收入及教育水平的快速提升，中国人的生育观迅速转变，中国的计划生育事实上已从强制性政策转变为自觉性行为。

第六次人口普查的数据显示，同第五次全国人口普查 2000 年 11 月 1 日 0 时的 126 588 万人相比，10 年共增加 7 390 万人，增长 5.83%。平均每年增加 739 万人，年平均增长率为 0.57%，已属世界上人口增长最慢的国家之一。2012 年 10 月 26 日，中国发展研究基金会发布《中国人口形势的变化和人口政策调整》研究报告。报告认为，中国在这时已经进入低出生率、低死亡率的阶段，人口的红利期已经结束。报告称，根据第六次人口普查数据直接推算，中国总和生育率为 0.83，考虑到出生漏报，当前的总出生率应在 1.0 以下。研究认为，中国人口的增长速度已经非常缓慢，如果低生育水平一直持续下去，2029 年中国人口将转为负增长。

（资料来源：百度百科）

（2）人口结构

人口结构又称人口构成，是指将人口以不同的标准划分而得到的一种结果。其反映一定地区、一定时点人口总体内部各种不同质的规定性的数量比例关系，构成这些标准的因素主要包括年龄、性别、教育程度、人种、民族、宗教、职业、收入、家庭人数等。中国的人口构成见表 2—1。

表 2—1　　中国的人口构成

按性别分		按城乡分		按年龄分		
男性	女性	城镇	乡村	14 岁以下	15～64 岁	65 岁以上
51.5%	48.5%	37.7%	62.3%	22.5%	70.4%	7.1%

第六次人口普查数据显示，全国人口中，具有大学（指大专以上）文化程度的人口为 119 636 790人；具有高中（含中专）文化程度的人口为 187 985 979 人；具有初中文化程度的人口为 519 656 445 人；具有小学文化程度的人口为 358 764 003 人（以上各种受教育程度的人包括各类学校的毕业生、肄业生和在校生）。

我国人口中，0～14 岁人口为 222 459 737 人，占 16.61%；15～59 岁人口为 939 616 410 人，占 70.14%；60 岁及以上人口为 177 648 705 人，占 13.26%，其中 65 岁及以上人口为 118 831 709人，占 8.87%，如图 2—2 所示。

同 2000 年第五次全国人口普查相比，0～14 岁人口的比重下降 6.29 个百分点，15～59 岁人口的比重上升 3.36 个百分点，60 岁及以上人口的比重上升 2.93 个百分点，65 岁及以上人口的比重上升 1.91 个百分点。

截至 2012 年底，我国老年人口数量达到 1.94 亿，比上年增加 891 万，占总人口的 14.3%。2013 年，老年人口数量将突破 2 亿大关，达到 2.02 亿，老龄化水平将达到 14.8%。2034 年突破 4 亿，2054 年突破 4.72 亿。同时，我国劳动年龄人口进入负增长。少儿人口抚养比从 2012 年的 23.96%提高到 2013 年的 24.36%，老年抚养比从 2012 的 20.66%上升到

2013年的21.58%,推动社会总抚养比从2012年的44.62%上升到2013年的45.94%,人口老龄化成为关键问题。

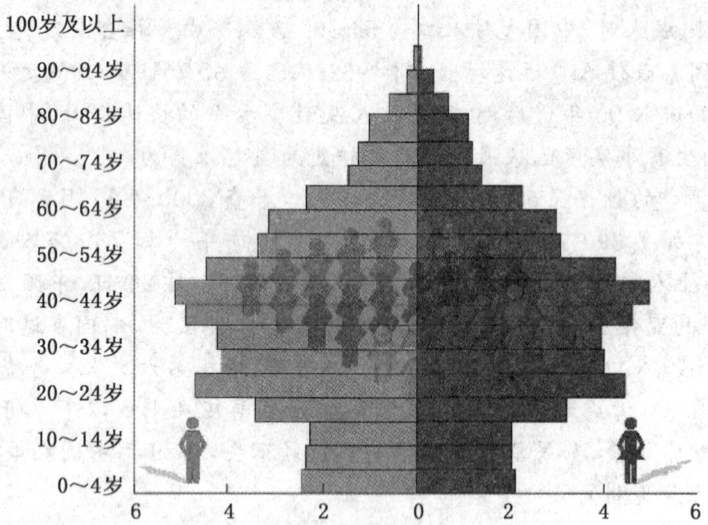

图2—2 2010年中国人口年龄金字塔

人口老龄化是指总人口中因年轻人口数量减少、年长人口数量增加而导致的老年人口比例相应增长的动态。人口老龄化包括两个含义:一是指老年人口相对增多,在总人口中所占比例不断上升的过程;二是指社会人口结构呈现老年状态,进入老龄化社会。国际上通常看法是,当一个国家或地区60岁以上老年人口占人口总数的10%,或65岁以上老年人口占人口总数的7%,即意味着这个国家或地区的人口处于老龄化社会。

2015年2月26日,国家统计局发布2014年国民经济和社会发展统计公报。公报数据显示,2014年年末我国60周岁及以上人口数为21 242万人,占总人口比重为15.5%;65周岁及以上人口数为13 755万人,占比10.1%,首次突破10%。最新数据显示,21世纪头10年的年均人口增长率为0.57%,低于20世纪最后10年一直保持的1.07%的年增长率,因此,中国人口正在进入老龄化,有关专家预测,到2050年,中国老龄人口将达到总人口的1/3。老年人口的快速增加,特别是80岁以上的高龄老人和失能老人年均100万的增长速度,对老年人的生活照料、康复护理、医疗保健、精神文化等需求日益凸显,养老问题日趋严峻。

(3)家庭规模和家庭生命周期

家庭是消费者市场的主体,因此家庭规模就成为影响家庭消费的基本要素。单人居住、同居、丁克、单亲、共同租住等新家庭形式快速增长,其消费特征明显区别于传统家庭。

2014年5月14日,中国国家卫生计生委发布的首份《中国家庭发展报告》显示,中国家庭户平均人数已由5.3人降至3.02人,中国已是平均家庭规模较小的国家。

在20世纪50年代前,中国家庭户均人数基本上保持在5.3人,1990年缩减到3.96人,2010年缩减到3.10人。据分析,家庭户规模小型化是社会、经济、文化、人口等多方面因素共同作用的结果。结婚年龄的推迟,不婚率和离婚率的提高,低生育率,寿命的延长,人口流动等,都导致了家庭户均规模的不断缩小。

报告显示,进入21世纪以来,中国1人户和2人户的微型家庭数量迅速增加。2000~

2010年,1人户数量翻倍,2人户数量增加68%。2000年这两类家庭户占全部家庭户的1/4,到2010年已接近40%,共计1.6亿户。据预测,在未来一个时期,中国微型家庭数量将继续保持快速增长的势头,平均家庭规模将会进一步缩小。单人家庭的迅速增长,已经成为中国城乡家庭变化的普遍趋势。单人家庭数量增长主要是由于30岁以上大龄未婚人口增长、离婚率提高和丧偶独居老人数增长。报告显示,2010年中国30岁以上未婚人口中有43.2%是独居。中国80岁及以上的高龄老人中有四成以上是单人家庭户主。

家庭生命周期反映一个家庭从形成到解体呈循环运动过程的范畴。美国学者P.C.格里克最早于1947年从人口学角度提出比较完整的家庭生命周期概念,并对一个家庭所经历的各个阶段作了划分。许多学者主张用一个包括更多内容的新概念即"家庭生命历程"来取代比较狭隘的"家庭生命周期"。它应包容核心家庭、扩大家庭、离婚与丧偶形成的单亲家庭,以及无孩家庭等多种现实生活中存在的家庭生活形式。较细的划分将家庭生命历程分为:只结过一次婚的结发夫妇;夫妇双方均是再婚的;一方是初婚而另一方是再婚的夫妇;离婚或丧偶后未再婚的;从未结过婚的;等等。以上每一种又按孩子数(0,1,2,3,4^+)分为5类。

在家庭生命周期的不同阶段,消费者的行为呈现出不同的主流特性:

①单身期。处于单身阶段的消费者一般比较年轻,几乎没有经济负担,消费观念紧跟潮流,注重娱乐产品和基本的生活必需品的消费。

②新婚期。经济状况较好,具有比较大的需求量和比较强的购买力,耐用消费品的购买量高于处于家庭生命周期其他阶段的消费者。享乐性的娱乐消费及提升自身工作能力的教育性投资是单身期及新婚期消费的一大共同特征。

③满巢期Ⅰ。指最小的孩子在6岁以下的家庭,年幼的孩子限制了父母需要消耗大量时间及精力成本的消费选择。处于这一阶段的消费者往往需要购买住房和大量的生活必需品,常常感到购买力不足,对新产品感兴趣并且倾向于购买有广告的产品。

④满巢期Ⅱ。指最小的孩子在6岁以上,但未成年的家庭。处于这一阶段的消费者一般经济状况较好但消费慎重,已经形成比较稳定的购买习惯,极少受广告的影响,倾向于购买大规格包装的产品。在中国,这个阶段家庭消费的重心明显显示出围绕孩子教育的情况。

⑤满巢期Ⅲ。指夫妇已经上了年纪但是仍有子女需要抚养的家庭。处于这一阶段的消费者经济状况尚可,消费习惯稳定,可能购买富余的耐用消费品。在中国这类家庭还有一大经济压力,即要为孩子结婚做好准备。

⑥空巢期Ⅰ。指子女已经成年并且独立生活,但是家长还在工作的家庭。处于这一阶段的消费者经济状况最好,可能购买娱乐品和奢侈品,对新产品不感兴趣,也很少受到广告的影响。

⑦空巢期Ⅱ。指子女独立生活,家长退休的家庭。处于这一阶段的消费者收入大幅度减少,消费更趋谨慎,倾向于购买有益健康的产品。在中国由于"隔代亲"这一文化现象的存在,空巢期Ⅰ、空巢期Ⅱ的划分还可以考虑有无孙辈这个重要因素。

⑧鳏寡期。尚有收入,但是经济状况不好,消费量减少,集中于生活必需品、医疗、健康产品的消费。

(4)人口分布及流动

今天中国人口分布及流动的核心问题是城市化问题及中产阶层化问题。2013年12月26日中国社会科学院发布《社会蓝皮书:2014年中国社会形势分析与预测》。蓝皮书指出,中国人口结构转型加速,2013年底,城镇化水平将超过54%,2018年将达到60%。

在未来15～20年左右有限的时间里，中国要达成经济与社会发展目标，缓解日益突出的社会矛盾，为国家崛起奠定一个坚实基础，必须全力推进城市化进程。这场城市化进程具有突出的两大特点：

巨大的规模——量的问题：在未来15～20年的时间里，将有至少7亿～8亿人口要从农村(含乡镇)迁入城市(这是考虑到在20世纪30年代，中国人口将达到峰值，即15亿～16亿)。其解决的前提是经济规模的相应扩大，尤其是第二、三产业规模的快速增长。当然，如此规模的城市化问题将是前所未有的，它在提出问题的同时，也在创造着巨大的市场机会。

社会基本结构变化——质的提升：大规模快速城市化，从而导致因社会(首先是城市)承受能力不足，引发社会矛盾激化，进而导致经济与社会发展停滞，乃至崩溃的例子，我们已经看到过太多。再考虑到20世纪90年代末期开始，中国城市中低收入群体日益扩大，城市内部两极分化已日渐严重的现实，意味着这场城市化进程，必须同时是一场培育中产阶层，使中产阶层成为社会主体的进程。

所以中国的城市化进程不仅仅是农村人口向城市有效迁移的进程，同时也是社会结构完成历史性转变的进程。

2. 经济环境

经济环境分析首先要从整体上把握经济与社会发展的宏观状况。经济成长阶段理论把各国的经济发展归纳为五种类型：传统经济社会，经济起飞前的准备阶段，经济起飞阶段，迈向经济成熟阶段，大量消费阶段。

因此，要深入理解今天的中国经济与社会发展的现状，必须从一个更大的历史纵深来观察。现代国家的发展无不证明(如果我们回顾一下美、日、德及苏联的发展，这一点更加明确)，国家的崛起，从传统经济社会走向现代社会，首先要完成民族独立，它是经济起飞前的前提性的准备阶段。回顾中国的发展，1840年无疑是中国向现代国家转型的起点，中国人经过百余年的努力才艰难地完成了民族独立这一命题，期间抗日战争、抗美援朝是显著的关键性事件。

大致以“第一个五年计划”的实施开始，中国进入经济起飞前的正式准备阶段，这一时期可以认为延续到了20世纪90年代以前。其中改革开放前的所谓“计划经济”时期，其主要经济成就表现在，在极其落后的基础上，建立起一个基本完整的工业体系，尤其是重工业体系(而轻工业，尤其是基本消费工业体系在80年代的改革开放初期迅速得到了完善和补充发展)。同时，以“两弹一星”为标志，在世界上国家地位得以巩固，70年代初，尼克松访华，中西方关系正常化，为对外开放提供了基本条件(这一进程可以1989年中苏关系正常化为结束的标志)。

90年代后至近年来，中国完成了经济起飞阶段。以1992年人民币大幅贬值为标志，通过大量吸收外资，外向型经济成为促进中国经济发展的关键力量。依靠廉价而高素质的劳动力、稳定的社会环境、巨大的市场潜力等优势，中国牢牢抓住了90年代以美国为首的发达国家经济结构升级的机遇，搭上了经济全球化的快车，国家经济实力迅猛增长。这一时期，中国普通人的收入迅速提高，以城市为主体，中国基本形成占总人口大约1/3强的一个庞大的消费市场。消费者基本消费能力从20世纪90年代初的千元级，上升到21世纪初的十万元级，子女教育、住房、家庭轿车成为消费的新热点(即所谓新三大件：相对于20世纪70年代的手表、自行车、收音机，80年代后的电视、洗衣机、冰箱这些旧三大件而言)，我们形象地称之为“从温饱到小康”的阶段。也就是说，今天中国已进入迈向经济成熟的新阶段。

从微观而言，分析经济环境主要是分析社会购买力。影响收入向购买力转化的因素主要是消费者收入与支出、消费信贷及居民储蓄、消费结构变化等因素。

(1)消费者收入与支出

消费者收入水平及对收入与支出的预期决定现实购买力水平,也就是说,消费者现实收入状况、现实支出状况、对未来收入预期和对未来支出的预期共同决定消费者现实购买力水平。

以针对表2—2的分析为例:

对比城镇和农村人均纯收入与人均消费支出,可以看出人均消费支出增速明显低于人均纯收入的增长,表明消费信心不足,参考居民储蓄余额的变化情况也可证实这一点;同时,上述两个指标与GDP增速相比明显偏低;城乡收入与消费增长差距极其明显,而且呈扩大趋势。

表2—2　　1978～2007年城乡居民收入与支出状况对比

<table>
<tr><th rowspan="3">年份</th><th colspan="4">城镇居民</th><th colspan="4">农村居民</th><th colspan="2">GDP</th></tr>
<tr><th colspan="2">人均纯收入</th><th>人均消费支出</th><th rowspan="2">恩格尔系数(%)</th><th colspan="2">人均纯收入</th><th>人均消费支出</th><th rowspan="2">恩格尔系数(%)</th><th rowspan="2">总额(亿元)</th><th rowspan="2">年均增长(%)</th></tr>
<tr><th>总额(亿元)</th><th>年均增长(%)</th><th>总额(元)</th><th>总额(元)</th><th>年均增长(%)</th><th>总额(元)</th></tr>
<tr><td>1978</td><td>343.4</td><td></td><td>311.16</td><td>57.5</td><td>133.6</td><td></td><td>116.06</td><td>67.7</td><td>3 645</td><td rowspan="4">9.8</td></tr>
<tr><td>1991</td><td>1 700.6</td><td>6.0</td><td>1 453.81</td><td>53.8</td><td>708.6</td><td>9.3</td><td>619.79</td><td>57.6</td><td>19 580</td></tr>
<tr><td>2000</td><td>6 280.0</td><td>6.8</td><td>4 998.00</td><td>39.4</td><td>2 253.4</td><td>4.8</td><td>1 670.13</td><td>49.1</td><td>99 241.6</td></tr>
<tr><td>2007</td><td>13 785.8</td><td>10.1</td><td>9 997.47</td><td>36.3</td><td>4 140.4</td><td>6.2</td><td>3 223.85</td><td>43.1</td><td>257 306</td></tr>
</table>

下面我们对此做一个针对性分析:

①国民财富分配机制不合理因素。据国家统计局公报,1979～2007年我国财政收入年均增长14.1%,城镇居民人均可支配收入年均增长7.2%,农村居民人均纯收入年均增长7.1%。两个数据间的巨大差距,引人深思。由于长期贫弱的经济基础和快速追赶的现实需要,构成双重压力,使得中国长期以来都是重积累、轻消费,"勒紧裤腰带"是对这一状况的生动写照;这一点并未因改革开放而根本改变,为鼓励和充分调动投资主体的积极性,我们长期坚持了"效率优先、兼顾公平"的分配原则。因此,经济与社会发展的成果显然没有充分反映到居民收入增长上,而这一情况的长期化、模式化,又影响对收入的预期。

②贫富差距不断拉大。市场经济的发展过程中,如果没有建立起完善的市场干预机制,贫富差距不断拉大是一个必然的结果,而中国市场发育正处于这一阶段。众所周知,随着财富迅速集中在少数人手中,其对消费的抑制作用就会明显地体现出来。也就是说,居民相对有限的收入增长总量又因贫富差距问题仍然无法充分转化为消费能力。

③社会福利和保障体系改革的不到位和公共服务水平不足。20世纪90年代市场化改革以来,社会福利、社会保障和公共服务体系的改革就同步展开。但由于改革指导思想的一系列错误,这一改革整体走上了全面走向市场、一推了之的道路。其表现在:财政收入中用于社会保障与公共服务的支出比例长期处于下降中;社会公益性服务体系没有得到培育与发展。结果就是由此带来的负担被转移给普通百姓,教育、医疗、住房、就业保障等矛盾日益激化,居民对未来预期支出的增长产生恐惧,这一点不可能因近年来这些领域开支增长而在短时间内得以转变。

消费者总收入=实物收入+货币收入

货币收入=可支配收入+固定扣款(含个人所得税、社会保障和福利扣款)

可支配收入=可任意支配收入+基本生活开支

在实际计算消费者收入时,要注意:

消费者总收入是实物收入与货币收入之和,而不仅是货币收入。比如,我国现阶段城乡差距中,因社会福利、社会保障和公共服务水平落差产生的差距就绝不亚于货币收入差距。

固定扣款是基于国家法律的规定,有统一的项目和计算规则。而基本生活开支则基于个人理解,同一收入水平的个人或家庭对此可能有完全不同的定义,必须针对特定人群进行特定分析。

在不同国家间,因法律、文化等差异,进行收入和支出对比时,首先要注意购买力平价(purchasing power parity,PPP)这一概念。简单地说,购买力平价是国家间综合价格之比,即两种或多种货币在不同国家购买相同数量和质量的产品和服务时的价格比率,用来衡量对比国之间价格水平的差异。例如,购买相同的一件产品,在中国用了 80 元人民币,在美国用了 20 美元,对于这件产品来说,人民币对美元的购买力平价是 4∶1。也就是说,在这件产品上,4 元人民币购买力相当于 1 美元,而不是当前汇率显示的约 6∶1。当然,实际购买力平价计算需要建立一个复杂的评价体系,而不是简单的几种产品价格的比较。购买力平价实质上是一个特殊的空间价格指数,与比较某一国家两个时期价格水平的居民消费价格指数(CPI)不同,它是比较某一时期内两个国家的综合价格水平。

此外,由于中美税收制度的差异,美国消费者是先交税(主要税收是固定扣款中的个人所得税),中国消费者是后交税(主要税收不是个人所得税,而是消费过程中的流转税,如增值税、消费税、营业税、关税等)。

(2)消费者支出模式

所谓消费者支出模式,是指消费者收入变动与需求结构之间的对应关系,也就是常说的支出结构。在收入一定的情况下,消费者会根据消费的急需程度,对自己的消费项目进行排序,一般先满足排序在前也即主要的消费。如温饱和治病肯定是第一位的消费,其次是住、行和教育;再次是舒适型、提高型的消费,如保健、娱乐等。

消费者支出模式与恩格尔系数(engel's coefficient,是食品支出总额占家庭消费支出总额的比重)从长期来看有密切关系,其反映为"恩格尔定律"。

恩格尔定律的表述一般有以下几种:

①随着家庭收入增加,用于购买食品的支出占家庭收入的比重就会下降;

②随着家庭收入增加,用于住宅建筑和家务经营的支出占家庭收入的比重大体不变;

③随着家庭收入的增加,用于其他方面的支出和储蓄占家庭收入的比重就会上升。

消费者支出模式还受以下两个因素影响:

①家庭生命周期的阶段;

②消费者家庭所在地点。

表 2—2 也反映了我国家庭恩格尔系数变化的情况。国际上常常用恩格尔系数来衡量一个国家和地区人民生活水平的状况。根据联合国粮农组织提出的标准,恩格尔系数在 59%以上为贫困,50%~59%为温饱,40%~50%为小康,30%~40%为富裕,低于 30%为最富裕。在我国运用这一标准进行国际和城乡对比时,要考虑到那些不可比因素,如消费品价格比价不同、居民生活习惯的差异以及由社会经济制度不同所产生的特殊因素。对于这些横截面比较中的不可比问题,在分析和比较时应做相应的剔除。另外,在观察历史情况的变化时要注意,恩格尔系数反映的是一种长期的趋势,而不是逐年下降的绝对倾向,它是在熨平短期的波动中求得长期的趋势。

(3)消费者储蓄和消费信贷

从收入向购买力转化的角度看,消费者储蓄可以理解为将现在的收入用于未来的支出;而消费信贷则可以理解为将未来的收入用于现在的支出。当然,这里还要考虑消费者投资的可能。

因此,分析消费者储蓄水平和原因,是在收入既定情况下,预判消费者购买能力的重要一环。中国居民储蓄率一直居高不下,究其原因,一方面是因前述社会保障、社会福利和公共服务水平低,从而导致人们对预期支出产生恐惧,存钱以备万一;另一方面又涉及家庭投资渠道狭窄的问题,今天中国有越来越多的家庭已具备独立投资能力,但市场却难以提供面向家庭的小额投资机会和渠道,这一点也是分析当前中国消费者储蓄时要注意的。

而中国消费信贷,则涉及国家经济,尤其是金融政策的调整,以及市场信用体系的建设与完备。

3. 自然环境

自然环境是指能够影响社会生产过程的自然因素,包括自然资源、环境保护等方面的动态。在宏观环境各要素中,自然环境是基础性要素,对其他各要素起支撑和限制的作用,例如,在《舌尖上的中国》中,我们可以清晰地感受到自然环境对文化、经济等的影响作用。

目前国际上自然环境的主要趋势是矿物能源和原料的短缺迫在眉睫、能源成本不稳定、环境破坏与污染程度越来越严重等。企业在目前和今后都面临着来自政府和各社会团体(如环境保护主义组织)的强大压力。对此,企业不应束手无策,而应采取积极的态度,将威胁转化为机会,绿色营销因此而兴起。

4. 技术环境

技术环境是指企业在产品的设计、开发、制造和营销过程中所受到科技发展的影响。这种影响主要表现在:(1)产品生命周期越来越短,加速了新产品上市的竞争,使很多企业被迫加大技术开发投入,同时企业的产品营销周期也必须大大缩短。(2)微电子技术和信息技术的应用普及,使互联网和电子商务发展迅速,给世界经济和企业竞争带来了深刻变化。产品的科技知识含量越来越高,企业的利润高低在很大程度上同它的科技投入成正比。“知识营销”已经成为营销理论中的一个新概念。(3)专利技术和知识产权的保护日益加强,使企业产品仿制和应用已有技术时的限制条件增多,产品开发成本加重,须处理的法律事务增多,从而加大了产品开发和营销的难度。

技术进步是经济和社会发展的原动力。新技术的引进引起经济结构的变化,为某些企业提供了新的机会;新技术革命使创新机会增多;新技术引起企业市场营销策略的变化;新技术有利于改善企业经营管理、提高工作效率。随着当前技术变革的步子加快,这种影响越来越大,越来越不容忽视。必须对科技环境给予足够的关注,善于把握机会,尽量减轻威胁。

5. 政治法律环境

政治与法律环境主要是指国家政局、政体、经济管理体系及与其相关的法令、法规、方针政策对企业经营活动产生的影响。政体主要是指国家(或地区)的性质、体制、政治倾向、与他国的国际关系等;政局是指执政当局的稳定的程度、与邻国的关系、边界安全性、社会安定性等。法律因素是指与市场营销有关的法规、条例、标准、惯例和法令等。

政治法律环境对企业市场营销会产生重大的影响,现代国家政治法律环境有三种基本变动趋势:(1)管制企业的立法增多;(2)政策机构执法更严;(3)公众利益团体的力量不断增强。

企业的营销人员既要认真研究法律,遵守法律的规范,同时也应充分利用法律规范和政策条件来推进市场营销活动,实现营销目标。

6. 文化环境

文化环境是宏观环境诸多变量中最复杂、最深刻、最重要的变量。社会文化是某一特定人类社会在其长期发展历史过程中形成的，它主要由特定的价值观念、行为方式、伦理道德规范、审美观念、宗教信仰及风俗习惯等内容构成，它影响和制约着人们的消费观念、需求欲望及特点、购买行为和生活方式，对企业营销行为产生直接影响。

(1)价值观

价值观是指人们对于事物的评价标准体系和崇尚风气，它直接决定了人们的行为选择。如在经济发达地区，人们的时间观念很强，“时间就是金钱”“今天能做的事绝不拖到明天”已成为人们生活的准则。因此，交通、通信工具、快餐、速溶咖啡、成衣等能节约时间的产品和服务的需求比较旺盛。

(2)知识水平

知识水平主要是指人们的文化素质，它对人们的消费行为产生影响。经济发达的国家和地区教育水平较高，人们对新产品鉴别能力较强，购买产品时富有理性、注意广告的科学性和各种说明。

(3)审美观

审美观是一定文化背景下形成的美学观念。一个国家、一个地区、一个民族的审美观与它的文化背景紧密联系。不注意消费者的审美观，就很难提供适销对路的产品。如不同国家的人对同一种图案和色彩的理解可能存在着很大的差异，我国赞颂的梅花在日本却被认为是不祥之花；我国认为红色象征吉祥，有的国家则认为红色代表妖魔。

(4)信仰

人们的信仰不同，对事物的认识和行为标准也不同。其中宗教信仰的影响最为明显，它不仅决定人们的社会观、生活观，而且还影响对产品的要求和购买方式。

(5)物质基础设施

物质基础设施直接制约着人们的需求及需求水平。如当前我国南方城市冬季取暖市场发展就与天然气供应有着密不可分的关系。

营销者要充分考虑当地的文化，要研究不同社会阶层和相关群体的需求特点和购买者行为，要努力去适应区域文化，而不可轻易试图改变它。

(二)SWOT 分析

所谓 SWOT 分析，是基于内外部环境和竞争条件的一种态势分析。具体做法是将与企业密切相关的相对于主要竞争对手的优势、劣势和因宏观环境变迁带来的机会和威胁等，通过调查分析一一列举出来，并依照矩阵形式排列。最后使用系统分析的方法，把各种因素综合起来加以分析，从中得出一系列相应的结论，用于寻找和塑造企业特色。

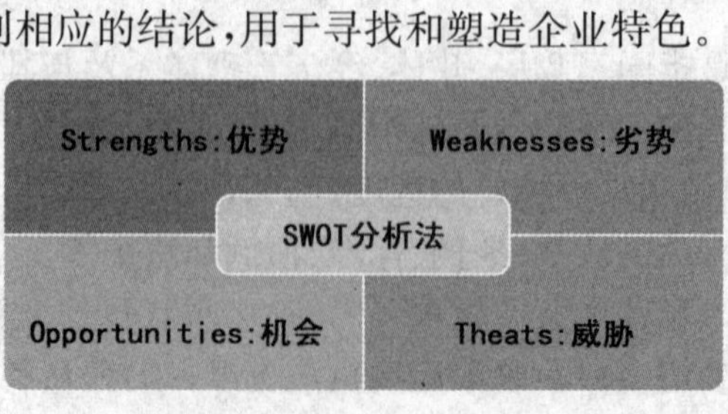

图 2—3 SWOT 矩阵模型

S优势(strengths)、W劣势(weaknesses)是内部因素,是一个企业"能够做的",来自于对竞争对手、企业内部和顾客的针对性分析。注意在做优劣势分析时必须从整个价值链的每个环节上,将企业与竞争对手做系统的对比与分析。同时衡量一个企业及其产品是否具有竞争优势,只能站在现有潜在用户角度上,而不是站在企业的角度上。

O机会(opportunities)、T威胁(threats)是外部因素,是一个企业"可能做的",来自于对宏观环境的分析。

SWOT分析的基本做法如下:

1. 分析环境因素

运用各种调查研究方法,分析出公司所处的各种环境因素,即外部环境因素和内部能力因素。外部环境因素包括机会因素和威胁因素,它们是外部环境对公司的发展直接有影响的有利和不利因素,属于客观因素,内部环境因素包括优势因素和弱点因素,它们是公司在其发展中自身存在的积极和消极因素,属主动因素。在调查分析这些因素时,不仅要考虑到历史与现状,更要考虑未来发展问题。

2. 构造SWOT矩阵

将调查得出的各种因素根据轻重缓急或影响程度等排序方式,构造SWOT矩阵。在此过程中,将那些对公司发展有直接的、重要的、大量的、迫切的、久远的影响因素优先排列出来,而将那些间接的、次要的、少许的、不急的、短暂的影响因素排列在后面。同时,在构造时一定要关注各因素之间的相互关联,用系统分析的办法构造矩阵。

3. 结论

做结论时要注意:发挥优势,克服劣势,利用机会,化解威胁;考虑过去,立足当前,着眼未来。运用系统分析的综合分析方法,将排列与考虑的各种环境因素相互匹配起来加以创造性组合,力争实现劣势向优势、威胁向机会的转化。

应用SWOT分析法的基本注意事项:

(1)对优势与劣势有客观的认识。

(2)对机会和威胁要有趋势性认识。

(3)SWOT分析必须是系统分析。

(4)进行SWOT分析的前提是确定主要竞争对手。

(5)保持SWOT分析法的简洁化,避免复杂化与过度分析。

(6)SWOT分析法是在特定环境下,针对特定对象的分析。

三、任务设计

为在学校周边小区开设一家小店,制订出简易的营销策划书。

1. 针对小区全体居民,以家庭为单位,围绕家庭结构、年龄、受教育程度、收入等基本要素进行一次全面的问卷调查,并整理分析形成调查报告。调查报告要注意对家庭进行有效分类,并针对不同分类家庭进行相应的顾客素描。

2. 针对不同分类家庭对其消费观念和消费行为特点进行补充调查(访谈、观察为主),根据调查分析结果,调整补充之前的家庭分类,并进行顾客描述。

3. 各小组确定自己小店经营的具体项目,并进行宏观环境分析,列出选择本项目的理由,明确机会与威胁,陈述项目价值。

4. 针对小区及周边,针对竞争环境进行调查,在此基础上进行竞争分析,找出主要竞争对手，列出相对于主要竞争对手的优势与劣势。

5. 进行 SWOT 分析，明确小店关键特色，针对特色实现制定可行的策略和措施。

6. 制作一张海报，在朋友圈里展示你心中的小店，并借助 PPT 向全班和朋友圈宣讲。

四、知识拓展

（一）竞争者分析

竞争者分析是指企业通过识别出主要竞争对手，进而对它们的目标、相对竞争优势、市场战略和竞争反应模式等要素进行的评价。其目的是为了准确判断竞争对手的战略定位和发展方向，并在此基础上预测竞争对手未来的战略，准确评价竞争对手对本组织的战略行为的反应，估计竞争对手在实现可持续竞争优势方面的能力。竞争者分析一般包括以下内容和步骤。

1. 识别企业的竞争者，明确主要的竞争对手

我们可以从不同的角度来划分竞争者的类型：

(1)从行业的角度来看，企业的竞争者有：

①现有厂商。指本行业内现有的与企业生产同样产品的其他厂家，这些厂家是企业的直接竞争者。

②潜在进入者。指现在还未进入本行业，但有实力随时进入本行业的潜在竞争者。当行业前景乐观、有利可图时，会引来新的竞争企业，使该行业增加新的生产能力，并要求重新瓜分市场份额和主要资源。

③替代品厂商。与某一产品具有相同功能、能满足同一需求、提供相同或类似价值的不同性质的其他产品，属于替代品。随着科学技术的发展，替代品将越来越多，某一行业的所有企业都将面临与生产替代品的其他行业的企业进行竞争。

(2)从市场方面看，企业的竞争者有：

①愿望竞争者。提供不同产品，满足消费者的不同愿望，但目标顾客相同的企业可称为愿望竞争者。如目标顾客可以把钱用于旅游，也可用于购买汽车，或购置房产，因而提供这些产品的企业间存在相互争夺顾客购买力的竞争关系。

②需要竞争者。提供不同种类的产品，但满足和实现目标顾客同种需要的企业称为需要竞争者。如航空公司、铁路客运、长途客运汽车公司都可以满足顾客外出旅行的需要，当火车票价上涨时，乘飞机、坐汽车的旅客就可能增加，相互之间争夺满足顾客的同一需要。

③产品形式竞争者。我们把提供同种或同类产品，但规格、型号、款式不同的企业称为产品形式竞争者。产品形式竞争者虽是同行，但往往并不一定针对同一目标顾客群体，相互间竞争关系更多表现为潜在状态。如家用空调与中央空调的厂家、生产高档汽车与生产中档汽车的厂家之间的关系。

④品牌竞争者。我们把同一行业中以相似的价格向同一目标顾客群体提供类似产品或服务的企业称为品牌竞争者。品牌竞争者之间的产品相互替代性较高，竞争非常激烈，各企业均以培养顾客品牌忠诚度作为争夺顾客的重要手段。

(3)从企业所处的竞争地位来看，竞争者的类型有：

①市场领导者。指产品在某一市场上占有最大市场份额的企业。市场领导者通常在产品开发、价格变动、分销渠道、促销力量等方面处于主宰地位。

②市场挑战者。指在行业中处于次要地位(第二、第三甚至更低地位)的企业。市场挑战者往往试图通过主动竞争扩大市场份额，提高市场地位。市场挑战者与市场追随者最根本的

区别在于主动性。

③市场追随者。指在行业中居于次要地位，并安于次要地位，在战略上追随市场领导者的企业。市场追随者的最主要特点是跟随：在技术方面，它不做新技术的开拓者和率先使用者，而是做学习者和改进者；在营销方面，不做市场培育的开路者，而是搭便车，以减少风险和降低成本。市场追随者通过观察、学习、借鉴、模仿市场领导者的行为，不断提高自身技能，以图发展壮大。

④市场补缺者。多是行业中相对较弱小的一些中、小企业，它们专注于市场上被大企业忽略的某些细小部分，在这些小市场上通过专业化经营来获取最大限度的收益，在大企业的夹缝中求得生存和发展。市场补缺者通过生产和提供某种具有特色的产品和服务，赢得发展的空间，甚至可能发展成为“小市场中的巨人”。

2. 确认竞争对手的目标

在识别了主要竞争对手之后，企业经营者接着应回答的问题是：每个竞争者在市场上寻求什么？什么是竞争者行动的动力？

竞争者虽然无一例外不关心其企业的利润，但它们往往并不把利润作为唯一的或首要的目标。在利润目标的背后，竞争者的目标是一系列目标的组合，对这些目标竞争者各有侧重。所以，我们应该了解竞争者对盈利的可能性、市场占有率的增长、资金流动、技术领先、服务领先和其他目标所给予的重要性权数，明确其竞争目标，从而准确判断其面对竞争时的反应。

如一个追求低成本领先的竞争者对于他的竞争对手因技术性突破而使成本降低所做出的反应，比对同一位竞争对手增加广告宣传所做出的反应会强烈得多。

3. 与竞争对手的优劣势对比

优劣势分析的主要内容：

(1)产品。包括竞争企业产品在市场上的地位，产品的适销性，以及产品系列的宽度与深度。

(2)销售渠道。包括竞争企业销售渠道的广度与深度，销售渠道的效率与实力，销售渠道的服务能力。

(3)营销能力。包括竞争企业市场营销组合的水平，市场调研与新产品开发的能力，销售队伍的培训与技能。

(4)生产与经营。包括竞争企业的生产规模与生产成本水平，设施与设备的技术先进性与灵活性，专利与专有技术，生产能力的扩展，质量控制与成本控制，区位优势，员工状况，原材料的来源与成本，纵向整合程度。

(5)研发能力。包括竞争企业内部在产品、工艺、基础研究、仿制等方面所具有的研究与开发能力；研究与开发人员的创造性、可靠性、简化能力等方面的素质与技能。

(6)资金实力。包括竞争企业的资金结构，筹资能力，现金流量，资信度，财务比率，财务管理能力。

(7)组织。包括竞争企业组织成员价值观的一致性与目标的明确性，组织结构与企业策略的一致性，组织结构与信息传递的有效性，组织对环境因素变化的适应性与反应程度，组织成员的素质。

(8)管理能力。包括竞争企业管理者的领导素质与激励能力，协调能力，管理者的专业知识，管理决策的灵活性、适应性、前瞻性。

但是要注意，通过以上对比产生的优劣，只是一种静态的优劣势对比(相对竞争优势)，只有结合了目标顾客需求之后，相对竞争优势才能转化为竞争优势。比如说，茅台酒虽好，但对一个深夜独自看球的人来说不如一罐普通的啤酒。同理，一个大学中文系的教授未必能教好小学一年级的语文课。

4. 确定竞争者的战略

(1)总成本领先战略。要求企业用系统、整体的眼光分析和创造企业成本优势。

①要素成本。人力资源、资金、原材料或零部件、设备、土地、技术等构成企业经营的基本要素。要素成本的控制是总成本领先的基础。

②要素集成。生产、研发、融资、营销、物流等则是基于要素集成的企业经营具体活动。因此有效的管理将有力地控制要素集成的成本，规模效益原理其实就是基于要素集成的一种创造成本优势的方法。

③系统整合。企业经营系统既是基于企业自身，更是基于“企业伙伴”的大系统，通过对企业经营系统的有效整合，将最大化地实现成本优势。

“供应链管理”(SCM)、“客户关系管理”(CRM)就是这种系统整合的具体体现。

(2)差异化战略。它是将公司提供的产品或服务差异化，树立起一些全产业范围中具有独特性的东西。

企业创造差异化，包含以下几种途径：

①增加独特性来源。包括在企业价值链中增加差异化的来源；使产品的实际使用与使用意向一致；用价值信号加强使用标准的差异化；将产品与信息紧密联系在一起以增强经营的差异化。

②变差异成本为优势。包括发掘经营差异化所有廉价的来源；控制成本驱动因素，使经营差异化的成本最小化。

③重视经营差异化的形式，应用具有成本优势的方法形成经营差异化；在不影响买方价值的活动中减少成本。

④改变规则以创造独特性。包括提高决策者的作用，使企业独特性更有价值；揭示未被认识的购买标准；优先对买方和销售渠道环境的改变做出反应。

⑤以全新方式重构独特的顾客价值链，一般涉及的领域有：一种新的分销渠道和销售方法，向前结合以替代买方功能或销售渠道，向后结合以控制产品质量的决定因素，采用全新程序的技术。

差异化还涉及持久性问题。其持久性决定于两个方面，一是差异化价值被顾客认可的稳定周期；二是竞争对手不模仿。换言之，在以下条件下，差异化就可以维持长久：企业独特性来源具有壁垒；企业在差异化方面具有成本优势；差异化具有多重来源，是一个组合；企业在形成差异化过程中，创造了顾客的转换成本。

企业在构建差异化过程中易犯的几个错误：无价值的独特性，过分强调差异化，溢价太高，忽视顾客价值需要，忽视差异化成本，只重视产品而忽视整个价值系统，不能正确认识细分市场。

(3)集中化战略。它是主攻某个特殊的顾客群、某产品线的一个细分区段或某一地区市场。总成本领先与差异化战略都是要在全产业范围内实现其目标。集中化战略的前提思想是：公司业务的集中化能够以较高的效率、更好的效果为某一特定目标顾客全体服务，从而超过在较广阔范围内竞争的对手。公司或者通过满足特殊对象的需要而实现了差异化，或者在为这一对象服务时实现了低成本，或者二者兼得。这样的公司可以使其赢利的潜力超过产业的平均水平。

各企业采取的战略越相似，它们之间的竞争就越激烈。在多数行业中，根据所采取的主要战略不同，可将竞争者划分为不同的战略群体。例如，在美国的主要电气行业中，通用电气公司、惠普公司和施乐公司都提供中等价格的各种电器，因此可将它们划分为同一战略群体。

根据战略群体的划分，可以归纳出两点：(1)进入各个战略群体的难易程度不同。一般小型企业适于进入投资和声誉都较低的群体，因为这类群体较易打入；而实力雄厚的大型企业则可考虑进入竞争性强的群体。(2)当企业决定进入某一战略群体时，首先要明确谁是主要的竞争对手，然后决定自己的竞争战略。

5. 选好自己的营销策略

(1)市场领先者策略

①扩大总需求

扩大总需求的基本途径有：

a. 开发新用户。包括新的地域(地理扩展)、新的细分人群(市场渗透)和将公众转化为新的顾客(市场开发)。

b. 寻找新用途。为产品开发出新的功能和用途，从而开发出更广阔的市场。

c. 增加使用量。诱导顾客树立新的消费观念，从而增加顾客产品的使用量。主要包括：促使顾客在更多的场合使用该产品，增加顾客使用产品的频率，增加顾客每次消费的使用量。

②保持市场份额

市场领先者必须防备竞争对手的进攻和挑战，保护企业现有的市场份额：满足顾客需求，引领顾客需求；持续创新，不断提高顾客满意度；抓住竞争对手的弱点主动出击；当市场领先者不准备或不具备条件组织或发起进攻时，可以选择采用以下六种防御战略：

a. 阵地防御。市场领先者在其现有的市场周围建造一些牢固的防卫工事，构筑市场壁垒，如商标、专利技术、专营权、政府保护等。这是一种静态的、被动的防御，阵地防御是最基本的防御形式。

b. 侧翼防御。市场领先者建立一些作为防御的辅助性基地。对挑战者的侧翼进攻要准确判断，改变营销战略战术。用以保卫自己较弱的侧翼，防止竞争对手乘虚而入。

c. 先发制人防御。在竞争对手尚未动作之前，先主动攻击，并挫败竞争对手，在竞争中掌握主动地位。具体做法是当某一竞争者的市场占有率达到对本企业可能形成威胁的某一危险高度时，就主动出击，对它发动攻击，必要时还需采取连续不断地正面攻击。

d. 反攻防御。面对竞争对手发动的降价或促销攻势，主动反攻入侵者的主要市场阵地。可实行正面回击战略，也可以向进攻者实行“侧翼包抄”或“钳形攻势“，以切断进攻者的后路。

e. 运动防御。市场领先者把自己的势力范围扩展到新的领域中去，而这些新扩展的领域可能成为未来防御和进攻的中心。市场扩展可通过两种方式实现：市场扩大化，市场多角化。

f. 收缩防御。市场领先者逐步放弃某些对企业不重要的、疲软的市场，把力量集中用于主要的、能获取较高收益的市场。

③提高市场占有率

市场领先者实施这一策略是设法通过提高企业的市场占有率来增加收益、保持自身成长和市场主导地位。企业在确定自己是否以提高市场占有率为主要努力方向时应考虑：是否会引发反垄断诉讼，经营成本增加是否会抵消收益，采取的营销策略是否准确。

需要注意的是，提高市场占有率不一定能给企业增加利润。只有当具备以下两项条件时利润才会增加:产品的单位成本能够随市场占有率的提高而下降。产品价值的提高超过为提高产品质量所投入的成本,只有具有较高质量的产品才能得到市场的认可,并有可能获取较高的市场占有率。

(2)市场挑战者的竞争策略

大多数市场挑战者的战略目标是提高市场占有率,进而达到提高投资收益率和利润率的目标。

①确定谁是主要竞争对手

a. 攻击市场领先者。一旦成功,挑战者的市场地位将会发生根本性的改变,因此颇具吸引力。进攻领先者需要满足的基本条件有:拥有一种持久的竞争优势,比如成本优势或创新优势;在其他方面程度接近;挑战者必须有某种办法部分或全部地抵消领先者的其他固有优势;具备某些阻挡领先者报复的办法。

b. 攻击与自身实力相当的企业。抓住有利时机,向那些势均力敌的企业发动进攻,把竞争对手的顾客吸引过来,夺取它们的市场份额,壮大自己的市场。

c. 攻击实力较弱的企业。当某些中、小企业出现经营困难时,可以通过兼并、收购等方式,夺取这些企业的市场份额,以壮大自身的实力和扩大市场占有率。

②选择进攻策略

a. 正面进攻。市场挑战者集中优势兵力向竞争对手的主要市场阵地正面发动进攻,即进攻竞争对手的强项而不是它的弱点。如海尔当年进入国际市场就是首先从美国市场入手。

b. 侧翼进攻。市场挑战者集中优势力量攻击竞争对手的弱点,具体可采取两种策略:地理性侧翼进攻,即在某一地理范围内针对竞争者力量薄弱的地区市场发动进攻;细分性侧翼进攻,即寻找还未被领先者企业覆盖的商品和服务的细分市场迅速填空补缺。如康佳进入海外市场就是先从投资南非建厂开始。

c. 围堵进攻。市场挑战者开展全方位、大规模的进攻策略。市场挑战者必须拥有优于竞争对手的资源,能向市场提供比竞争对手更多的质量更优、价格更廉的产品,并确信围堵计划的完成足以能成功时,可采用围堵进攻策略。如苹果手机对诺基亚的攻击。

d. 迂回进攻。市场挑战者完全避开竞争对手现有的市场阵地而迂回进攻。具体做法有三种:第一,实行产品多角化经营,发展某些与现有产品具有不同关联度的产品;第二,实行市场多角化经营,把现有产品打入新市场;第三,发展新技术产品、取代技术落后的产品。

e. 游击进攻。向较大竞争对手市场的某些角落发动游击式的促销或价格攻势,逐渐削弱对手的实力,游击进攻战略的特点是不能依仗每一个别战役的结果决出战局的最终胜负。

(3)市场跟随者策略

市场跟随者策略的核心是确定一个不致引起竞争性报复的跟随战略,在不同的情形下有自己的策略组合和实施方案。其基本内容包含:稳定自己的目标市场,保持现有顾客,并努力争取新的消费者或用户;必须设法创造独有的优势,给自己的目标市场带来某些特有的利益;还必须尽力降低成本并提供较高质量的产品和保证较高的服务质量;提防挑战者的攻击,市场跟随者是挑战者的首选攻击目标。

①紧密跟随,突出"仿效"和"低调"。跟随企业在各个细分市场和市场营销组合,尽可能仿效领先者,但是从不激进地冒犯领先者的领地,避免与领先者发生直接冲突。

②距离跟随,突出在"合适地保持距离"。跟随企业在市场的主要方面都追随领先者,但仍与领先者保持若干差异,以形成明显的距离。对领先者既不构成威胁,又因跟随者占有一定的

市场份额而使领先者免受独占之指责。

③选择跟随，战略突出在选择“追随和创新并举”。跟随者在某些方面紧跟领先者，而在另一些方面又别出心裁。这类企业不是盲目跟随，而是择优跟随，在对自己有明显利益时追随领先者；在跟随的同时还不断地发挥自己的创造性，但一般不与领先者进行直接竞争。

(4)市场补缺者策略

企业应该具备占有理想补缺基点所需的资源、能力和足以对抗竞争者的信誉。

包括以下方面的内容。

①有足够的市场潜力和购买力。这种市场应该拥有足够的人口和欲望，有为满足这种需求的极强的购买能力，缺一不可。

②有利润增长潜力。这个潜力是利润增长的速度要大于销售增长的速度，销售增长的速度大于成本增长的速度。

③对主要竞争者不具有吸引力，这是这个基点成立的关键条件。

(二)消费者市场分析

1. 消费者市场

消费者市场(consumer market)是指为了生活消费而进行交换的个人或家庭。对这一概念要注意，消费者是个人或家庭，但以家庭为主；消费者不包括进行生产性交换活动的个人或家庭，如个体户的经营活动显然不是生活消费。

相对于组织市场，消费者市场特点表现为：

(1)分散。人群分布广泛；单次购买量小，购买频繁；需求的多样性 。

(2)感性。消费者决策究其本质而言是一种感性的决策。原因在于过低的购买批量，决定其无法支付得起理性、科学决策所需的时间、精力等决策成本。当然，大多数情况下消费者还欠缺相应的专业知识。

2. 消费者购买行为模式

消费者购买行为是指人们为满足需要和欲望而寻找、选择、购买、使用、评价及处置产品、服务时介入的过程活动，包括消费者的主观心理活动和客观物质活动两个方面。

消费者的购买行为是由一系列环节、要素构成的完整过程。在这一过程中，购买决策居于核心地位；决策的正确与否直接决定购买行为的发生方式、指向及效用大小，即顾客购买行为来源于系统的购买决策过程，并受到内外多种因素的影响(见图 2—4)。

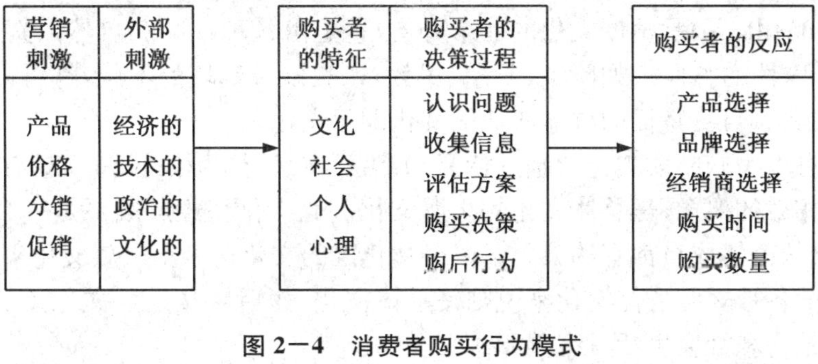

图 2—4　消费者购买行为模式

3. 影响消费者购买的主要因素

(1)文化(cultural)

文化,天地万物(包括人)的信息的产生、融汇渗透(的过程)。在汉语中,“经天纬地曰文”,“化”则是动词,意为化而育之。“文化”的本义就是“以文教化”,它表示对人的性情的陶冶,品德的教养,属精神领域之范畴。随着时间的流变和空间的差异,“文化”逐渐成为一个内涵丰富、外延宽广的多维概念。

广义的文化是指人类在社会历史发展过程中所创造的物质财富和精神财富的总和。可分为四种:一是物态文化层,由物化的知识力量构成,是人的物质生产活动及其产品的总和,是可感知的、具有物质实体的文化事物。二是制度文化层,由人类在社会实践中建立的各种社会规范构成。包括社会经济制度、婚姻制度、家族制度、政治法律制度、家族、民族、国家、经济、政治、宗教社团、教育、科技、艺术组织等。三是行为文化层,以民风民俗形态出现,见之于日常起居动作之中,具有鲜明的民族、地域特色。四是心态文化层,由人类社会实践和意识活动中经过长期孕育而形成的价值观念、审美情趣、思维方式等构成,是文化的核心部分。广义的文化,着眼于人类与一般动物,人类社会与自然界的本质区别,着眼于人类卓立于自然的独特的生存方式,其涵盖面非常广泛,所以又被称为大文化(culture with a big C)。

狭义的文化(culture with a small C)是指人们普遍的社会习惯和价值观念体系。

人类由于共同生活的需要才创造出文化,文化在它所涵盖的范围内和不同的层面发挥着主要的功能和作用:

①整合。文化的整合功能是指它对于协调群体成员的行动所发挥的作用,社会群体中不同的成员都是独特的行动者,他们基于自己的需要、根据对情景的判断和理解采取行动。文化是他们之间沟通的中介,如果他们能够共享文化,那么他们就能够有效地沟通,消除隔阂、促成合作。

②导向。文化的导向功能是指文化可以为人们的行动提供方向和可供选择的方式。通过共享文化,行动者可以知道自己的何种行为在对方看来是适宜的、可以引起积极回应的,并倾向于选择有效的行动,这就是文化对行为的导向作用。

③维持秩序。文化是人们以往共同生活经验的积累,是人们通过比较和选择认为是合理并被普遍接受的东西。某种文化的形成和确立,就意味着某种价值观和行为规范的被认可和被遵从,这也意味着某种秩序的形成。而且只要这种文化在起作用,那么由这种文化所确立的社会秩序就会被维持下去,这就是文化维持社会秩序的功能。

④传续。从世代的角度看,如果文化能向新的世代流传,即下一代也认同、共享上一代的文化,那么,文化就有了传续功能。

亚文化(subculture)是整体文化的一个分支,它是由各种社会和自然因素造成的各地区、各群体文化特 殊性的方面。如阶级、阶层、民族、宗教以及地域的不同,都可以在统一的民族文化之下,形成具有自身特征的群体或地区文化即亚文化。

亚文化具有本民族整体文化的基本特征,如语言文字、行为模式等,又具有自己的独特性。亚文化是一个相对的概念,是总体文化的次属文化。亚文化一经形成便是一个相对独立的功能单位,对所属的全体成员都有约束力。一个文化区的文化对于全民族文化来说是亚文化,而对于文化区内的各社区和群体文化来说则是总体文化,而后者又是亚文化。研究亚文化对于深入了解社会结构和社会生活具有重要意义。

在中国的市场研究中,地域亚文化、年龄亚文化、流行或时尚亚文化都应是我们关注的影响消费者决策的重要因素。

社会学把由于经济、政治、社会等多种原因而形成的,在社会的层次结构中处于不同地位的社会群体称为社会阶层，即具有相对同质性和持久性的群体，它们是按等级排列的，每一个社会阶层的成员具有相类似的价值观、兴趣爱好和行为方式。社会阶层有以下特征：同一阶层的人群具有类似的行为；社会阶层的地位有高低；社会阶层乃是职业、收入、教育等综合的结果；社会阶层的内涵会变动，而且个人也会提升到较高阶层或下降到较低阶层。

社会阶层的划分取决于经济、社会互动和政治三个主要变量：经济变量包括职业、收入和财富；社会互动变量包括个人声望、社会联系和社会化；政治变量则包括权力、阶层意识和流动性。

①职业。一个人的工作会极大地影响他的生活方式，并赋予他相应的声望和荣誉。

②成就。人取得的成就越高，就会获得更高的荣誉与尊重。个人业绩或表现也涉及非工作方面的活动，也许某人的职业地位并不高，但他或其家庭仍可通过热心社区事业、关心他人、诚实善良等行为与品性来赢得社会的尊重从而取得较高的社会地位。

③社会互动。大多数人习惯于与具有类似价值观和行为的人交往，在社会学里，群体资格和群体成员的相互作用是决定一个人所处社会阶层的基本力量。

④财富。财富是一种社会标志，它向人们传递有关拥有者处于何种社会阶层的信息，有用财富的多寡、财富的性质同时也反映了一个人的社会地位。

⑤价值取向。个体的价值观和信念是表明它属于哪一社会阶层的又一重要指标。由于同一阶层内的成员互动更频繁，他们会发展起类似和共同的价值观。

⑥阶层意识。阶层意识是指某一社会阶层的人，意识到自己属于一个具有共同的政治和经济利益的独特群体的程度。

社会阶层对消费决策的影响表现为：

①支出模式上的差异

不同社会阶层的消费者所选择和使用的产品是存在差异的。有的产品，如到国外度假；更多地被上层消费者购买；而另外一些产品，如廉价服装，则更多地被下层消费者购买。下层消费者的支出行为从某种意义上带有“补偿”性质。一方面，由于缺乏自信和对未来并不乐观，他们十分看重眼前的消费；另一方面，低的教育水平使他们容易产生冲动性购买。

②休闲活动上的差异

社会阶层从很多方面影响个体的休闲活动。一个人所偏爱的休闲活动通常是同一阶层或临近阶层的其他个体所从事的某类活动，他采用新的休闲活动往往也是受到同一阶层或较高阶层成员的影响。虽然在不同阶层之间，用于休闲的支出占家庭总支出的比重相差无几，但休闲活动的类型却差别颇大。

③信息接收和处理上的差异

信息搜集的类型和数量也随社会阶层的不同而存在差异。处于最底层的消费者通常信息来源有限，对误导和欺骗性信息缺乏甄别力。出于补偿的目的，他们在购买决策过程中可能更多地依赖亲戚、朋友提供的信息。中层消费者比较多地从媒体上获得各种信息，而且会更主动地从事外部信息搜集。随着社会阶层的上升，消费者获得信息的渠道会日益增多。

④购物方式上的差异

不同社会阶层的消费者由于在职业、收入、教育等方面存在明显差异，因此即使购买同一产品，其趣味、偏好和动机也会不同。如同是买牛仔裤，劳动阶层的消费者可能看中的是它的耐用性和经济性，而上层社会的消费者可能注重的是它的时尚性和自我表现力。所以，根据社会阶层细分市场和在此基础上对产品定位是有依据的，也是非常有用的。事实上，对于市场上的现有产品和品牌，消费者会自觉或不自觉地将它们归入适合或不适合哪一阶层的人消费。

应当强调的是，处于某一社会阶层的消费者会试图模仿或追求更高层次的生活方式。因此，以中层消费者为目标市场的品牌，根据中上层生活方式定位可能更为合适。

中产阶层（the middle class）主要指从事脑力劳动或技术性的体力劳动，主要靠工资及薪金谋生，接受过良好教育，具有专业知识和较强的职业能力及相应的家庭消费能力；有一定的闲暇，追求生活质量，对其劳动、工作对象一般也拥有一定的管理权和支配权。同时，他们大多具有良好的公民、公德意识及相应修养。换言之，从经济地位、政治地位和社会文化地位上看，他们均居于现阶段社会的中间水平。其基本特征包括：

①通过提供知识来获取收入，或者通过经营小规模生产资料来获利；

②拥有满足人们安稳生活需求的资产，如：房、车、存款；

③能够完全满足基本生活用品消费需求，注重物质生活的品质，具有一定的奢侈品消费能力；

④具有较强文化和精神领域的需求，注重个人的社会形象和社会地位；

⑤没有资产阶级的巨大财富，也没有低收入阶层的社会福利；

⑥对安稳的社会环境有强烈的依赖，群体利益受经济衰退和社会动乱的影响较大。

为什么“中产阶层”能在社会变革中发挥非常关键的重要作用？主要原因有三个：一是“中产阶层”对于只能依靠特权才能获得富贵的传统社会强烈不满，具有推动社会变革的内在动力；二是“中产阶层”具有知识和专业特长，他们对依靠个人努力和专业特长可以取得成功的公平竞争的现代社会充满向往，因而他们会积极参与新社会和新制度的设计和建设；三是“中产阶层”往往倾向于改革和改良，而不太倾向于采取对社会破坏较大的激烈暴力行动，他们是天生的“改革派”。

值得注意的是，阶层的演变带来了消费结构的变化，不同阶层在消费上体现不同的需求。在较低阶层的消费结构中，消费支出集中在生活必需品上面；而在较高的社会阶层中，比如刚迈入中产阶层的群体，消费支出更多属于发展型和享受型消费。

(2)社会因素（social factors）

①参照群体。

个体在心理上所属的群体，是个人认同的为其树立和维持各种标准、提供比较框架的群体（见图2—5）。

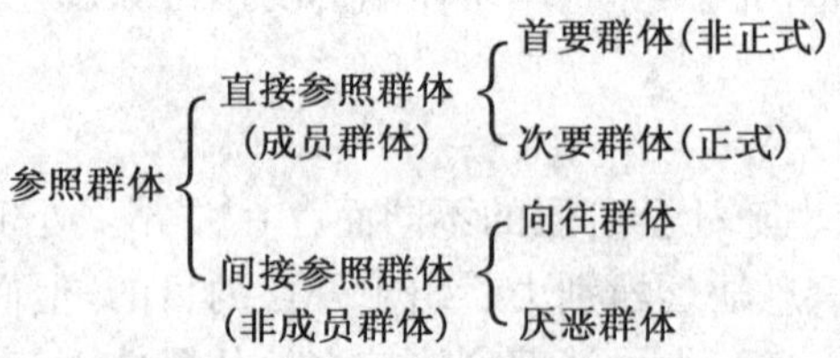

图2—5　参照群体的分类

直接参照群体（参照群体），即我们身在其中的某个群体，所以又称成员群体。首要群体是指我们身边对我们产生直接影响的亲朋好友、同学、同事等，因彼此关系为非正式的私人关系，所以又称非正式群体；次要群体是指我们身处其间的组织，因彼此关系为组织性关系，所以又称正式群体，它对个体行为的影响主要表现在组织文化对成员价值观及行为的塑造上。间接参照群体则是指，我们并未直接接触，但依然对我们的价值观及行为产生重要影响的群体。根据这种影响是正向或反向的，又可分为向往群体（如追星现象）或厌恶群体。要注意的是，文学、影视作品中虚构的人物也可能成为间接参照群体的组成。

参照群体对消费者的影响，通常表现为行为规范性影响、信息性影响、价值表现上的影响。

a. 行为规范性影响

行为规范性影响是指由于群体规范的作用而对消费者的行为产生影响。

规范是指在一定社会背景下，群体对其所属成员行为合适性的期待，它是群体为其成员确定的行为标准。无论何时，只要有群体存在，无需经过任何语言沟通和直接思考，规范就会迅即发挥作用。规范性影响之所以发生和起作用，是由于奖励和惩罚的存在。

b. 信息性影响

信息性影响是指参照群体成员的行为、观念、意见被个体作为有用的信息予以参考，由此在其行为上产生影响。

当消费者对所购产品缺乏了解时，别人的使用和推荐将被视为非常有用的证据。群体在这一方面对个体的影响，取决于被影响者与群体成员的相似性，以及施加影响的群体成员的专长性。例如，某人发现好几位朋友都在使用某种品牌的护肤品，于是她决定试用一下，因为这么多朋友使用它，意味着该品牌一定有其优点和特色。

c. 价值表现上的影响

价值表现上的影响是指个体自觉遵循或内化参照群体所具有的信念和价值观，从而在行为上与之保持一致。

个体之所以能够在无需外在奖惩的情况下自觉依群体的规范和信念行事，主要是基于两方面力量的驱动：一方面，个体可能利用参照群体来表现自我，来提升自我形象；另一方面，个体可能特别喜欢该参照群体，或对该群体非常忠诚，并希望与之建立和保持长期的关系，从而视群体价值观为自身的价值观。

②家庭

家庭对消费者的购买行为的影响主要表现在以下三个方面：

家庭消费购买传统影响当前的购买行为，如生活在我国南方的北方籍家庭经常购买面粉、水饺。

家庭的社会地位和经济条件决定了消费者的消费层次、消费结构和购买水平，它们之间一般呈正比例关系。

家庭结构影响着消费者的购买行为，如无子女的年轻夫妇一般没有负担，购买力比较强；而有子女的双亲家庭，主要是围绕保证子女的需求和照顾老人的健康为中心展开消费的。

③社会角色与社会地位

社会角色（social role）是在社会系统中与一定社会位置相关联的符合社会要求的一套个人行为模式，也可以理解为个体在社会群体中被赋予的身份及该身份应发挥的功能。换言之，每个角色都代表着一系列有关行为的社会标准，这些标准决定了个体在社会中应尽的责任和义务，从而也就规范了其行为。社会角色主要包括了三层含义：社会角色是一套社会行为模式；社会角色是由人在人群中的位置和身份所决定，是社会强制赋予的，而不一定是自主选择的结果；社会角色是符合社会期望（社会规范、责任、义务等）的，因而具有强制性。

也就是说，通过分析了解人在某一时点所扮演的社会角色，就可以依据对相应社会角色的社会期望来预判其行为选择。

而角色冲突则是指因个体在某一时点所同时扮演的多个社会角色间，因社会期望相互矛盾而导致的个体行为选择的痛苦和冲突。但在一定文化范围内这种冲突带来的行为选择，往往仍是可以预判的。如忠孝不能两全，就是个体面对国家公民和家庭子女两种角色冲突的表现。

社会地位(social status)通常是指社会成员基于社会属性的差别而在社会关系中的相对位置及其围绕这一位置所形成的权利和义务关系。社会地位区别于社会角色的地方在于，个体的社会地位具有唯一性，是个体所有社会属性的综合性反映。个体社会地位的形成既有先赋的部分(如家庭、国家、民族的背景差异)，但更主要的还是来自于自身努力获取的结果。也就是说，相对于社会角色的强制性，社会地位有更强的个体主动追求的色彩，因此，社会地位对应的社会期望往往也就对个体具有更强烈的激励效应。如，成功的奢侈品品牌多将自己定义为某种社会地位的象征性符号。同时，要注意社会地位不仅与权力、财富有关，也是社会个体的一种普遍渴望，任何社会个体在特定时点上都有其对相应社会地位的渴望，如孔乙己将他的长衫赋予了“读书人”这一社会地位的象征意义。营销中要善于发现和挖掘这种普遍的渴望。

(3)个人因素(personal factors)

个人因素是影响消费者购买行为的直接因素，主要包括年龄、性别、职业、收入、受教育水平、个性、生活方式等。个人因素不同，消费需求不同，购买行为也就存在差异，其中收入、年龄、受教育水平尤其重要。

收入问题在经济环境中已做过分析，以下重点分析年龄和受教育水平对消费者行为的影响。

年龄对消费者购买行为的影响表现为：一方面，个体在退休前收入整体表现为上升的曲线；另一方面，随年龄增长，个体消费经验不断累积，其对外来新信息的敏感程度不断降低(这一点与信息来源多少无关)，这两点呈现反向运动的态势。例如，老年人喜欢端庄、朴素、实惠的服装，常根据习惯和经验购买；而年轻人喜欢新潮款式，容易在各种外来信息影响下出现冲动性购买。因此，营销界常把25～35岁年龄段称为“黄金消费群”(考察年龄问题时，还需注意心理年龄的因素，这一点在生理年龄越大时，影响越明显)。

受教育水平对消费者购买行为的影响，主要表现为受教育水平整体上与收入成正比；受教育水平整体上与信息来源的广度与深度成正比。更关键的是，受教育水平(尤其是高等教育)直接影响消费者决策时的独立性思考的习惯养成。即消费者决策时是否坚持一个独立思考判断的过程，而不是简单地模仿他人，这一点直接影响消费者决策模型。例如，×白金的广告模式在20世纪90年代可以风行一时，但现在却被消费者所鄙夷。最后，要注意受教育水平与消费者决策正确性之间并无直接的相关性。

(4)心理因素 (psychological factors)

消费者购买的决策过程，也可视为一个对企业提供的产品或服务的认知过程。而个体的认知过程：动机—感知—学习—信念和态度—个性与自我，实际上是一个主观对客观的反映过程，是一个心理活动过程。了解这一认知过程(个体认知律)的基本规律，可以帮助我们把握消费者认知的特点，从而更有针对性地开展营销活动。

①动机。是产生行为的起点，来源于迫切要求加以满足的需要，它及时地引导人们去探求满足需要的目标。

②感知。感知是个体对客观事物的外部特征的主观反映，它不仅取决于客观事物的特征，

而且取决于周边环境和个体的所处的状况。知觉具有的特点是选择性、理解性和稳定性。

③学习。是指由于经验积累而导致认知改变的过程，是对客观事物认知由表及里、由具象到抽象的转折过程，其基本特点是重复。

④信念和态度。是个体对某一客观存在的描述、评价、感受和行动倾向。信念、态度是学习和行为的结果，同时它一旦形成就具有持久性的特点，反过来指导学习和行为。

⑤个性与自我。个性是个体独特的心理特征和品质的总和，而自我是个体对本身的认知结果，它们决定个体对客观事物的认知和行为。

4. 消费者购买决策过程

广义的消费者购买决策是指消费者为了满足某种需求，在一定的购买动机的支配下，在可供选择的两个或者两个以上的购买方案中，经过分析、评价、选择并且实施最佳的购买方案，以及购后评价的活动过程。它是一个系统的决策活动过程，包括需求的确定、购买动机的形成、购买方案的抉择和实施、购后评价等环节。

(1)消费者购买行为类型

①复杂型购买行为

复杂型购买行为是指消费者面对购买间隔较长(上一次的经验效力降低)，且产品价值极高、价值构成极为复杂的产品时，由于产品品牌差异大，购买风险大，消费者需要有一个学习过程，广泛了解产品的性能、特点，从而对产品产生某种看法，最后决定购买的消费者购买行为类型。如购买房屋。

营销者应采取有效措施帮助消费者“学习”，从而了解产品性能及其相对重要性，并介绍产品优势及其给购买者带来的利益，从而影响购买者的最终选择。

②协调型购买行为(又称化解不协调的购买行为)

协调型购买行为是指那些对品牌差异不大，但价值相对较高、价值构成相对复杂的产品，消费者由于经验和专业知识不足，导致购买时有一定的风险。所以，消费者一般要比较、看货，只要价格公道、购买方便、机会合适，消费者就会决定购买；购买之后，消费者也许会感到某些不协调或不够满意，在使用过程中，会了解更多情况，并寻求种种理由来减轻、化解这种不协调，以证明自己的购买决定是正确的。

针对这种购买行为类型，营销者应注意运用价格策略和人员推销策略，选择最佳销售地点，并向消费者提供有关产品评价的信息，使其在购买后相信自己做出正确的选择。当然，这种不协调的化解显然更加依靠的是直接相关群体中首要群体的好评，因此“口碑”的重要性在此凸显。

③变换型购买行为(又称多样性购买行为)

变换型购买行为是指对于品牌差异明显的产品，消费者不愿花长时间来选择和评估，而是不断变换所购买的产品的品牌的消费者购买行为类型。典型产品如日化生活类产品。

消费者这样做并不是因为对产品的不满意，而是为了寻求多样化。针对这种购买行为类型，市场营销者可采取加速品种更新、销售促进和占据有利货架位置等办法，保障供应，鼓励消费者购买。如宝洁多品牌策略就是针对这种消费行为类型的特点的一种品牌策略。

④习惯型购买行为

习惯型购买行为是指对于价值低廉、经常购买、品牌差异小的产品，消费者不需要花时间选择，也不需要经过收集信息、评价产品特点等复杂过程，而只是简单重复上一次购买行为的消费行为类型。如报纸、杂志、香烟等。

面对习惯性购买，企业首先要保证渠道便利，保证顾客可以用最低的时间与精力成本完成产品购买。同时可以利用价格与销售促进吸引消费者使用；开展大量重复性广告，加深消费者印象；增加购买参与程度和品牌差异。

最后，要注意在上述分析中，产品价值是由顾客的判断决定的，而不一定是价格的直接反映。如一盒巧克力的价格往往远高于一件普通的文化衫，但顾客却会认为这件文化衫的价值高于巧克力。同时，要注意习惯性和多样性购买行为对应的产品都具有价值低、购买频繁的特点，这时特定顾客的特定偏好的作用极其明显，如小食品、饮料，当顾客形成特定偏好时，就会表现为习惯性购买，否则就会呈现为多样性购买。

(2)消费者购买决策过程的主要步骤

从消费者行为特点来看，购买决策过程可分为：

①引起需要

消费者认识到自己有某种需要时，是其决策过程的开始，这种需要可能是由内在的生理活动引起的，也可能是受到外界的某种刺激引起的。

因此，营销者应注意：

a. 通过产品的购买与使用来满足哪些需求或动机(消费者追求哪些利益)？

b. 消费者的这些需求是潜在的需求还是激活的需求？

c. 目标市场的消费者以何种程度卷入产品购买过程(即顾客在购买决策中扮演的角色)？

②收集信息

a. 哪些产品或品牌的信息储存到潜在消费者的记忆里？

b. 消费者是否具有搜寻外部信息的动机或意图？

c. 消费者搜寻有关购买信息时利用哪些信息来源？

d. 消费者所要获得的信息是产品的哪些属性方面的信息？

③评估比较

消费者得到的各种有关信息可能是重复的，甚至是相互矛盾的，因此还要进行分析、评估和选择，这是决策过程中的决定性环节。

a. 产品性能是购买者所考虑的首要问题吗？

b. 不同消费者对产品的各种性能给予的重视程度不同，或评估标准不同。

c. 多数消费者的评选过程是将实际产品同自己理想中的产品相比较。

d. 消费者评价或比较购买方案的努力程度如何？

e. 在消费者评价对象中包括哪些品牌？

f. 消费者为评价方案利用哪些评价标准？哪些评价标准最突出？评价的复杂程度如何(是利用单一的标准还是利用复合的标准)？

g. 以哪些类型的决定方法来选择最佳方案？在评价项目中哪些项目最突出？评价的复杂程度如何？

h. 对各方案的评价结果如何？是否相信各方案的特征或特性是事实？对各方案的主要特性的认知程度如何？对各方案的购买或使用持哪些态度？购买意图如何？这些购买意图能否变成现实？

④购买决策

消费者对商品信息进行比较和评选后，已形成购买意愿，然而从购买意图到决定购买之间，还要受到两个因素的影响：他人的态度，反对态度越强烈，或持反对态度者与购买者关系越密切，修改购买意图的可能性就越大；意外的情况，如果发生了意外的情况——失业、意外急需、涨价等，则很可能改变购买意图。

⑤购后行为

a. 消费者为自己所选择的方案是否付出时间或努力？

b. 有没有与购买有关的追加的决策？

c. 是否存在偏好？偏好的具体内容是什么？

d. 是否有满意方案，满意程度如何？

e. 有没有不满意的理由，它们反映了什么问题？

消费者购后的满意程度取决于消费者对产品的预期性能与产品使用中的实际性能之间的对比。购买后的满意程度决定了消费者的购后活动，决定了消费者是否重复购买该产品，决定了消费者对该品牌的态度，并且还会影响其他消费者，形成连锁效应。

从消费者心理认知特点来看，消费者决策过程可分为：

①知晓(know)阶段。这是消费者个人发现自己真实需要的产品的存在，在这个阶段，一个真实的、能够满足消费者需要的产品是关键。厂商在进行广告宣传时，要真诚地向消费者传播真实有效的商品信息，以引起消费者的注意。

②了解(realize)阶段。这是消费者个人了解产品的效用，消费者购买商品的目的是使用，以满足自己的需要。为此，他要切实了解产品的效用。在这个阶段，销售人员要熟练地向消费者演示产品的使用过程，耐心地向消费者介绍产品对消费者的实际效用。产品的效用是吸引消费者的核心因素。

③喜欢(like)阶段。这是消费者个人对产品产生良好印象。要使产品在消费者心目中有一个良好的印象，产品的外形、性能、效用等必须引起消费者足够的重视，最起码与别的产品相比，它具有独特的、引人注目的地方，使人心存喜欢。

④偏好(partial)阶段。这是消费者个人对产品的良好印象已扩大到其他方面。这是一个“爱屋及乌”的心理变化过程，是消费者由前面的对产品的知晓、了解、喜欢产生的，也是他对销售人员前阶段的热情、真诚的表现所产生的一种肯定态度。

⑤确信(certitude)阶段。由于消费者对产品或销售人员有了“偏好”这个基础进而产生购买愿望，他认为购买是明智的选择，并且不断地强化这个观念。

⑥购买(action)阶段。消费者把自己的购买态度转变为实际的购买行动，而且始终坚持他自己所选择的产品。

上述六个阶段，消费者从最初接触厂商的某个产品直至转变为购买行为的过程是一个完整的思维活动过程。每个阶段的实际效果取决于消费者的三种基本心理状态：认识(cognition)即消费者个人对产品的认识思维；感情(heart)即消费者个人对产品或销售产品的人员的情绪偏向；意愿(desire)即消费者个人在了解产品的效用后所产生的购买动机。我们把 cognition、heart、desire 称为消费者购买的心理密码，简称 CHD。

(三)组织市场分析

组织市场的购买行为与消费品市场购买行为有明显的差异。主要表现为以下几个方面：

1. 组织市场的需求特点

组织市场的需求是由消费者市场的需求派生出来的。如消费者对汽车的需求量增加，就会引起汽车公司对钢材的需求增加。组织市场的需求波动性较大，受经济前景、科技发展及经济周期的影响，消费者市场需求较小的波动就会导致组织市场的需求很大的波动。组织市场的需求都缺乏弹性，总需求受价格变动影响很小。如钢材价格下降，汽车公司不会因此大量增加钢材的采购，因为生产规模和生产能力有限。

组织市场的买主户数少、集中度高、规模大，许多组织市场上出现了少数大买主买下大部分商品的现象。另外，由于自然条件、交通设施、市场竞争及历史的原因，导致产业分布趋向集中，使组织市场的地理区域也较集中。

组织市场的交易特点：组织市场的采购表现出专业化、理性化特点。由于购买批量大、技术性强，多由专业人员从事采购，且采购的目的是为了盈利，所以这种采购行为多属理性行为。组织市场多为直接购买，不经过中间商，重视售前、售后服务。组织市场买卖双方关系较稳定，并经常开展互购，买卖双方合作良好。

2. 组织市场的购买类型

(1)直接采购。即按常规采购他们一直在采购的商品，只是对数量及供货单位略加调整。营销人员可采取相应的策略保持原有市场或打入新的市场，如提供优质服务，保证质量，利用客户对原供应者的不满，让客户重新考虑供应来源等。

(2)修正采购。即因某种原因，采购者改变产品规格、价格及其他条件或改变供应商，其目的是寻找更低的价格、更有利的交货条件等。营销人员应掌握用户需求变化趋势，开发新的规格品种，降低成本，以保住原有的市场，并挤进其他供应者退出的市场。

(3)新购。即组织为增加新的生产项目或更新设备，第一次购买某一商品或服务，如安装计算机网络系统，建设新工厂时就是处于新购的情况。营销人员应抓住这个机会，运用一整套营销手段尽力争取这部分市场。

(4)政府招标。这是组织市场中的特殊购买形式，其基本特点是公开性。政府一方面为了防止采购过程中可能出现的腐败行为，另一方面也是为了通过公开的招标，降低采购成本。在需要购买商品和服务时，事先通过发布公告，把需要采购的商品、数量、规格和其他条件公开招标，然后在公开、透明原则下对投标企业的标书评标，最后选定购买对象。由于政府招标完全是公开透明操作，投标企业必须在商品质量和价格等条件上占据优势，否则很难获得成功。

3. 组织市场的购买者

参与采购和影响采购决策的人在购买决策过程中通常担任五种角色。

(1)使用者。是指所要采购物品的实际使用者。通常采购物品的要求是由他们首先提出的，他们在规格型号的决定上有很大的作用。

(2)影响者。是指组织内直接或间接影响采购决策的人，其中技术人员是特别重要的影响者。

(3)采购者。是指具体执行采购任务的人员。他们负责选择供应者并与之谈判签约。

(4)决策者。是指组织里有权决定采购项目和供应者的人。日常采购中，采购者本身往往就是决策者。在复杂的采购中，决策者通常是单位的主管。

(5)把关者。是指能控制信息流的人员，如单位的采购代理商、技术人员等，他们可控制外界与采购有关的信息流入组织内部。采购代理商有权阻止供应商的推销人员直接会见被代理单位的使用者和决策者。有一些接近决策者的人，如技术人员、秘书等，卖方往往通过这些人向决策者施加影响。

营销人员对购买者的角色要进行分析，根据不同对象，有针对性地采取促销措施，特别是对大客户要重点调查分析。

4. 组织市场的购买过程及其影响因素

(1)组织市场用户的购买决策过程

组织市场用户的购买决策过程通常可分为以下八个阶段。

认识需求→确定需求特点和数量→评述产品规格→寻找供应商→接受、分析供应商的建议→选择供应商→发出正式订单→检查评价履约情况。但是并非每次采购过程都需要经过这八个阶段。组织购买行为的复杂程序取决于采购业务的类型。直接重购、修正重购和新购等不同的购买类型所经历的购买环节是有所差异的。

(2)影响组织市场购买决策的因素

通常,影响组织市场采购决策的主要因素可归纳为以下四大类:

①环境因素。组织外部环境对组织市场的影响很大,从而必然会影响组织市场用户的采购计划。

②组织因素。指组织目标、政策、程序、制度等对购买行为的影响。如生产单位的产品方向关系到原材料、设备等的采购,企业要生产电机就要采购钢材、漆包线等。由于营销目标不同,企业对所生产的产品所注重的特点不同,因此所购买的生产资料也不同。企业产品所注重的特点主要有:质量、价格、准时交货、包装、服务等方面。采购制度对购买行为的影响很大,如有的单位决策权高度集中,可降低成本。有的单位决策权分散,决策主要由采购人员决定,对有利于单位的采购给予奖励,这样可调动采购人员的积极性。

③人际关系。指采购组织内外部各种人际关系对购买行为的影响。由于组织市场购买行为涉及的人员较多,他们在组织中担任的职务、经历、素质、爱好、情绪、社会关系、说服力等各不相同,这些都会影响着他们所做的采购决策和采购行为。

④个人因素。指购买决策人员的年龄、收入、教育、个性、对风险的态度等因素对其购买行为的影响。这些影响会使购买者产生不同的直觉和偏好,从而表现出不同的购买行为。

五、案例分析

健力宝,金牌营销鼻祖的没落

近日,由于健力宝赠送的“奥运金罐”名不符实,1992 年巴塞罗那奥运会柔道冠军庄晓岩欲讨说法,成为舆论的焦点。事实上,从 1992 年奥运会起,几乎每届奥运会健力宝都会给一些奥运冠军赠送金罐、金制模型等奖品。依托着这些冠军和大型运动会的营销手段,让健力宝在很长一段时间内都是中国运动饮料界的霸主。

健力宝,伴随奥运首金一炮而红

健力宝的创始人为李经纬,他在 1984 年创办了健力宝。在健力宝之前,李经纬在三水酒厂当厂长。为了促销酒水,他每天背着米酒奔波于佛山和广州的各大公司,值得一提的是,当时酒厂的最高产值只有 130 万元。

一次偶然的机会,李经纬认识了一位名叫欧阳孝的教授。当时后者研究了一种新型饮料,相比于普通碳酸饮料,这种新型含碱电解质的饮料,可以在人体流汗之后,迅速补充矿物质,弥补了碳酸饮料的缺陷。遗憾的是,这种饮料却没有碳酸饮料的口感醇美。

欧阳孝急需一个投资者,让他继续对饮料进行研发,将口感、营养和微量元素结合起来,这时恰好碰到了李经纬。李经纬感觉,这种饮料将有巨大的市场前景,因此决定将酒厂的盈利拿出来作为研发资金。经过长时间的权衡之后,李经纬认为,成功的几率有九成,失败的几率只有一成,同时就算没能成功,也可以利用体育界的关系,将技术转卖给其他厂家。经过上百次试验，一款叫作“健力宝”的运动饮料终于横空出世。

健力宝研发成功之后，也仅仅停留在配方上，并没有一条生产线，同时也没有时间注资建设生产线。1984年，第23届奥运会即将在美国洛杉矶举行，这也是“健力宝”进军国际市场的绝佳良机。李经纬通过体育界的关系，得到一个可靠消息，那就是中国将派出代表团参加奥运会。如果健力宝能够跟随运动员一起打进奥运会，那无疑将会获得巨大的成功。

1984年4月，亚足联将在广州召开一个会议，李经纬借此机会推销健力宝，取得了一鸣惊人的效果，当年6月，健力宝毫无争议地成为中国奥运代表团的首选饮料。但是当时健力宝并不能进行批量生产。李经纬看到百事可乐的易拉罐非常火爆，也动了脑筋，利用外汇从中国香港购回了一批易拉罐，在深圳的百事可乐工厂，雇用工人在下班时间加班，将第一批健力宝生产出来。事实上，健力宝在当时除了供给中国奥运代表团以外，在国内市场上几乎没有销量。当健力宝成为中国奥运代表团的专用饮料时，结果取得了出人意料的效果。

1984年奥运会上，中国代表团最终取得15枚金牌，位居金牌榜第四名。奥运会的巨大成功，也在很大程度激发了全民的热情和民族自豪感。健力宝作为中国代表团的专用饮料，获得了难以想象的关注度。

最巅峰的时刻出现在女排奥运会决赛赛场，作为民族英雄出场的中国女排击败东道主美国队，实现了世界大赛的“三连冠”伟业，这样的成绩引起了全国沸腾。日本记者在《东京新闻》发表报道《中国靠“魔水”快速出击》，因为他观察到中国女排取胜的“秘密”，就是在比赛或者休息的时候，都在喝一种国产的饮料，那就是健力宝。报道中写道：中国队的背后，有一种“魔水”在起作用，只要喝一口“魔水”，精力立刻就充沛。这种新型饮料也很可能引发一场革命，世界各国都将努力分析“魔水”的成分……

中国“魔水”也迅速被国内媒体报道，羊城晚报发表《中国“魔水”风靡洛杉矶》的文章，国内很快掀起了一股热潮，健力宝一夜出名，成为国内最受追捧的运动饮料。

巧合的是，洛杉矶奥运会是第一次由民间举办，并且获得盈利的奥运会。盈利的重要原因是成功引进了体育营销，堪称真正意义上的奥运现代营销元年，例如柯达等品牌在本届奥运会上大放异彩。健力宝的横空出世，也算是拉开了中国体育营销的大幕。

主打民族体育情结，健力宝依托金牌体育雄霸15年

经过洛杉矶奥运会的一炮走红之后，1985年，健力宝饮料被评为首届全国最佳运动饮料，接着荣获国家体育科技进步奖，成为人民大会堂国宴饮料，同时赞助中国体育50万元。1986年，赞助中国代表团参加第十届亚运会，成为第六届全运会专用饮料，之后的几乎每次大型运动会，都有健力宝参与的身影。

1987年，正式成立广东健力宝有限公司，成为第六届全运会最大赞助商，赞助金额达到350万元。1988年，健力宝成为第24届奥运会中国代表团专用饮料，并且荣获“热心支持体育事业的企业”称号。1989年，中国“体操王子”李宁加盟健力宝集团。1990年，健力宝独家赞助第十一届亚运会火炬接力活动，赞助金额高达1 600万元，成为亚运会中国代表团专用饮料。1991年，健力宝赞助第七届全运会300万元，赞助第25届奥运中国代表团60万元，赞助全国少数民族运动会100万元，同年成为中国饮料行业产量和利税第一。

1992年，健力宝为当年获得奥运金牌的18名选手颁发“健力宝金罐”，为获得奖牌运动员颁发奖金，并奖励中国体育代表团20万元。年底，健力宝赞助少年球员留学巴西，成就了中国足坛的一大批球星。1993年，健力宝赞助第七届全运会500万元，成为中国驻联合国外事接待饮料。1994年，健力宝成为第十二届亚运会中国代表团专用饮料，创业10周年庆典，销量达到18亿元，排名全国饮料酿酒行业第一。

1996年，中国健力宝青年队再赴巴西继续深造，赞助第26届奥运会中国代表团2 000多万元，为中国航天基金会提供1 000万元赞助。1998年，健力宝独家赞助第八届全运会1 200万元，开始建设健力宝大厦。1998年，健力宝为希望工程捐款1 000万元，为长江灾区捐款捐物总计1 500万元。1999年，广州健力宝大厦落成，总部搬迁到广州，赞助全国排球联赛。

健力宝依托各类运动会迅速崛起：1994年销售额达18亿 高举民族大旗"抗击两乐"

伴随着中国代表团在各种国际赛事上的斩金夺银，健力宝的发展也进入了爆发期，1984年，销售额只有345万元，1985年则达到了1 650万元，发展的速度非常快。1986年，健力宝的销售额已经达到1.3亿元，在15年的时间内，健力宝一直雄霸"民族饮料第一品牌"。

1990年北京亚运会，对健力宝是一个发展的转折点，李经纬拿出了令人震惊的1 600万元赞助费，换来了7.5亿元的超级订单，与此同时，也完成原始积累，开始走向了腾飞的黄金时期。1994年，健力宝的销售额已经超过18亿元，飞速发展的健力宝，将"民族情结"发挥到了极致，擎起了"抗击两乐"的大旗；并试图进军国际市场，成立美国和欧洲公司，花费500万美元在帝国大厦买下了一层办公楼。虽然始终将百事可乐和可口可乐作为市场上的直接竞争对手，但健力宝却从来没有因此而制订过任何一个直接针对"两乐"的市场竞争战略。包括1994年健力宝大举"杀入"可口可乐老家美国时，也不过是雷声大、雨点小。结果是，美国超市里根本看不见健力宝的身影。

可以说1999年之前，中国体育的日益强大，让健力宝的销售业绩突飞猛进，知名度也越来越大，但与此同时，隐患也随之而来。

资金链拖垮健力宝，张海寄托职业足球复兴失败

健力宝的销售蒸蒸日上，李经纬也想在多方面进行扩张，进行多元化经营，可惜，这也让健力宝走进了泥潭。健力宝曾连续收购西北化工、河南宝丰酒业、华意电器等企业，过多的投资让健力宝资金非常吃紧。1997年，健力宝大厦落成，由于巨大的投资，导致公司资金流出现危机，缺乏流动资金，也在很大程度上影响着健力宝的正常发展，许多本该上市的新品也只能放在展览室。

健力宝的体制混乱一直存在，1986年进行改制的时候，股权结构为广东健力宝占据60%，澳门南粤集团占10%，香港顺明企业占5%，广信企业占15%，这也让健力宝成为一个独特的外资型国企。李经纬集厂长、书记和工会主席于一身，缺乏制度的约束。

与此同时，国内其他饮料企业的竞争，也让健力宝的市场份额越来越少。健力宝在成长初期，销售主要依靠传统途径，没能建立起现代化的销售渠道，等到李经纬想要建立的时候，却发现早已是心有余而力不足。资金链的断裂，已无法进行更多投资。

另外，健力宝和政府的关系也是很僵化，双方之间的矛盾无法调和。李经纬认为，体制问题制约着健力宝的发展，政府则表示，健力宝的经营状况从来没有向其汇报过。更恐怖的是，由于缺乏品牌的维护，健力宝品牌价值也在迅速衰落。健力宝被迫无奈，最后只能进行改制，虽然政府希望理想的买家为饮料业同行，同时需要承担健力宝所有员工和债务，一切都为了保住健力宝的品牌。在寻找了多个买家未果之后，政府等到了浙江国投，愿意接受条件，获得健力宝75%的股份，从此，健力宝进入了"张海时代"。

张海上任之后，立刻进行改革。他放弃了运动饮料路线，选择时尚饮料，连续推出多个新品牌，这也直接导致健力宝的定位陷入模糊，缺乏核心的竞争力。相比李经纬不愿意改革，张海则是改革过头，同样给健力宝带来巨大的资金压力，最终也只能被迫下课。

张海入主健力宝之后，很快从深圳平安手中收购了深圳足球俱乐部，试图通过足球来重塑健力宝的品牌。在拥有巨资支持之后，深圳足球很快拥有了郑斌、李玮峰、李毅、郑智、杨晨和李雷雷等国脚，2004 年的中超联赛，深圳成功获得联赛冠军，不过当时健力宝已经出现资金危机，难以支撑俱乐部的运营，深圳队也算是在欠薪中夺冠。

张海习惯在资本市场进行运作，关于他的身世也曾有很多传闻。进入足球圈之后，张海同样玩起派系。据悉，张海曾掌控深圳、上海和辽宁三家俱乐部，这也是深圳能够夺冠的重要因素。为了打响在足球圈的名气，健力宝曾冠名中国龙队和皇马之间进行了一场友谊赛；另外，健力宝还曾以 3 100 万元的最高报价投标央视世界杯栏目。

张海入主健力宝以失败结束，失去资金支撑的深圳俱乐部也最终走向混乱。尤其是在 2005 年的亚冠赛场，当时健力宝俱乐部经历了换帅和内讧之后，球员和教练、老板之间的矛盾非常激化，这也让他们发明了中国足坛的新名词——球霸。然而谁也没想到，深足在亚冠赛场最后竟然进入四强。如同健力宝的发展轨迹一样，深圳俱乐部在巅峰之后，由于资金的缺乏，成绩上也是迅速滑落，年年沦为保级球队。2005 年，张海因职务侵占和挪用资金锒铛入狱。

统一艰难收购健力宝 重走金牌营销难获成功

张海入狱之后，健力宝已经走向了崩溃的边缘。为了拯救这一品牌，三水市政府只能再次寻找新买家。这次台湾统一集团伸出了橄榄枝，开价 1 亿美元试图收购。谁也没想到，健力宝的经销商们却不答应，纷纷提出请愿书，三水政府综合考虑之后，也只能暂且搁浅统一的收购。

随后，健力宝再次经历资本折腾，北京汇天中恒李志达成为健力宝第一大股东之后，三水政府动用权力，将前者"驱逐出境"。随后，三水政府成立健力宝贸易公司。接下来统一集团再次获得邀请，终于在 2005 年 10 月成功收购健力宝。

对健力宝剩下的烂摊子，统一提出了 2006 年销售额达到 20 亿元的目标，结果令人失望，由于健力宝产品定位模糊、品牌知名度不够、缺乏经销商、产能难以恢复等诸多困难，决定了健力宝想要重回巅峰将会非常艰难。

健力宝的发家是从体育营销开始，但随着环境的改变，健力宝想要用传统的运动会金牌营销占据主角位置，已经变得非常困难。2010 年亚运会，健力宝以 8 000 万元高额赞助费取得指定运动饮料赞助商资格，试图通过亚运会挽救健力宝品牌。

但问题是，相比数十年前的一夜成名，体育营销的大环境无法相比，国人对于奥运会以及金牌、冠军的观念有了极大的改变，当年那种因民族自豪感而带来巨大的关注度已经一去不复返，取而代之的是大家对职业体育、对赛事魅力更加看重。单纯希望通过简单的赞助来树立品牌，已被证明是死路一条。最明显的例子莫过于联想巨资赞助北京奥运会，却没能取得销售和品牌的双重成功。

更关键的是，健力宝目前的实力有限，体育营销可谓是最为烧钱的项目，不仅赞助费巨大，同时还需要巨额的广告宣传投入和销售渠道配合，在这个多元化的时代，单一的传播方式已难以满足品牌宣传的需要。另外，与体育观的转变一样，消费者的心态也早已发生变化，对于健力宝而言，想要再次成功，还是需要在产品上进行提升。虽然健力宝曾经是一代人的美好记忆，但在年轻一代的印象中，健力宝恐怕是难以相提并论。

作为昔日国内运动饮料的先驱者，健力宝的成功很大程度上依托于中国体育金牌战略的成功，而如今随着体育价值的变迁，健力宝想重拾当年的营销手段，恐怕很难成功。

结语：20 年前，1990 年，北京亚运会，健力宝以 1 600 万元巨款赞助，并在当年的亚运营销大战中大获全胜；20 年后，健力宝以 8 000 万元天价赞助 2010 年广州亚运会，神奇却已不再。

健力宝没变，亚运会也没变，只是我们的选择在变。

（资料来源：网易体育，2011 年 11 月 10 日，作者：小飞）

针对本案例，着重分析：

1. 1984 年洛杉矶奥运会健力宝一夜间深入人心的深层次原因何在？

2. 20 世纪 80 年代中期到 90 年代中期，饮料在消费者心目中的价值发生了什么变化？这种变化要求健力宝的销售渠道如何改变？

3. “健力宝没变，亚运会也没变，只是我们的选择在变。”借助市场营销环境分析工具，对这句话做一个分析说明。

六、知识链接

（一）公司注册流程

1. 名称预核。到工商局去领取一张“企业（字号）名称预先核准申请表”，填写你准备取的公司名称，由工商局上网（工商局内部网）检索是否有重名，如果没有重名，就可以使用这个名称，就会核发一张“企业（字号）名称预先核准通知书”。这一步的手续费是 30 元（30 元可以帮你检索 5 个名字，很多名字重复，所以一般常见的名字就不用试了，免得花冤枉钱）。核名通过后，打印名称预先核准通知书。

2. 确定办公场所。去专门的写字楼租一间办公室，如果你自己有厂房或者办公室也可以（有的地方不允许在居民楼里办公）。租房后要签订租房合同，并让房东提供房产证的复印件。签订好租房合同后，还要到税务局去买印花税，按年租金的千分之一的税率购买，例如，你的每年房租是 1 万元，那就要买 10 元钱的印花税，贴在房租合同的首页，后面凡是需要用到房租合同的地方，都需要是贴了印花税的合同复印件。（2014 年 3 月 1 日后申请人提交场所合法使用证明即可予以登记。）

3. 编写“公司章程”。可以在工商局网站下载“公司章程”的样本，章程的最后由所有股东签名。

4. 到工商局现场办理营业执照，带齐以下资料：

（1）公司设立申请书（可以在当地工商局网站下载）。

（2）公司章程。

（3）董事法人监事任免书（可以在当地工商局网站下载）。

（4）总经理任免书（可以在当地工商局网站下载）。

（5）全体股东法人身份证原件。

（6）名称预先核准通知书（公司注册流程及费用的第一步已打印名称预先核准通知书）。

（5）凭营业执照法人身份证到专业刻章店刻印公章、财务章，正规的章是到公安分局备案过有刻章资格的地方，需 1～2 个工作日。

（6）凭营业执照、法人身份证、公章到市场监督管理局办理企业组织机构代码证，需 1 个工作日。

（7）凭营业执照和组织机构代码证、法人身份证、公章到各（您所在）区的国税或地税分局办理税务登记证，需 1 个工作日。

（8）到银行凭公司全套资料开立基本户（新注册规定省略了验资程序，没有开验资户的实收资本为 0 的也可以到银行开基本户）。

2014年3月1日，实行注册资本认缴登记制，放宽注册资本登记条件；由公司股东（发起人）自主约定认缴出资额、出资方式、出资期限等，记载于公司章程，并承担缴纳出资不全的法律责任，注册公司不占用资金，不需验资费用。

（二）网店开设流程

想在网络上开一个商店，就必须要选择一个平台，有了这个交易平台，就可以在这个平台上进行各种交易。以淘宝网为例，阐述网店开店流程。

1. 注册电子邮箱

因为在注册淘宝会员的时候，需要电子邮箱，淘宝会向会员邮箱发一封邮件进行验证（建议开店的过程中专门开通一个邮箱作为淘宝店铺专用，后期淘宝培训过程中都会经常用到此邮箱）。

2. 注册淘宝会员

可以用邮箱注册，也可以用手机注册，同样可以使用自己名字的字母注册。

3. 激活支付宝

在后期开店过程中，所有的交易都是通过支付宝来支持的，所以支付宝非常重要。

4. 支付宝实名认证

因为支付宝后面会涉及取现的问题，所有实名认证非常重要，必须要跟取现银行卡为同一个人。

①打开 www.alipay.com，登录支付宝账户，点击【实名认证】；

②在【普通认证】一项，点击【立即申请】；

③填写个人信息和上传身份证图片，点击【下一步】；

④填写银行卡信息，点击【下一步】；

⑤确认信息后，点击【确认信息并提交】，1～2天后支付宝会给银行账户打入一笔1元以下的确认金额；

⑥收到打款金额，登录支付宝账户，点击【实名认证】，点击【输入打款金额】。注：a. 若收到1元以下的银行入账通知，但是支付宝账户没有看到确认金额入口，是因为时间还没有到，普通银行卡需要1～2天（邮储银行需要1～2个工作日），请耐心等待。b. 只有两次输入的机会。

⑦输入的金额正确后，即时审核填写的身份信息，请耐心等待2秒钟，如审核通过，表示认证申请成功。

⑧若身份信息未通过审核，可以点击【提交人工审核】，提供相关信息给支付宝客服审核。

5. 登录卖家中心——点击“我要开店”（如果没有完成实名认证，系统会要求进行实名认证、阅读要求等），之后进入后台：

①选择商品的发布方式，如“一口价”；

②选择商品类目（如家居或电子等），发布商品；

③正确选择发布的商品信息；

④发布商品；

⑤用相同方法发布10件不同商品后，可以申请开店。

至此，一个网络店铺已经成功开设了，卖家可以管理和发布商品，买家可以在此网店浏览和购买商品。

项 目 三

小店的特色

【教学目标】

1. 掌握市场细分基本方法。
2. 初步具备针对特定目标市场进行产品定位的能力。
3. 基本掌握为门店开发产品的能力。

【教学要求】

1. 明确产品定位对成功营销的重要意义。
2. 明确“品牌化”对营销活动的影响。

一、案例讨论

25家千亿美元公司：苹果兴衰起伏　腾讯、阿里牛气

如果将世界上所有1 000亿美元市值以上的企业罗列出来，这个名单将会很长。如果从1900年开始做一个划分，我们看到，绝大部分的欧洲顶尖企业都消失了，而美国的顶尖企业绝大部分仍然保留在榜单上。这是什么样的原因造成的呢？i黑马认为，之前认为一家公司做到10亿美元规模就是独角兽了，而要跨越千亿美元大关，实在除了实力之外还需要真正地不断适应市场环境。

自19世纪末以来，美国超过了欧洲，成长为全球规模最大的市场。立足于这个全球最大的本土市场，美国的新兴行业优秀企业能够通过规模优势，轻易地战胜其他地区的竞争者，获得了成长为全球顶尖企业的优先入场券。而欧洲企业，在全球产业革命的大浪潮中，渐渐地就被边缘化了。

谁能够适应市场的变迁，谁就能够成就百年基业。斯伦贝谢就是这么一个活生生的例子

19世纪末，石油工业开始获得快速发展，欧洲的壳牌石油、BP石油是市场中最早的巨无霸。石油开采的难度越来越大，于是孕育了一个新兴的专业技术服务市场。1921年，斯伦贝谢成立，作为最早的石油探测和钻井服务公司，斯伦贝谢在一开始就已经奠定了技术领先的地位，1927年发表的《钻井电信号研究》是这个行业的基础技术之一。斯伦贝谢最早作为一家欧

洲公司，它的出现是欧洲科技领先水平的体现，但是如果一直扎根于欧洲，斯伦贝谢不会有今日的行业地位。第二次世界大战前后，世界石油市场发生了巨大的格局变化，美国市场的地位越来越重要，墨西哥湾的石油开采业蓬勃发展。斯伦贝谢1940年将总部迁至美国休斯敦，将业务重心及时地转移至美洲市场，由此获得了进一步发展壮大的空间。在竞争激烈的石油服务市场，没有任何一家企业能够靠自己的技术保持长久领先，因此依靠行业地位积累的资金不断收购、补齐短板就成了重要的法宝。从20世纪50年代开始，斯伦贝谢几乎每一年都要收购几家公司，1952年收购Forex公司进入钻井市场，1956年收购Johnston Testers公司成为综合性钻井公司，1993年收购IDF公司成为钻井液服务供应商，2010年收购史密斯公司成为钻头生产巨头。

正是通过适应市场的业务调整和收购扩张，斯伦贝谢不断向新兴的更有发展前途的蓝海前进，在100年的时间里不断壮大，才成就了这家石油能源产业链里"最年轻"的顶尖企业。自20世纪20年代以后，世界范围内，再也没有诞生过一家石油行业的顶尖跨国企业（非国企）。

波音公司是另一个适应市场的绝佳例子

1903年，莱特兄弟研发出世界上第一架具有实用性的飞机，并且创办了自己的莱特飞机公司。当然，今天我们知道，莱特并没有笑到最后。1916年成立的波音公司，在早期的飞机公司中并不起眼，与很多当时的主流飞机公司一样，波音的业务以政府的军用订单为主。一直到第二次世界大战结束之后，波音才脱颖而出。

第二次世界大战，是改变这一切的根本力量。第二次世界大战之前，军用业务才是市场主流，但是随着第二次世界大战的结束，飞机的市场结构发生了巨大变化，传统的军用市场萎缩，大型民用客机市场开始兴起和壮大。1957年，在原有空中加油机基础上改进的波音707喷气式民用客机大获成功，获得了上千架的订单，波音从此在商业客机市场上奠定了领先位置。在当时所有的军用飞机公司中，波音是最早做出转型决定的，正是这次及时的转型，向蓝海市场的进军，让波音笑到了最后，成为航空航天市场的新王者。

在历史上，波音不是第一架飞机的研发者，不是第一架民用飞机的开创者，但是波音在民用客机市场上改进的产品，最好地适应了客户的需求，在安全、空间、舒适性和性价比上，最大限度地满足了客户的需求，于是波音就成功了，持之以恒，就将这份领先一直保持到了现在。

波音的成功告诉我们，具有灵敏的市场反应能力，时刻坚持产品的微创新，是成就伟大企业的一条重要途径。

商业模式的创新同样很重要

20世纪20年代，好莱坞的电影产业开始兴起，迪士尼也在这个时期开始投身创业的浪潮。1928年，迪士尼推出首部以米老鼠为主角的世界最早的有声动画片，掀起社会热潮。随后，迪士尼推出了世界上第一部动画长片白雪公主与七个小矮人，第一部宽银幕动画片小姐与流氓，直到近一百年后的20世纪90年代，仍然是迪士尼推出了世界上第一部数字技术的动画片玩具总动员。正是这些领先的多媒体技术的引入，让迪士尼的动画片始终拥有着同时代作品中最好的视觉体验，带来了广泛的社会影响力。

但迪士尼的探索不仅于此。迪士尼之所以能够超越同时代的所有文化媒体企业，获得更大的商业成就，在于它建立了文化行业独一无二的商业模式

迪士尼认为，对于电影产业来说，故事不是最重要的，形象才是核心

围绕着永恒的角色形象，延伸出迪士尼乐园和玩具销售的下游产业链，才使得迪士尼拥有了更大的市场规模、更低的成本支出、更长久稳定的利润回报。迪士尼带给我们的启示是，创

新的产品可以带来一时的成功，创新的商业模式可以带来一辈子的成功。

金融并购是获得规模成本优势的另一个重要手段。康卡斯特就是这么做的

20世纪60年代，有线电视行业开始兴起，康卡斯特在这个时候只是美国一个三线小城市的有线电视服务商。作为同质化竞争的行业，想要在产品上实现创新并不容易，经过十几年的管理经验积累，在成本效率上发挥到极致之后，康卡斯特走上了大规模收购扩张的道路。1986年，收购Group W Cable公司，将规模扩大一倍，1988年收购Storer Communications Inc公司，成为全美第五大有线电视运营商，1992年收购amcell，1994年收购Maclean-Hunter's美国业务，成为全美第三大有线电视服务商，1998年收购Jones Intercable公司，2000年收购Lenfest Communications公司，2002年斥资475亿美元收购AT&T Broadband Cable Systems公司，从此成为美国第一大有线电视服务商。

无论是创新的商业模式还是金融并购手段，目的都是为了获得规模效益，如果不能创新，简单而快捷的收购兼并就是达成目标的最佳策略。

策略并不是越复杂越好，简单而有效的执行才是最重要的。股神巴菲特创立的伯克希尔哈撒韦投资公司就是典型例子

第二次世界大战以后，美国的金融证券市场走向成熟，投资大师格雷厄姆建立的价值投资论受到欢迎，养老基金和共同基金成批买入优质蓝筹股，投机风潮褪去，稳定的股市使得认同企业内在价值的证券投资者获得了成长的沃土。

1956年，伯克希尔哈撒韦成立，巴菲特成为价值投资学派最忠诚的信徒，在企业价值被低估时买入，在企业价值被高估时卖出。如果你在这一年将1万美元交给巴菲特打理，今日这笔本金将增值为2.7亿美元，这就是股神点石成金的魔力。伯克希尔哈撒韦的成功告诉我们，在正确的地方，正确的方向，坚持做正确的事情，最后就获得了伟大的成功，就是这么简单。

第二次世界大战，对于20世纪的全球产业发展史来说，是一个历史性的转折点。在此之前，全球经济发展的主导产业是石油能源化工、钢铁机械、汽车飞机火车轮、船航天军工，在此之后，它们的光芒都被掩盖了，IT产业的创新成为舞台中央最耀眼的明星。25家全球顶尖企业，有14家来自IT行业。在其他的行业，同样是创新的技术和服务，孕育了新生的商业机会。

这一百年来，再没有孕育一家顶尖的银行和保险公司，伯克希尔哈撒韦来自证券投资行业，VISA来自信用卡行业。这一百年来，再没有孕育一家顶尖的商业百货公司，沃尔玛来自连锁超市，家得宝来自连锁建材卖场。这一百年来，再没有孕育一家顶尖的传统媒体公司，康卡斯特来自有线电视行业。这一百年来，再没有孕育一家顶尖的化学制药公司，吉利德科学来自生物制药行业。

这五十年来，再没有孕育一家顶尖的汽车、飞机、机械、石油、化工顶尖企业，在那些科技变革缓慢、市场成熟的行业里，行业格局已经固定，传统垄断巨头的存在，遏制了新生企业成长的空间。只有通过创新的科技产品、创新的商业模式，在全新开拓的蓝海市场，新生企业才有成长为参天大树的可能性。而在这个时代，最重要的机会，就是IT科技行业的变革浪潮所带来的前所未有的巨大蓝海。

最早的明星是IBM

1911年，IBM在纽约成立，早期主要从事穿孔卡片数据处理业务，也就是员工考勤用的打卡机。1932年，IBM投入100万美元建设第一个企业实验室，并且与哈佛、麻省理工等名校展开技术合作，从此奠定了IBM在技术上的雄厚积累。到1935年，IBM的卡片统计机已经占领了美国85%的市场份额，20世纪50年代进一步成为美国国防部的电脑系统承包商，在60年代大型计算机行业兴起的时候，IBM水到渠成地成为行业龙头。到1974年，IBM生产的计算机数量是世界上其他所有计算机厂家生产总量的4倍，是这个行业绝对的垄断者。可以说，一部IT产业的早期发展史，就是IBM的企业成长史。

但是技术的发展日新月异，即使积累深厚如IBM，仍然数次差点在阴沟里翻船。1976年，苹果公司推出的PC电脑给计算机行业带来巨大的变革，市场主流从大型机向小型机发展。面对个人电脑带来的冲击，IBM迅速转型，以横向开放的商业模式，将挑战者苹果击败，继续在新兴的个人电脑市场上称霸。1993年，在新一代挑战者康柏和戴尔的冲击下，IBM再次陷入巨大亏损。面对市场环境的变化，IBM意识到，消费者市场的竞争力越来越聚焦于渠道，而自己的优势在于技术积累，高昂的成本无法与新生代企业竞争，于是再次做出转型，向高价值的企业服务市场发展，重获新生。

一百年来，IBM的业务重心不断转变，在瞬息万变的IT科技产业上犹如大象般翩翩起舞，它的成功，是适应市场，以科技创新和优秀管理敏锐感知市场水温变化，迅速调整方向进军新兴蓝海的典型代表。

IBM的成功，孕育了另一个传奇微软

1975年，比尔·盖茨创办微软，在早期只是一家默默无闻的小型软件公司。苹果的出现改变了他的命运。1980年，IBM为了推出全新的个人电脑与苹果抗衡，广泛将零部件外包，英特尔赢得了芯片合同，微软赢得了至关重要的操作系统合同。这份合同是微软发展史上最重要的转折点。由于时间紧迫，程序复杂，微软甚至以5万美元的价格从一位程序员Tim Patterson手中买下了一个叫QDOS的程序，然后稍加改进后提供给IBM，这个系统就是后来我们熟知的MSDOS。随着IBM PC的普及，微软的操作系统很快就成了行业的标准。此后，微软加强研发，在新一代的WINDOWS系统中引入苹果的视窗化技术，一代代的更新，伴随着个人电脑行业的壮大而不断强大。微软的成功告诉我们，站在巨人的肩膀上借势发展，是小企业上位的一条重要捷径。

英特尔的故事同样有趣

1947年，在美国贝尔实验室工作的工程师肖克利发明了晶体管，这项技术的发明是现代IT工业的里程碑式创新，肖克利也由此获得了诺贝尔奖。但创新并不是企业成功的必然保证。1955年，肖克利离职创办了肖克利半导体实验室，吸引了大批才华横溢的年轻工程师加入。只是在糟糕的管理之下，这家新生的企业很快就分崩离析了。号称“八叛逆”的八位传奇工程师再次离职，合伙成立了硅谷早期声名显赫的仙童半导体公司。1968年，“八叛逆”中的诺伊斯和摩尔再次离职，成立了英特尔。

1971年，英特尔推出全球第一个微处理器，20世纪80年代成为IBM PC的芯片标配，此后随着个人电脑产业的兴起而不断发展壮大。英特尔的成功，不可否认是技术创新的成功，从微米到纳米制程，从4位到64位处理器，从奔腾到酷睿，从硅技术、微架构到芯片与平台创新，在IT计算机行业的最前沿技术领域，英特尔一直是创新的领导者。

英特尔的成功，同样是管理的成功，正是安迪葛洛夫这位优秀的管理者加入，使得英特尔没有再次重复肖克利和仙童公司的覆辙，在半导体行业实现了持续的技术创新和壮大。

英特尔的成功，同样是站在巨人肩膀上的成功，没有肖克利，没有IBM，英特尔无法获得今日这般显赫的传奇。

IBM同时孕育了SAP的成功

1970代，是IBM大型主机风行的时代，IBM通过出售大型计算机给企业客户，并且为企业提供个性化的软件解决方案，获得了丰厚的利润。

五位 IBM 德国分公司的软件工程师认为，为每一个企业重新开发软件，费时费力，不如设计一套统一的标准软件提供给客户更好。他们的建议遭到了 IBM 决策部门的拒绝，很明显，这样的方案最终将损害 IBM 的利润。无法实现理想的这五位工程师最终选择了离职创业，他们推出的企业标准管理软件很快就受到了市场的欢迎，开创了一个全新的蓝海市场。

SAP 的成功告诉我们，如果你发现了客户的痛点，而市场又无法满足时，只要你能够拿出切实可行的创新产品，成功就是水到渠成的结果。

IBM 还是甲骨文的摇篮

1970 年，IBM 的研究员埃德加考特发表了一篇著名的论文《大型共享数据库数据的关系模型》，奠定了关系型数据库软件的理论基础。但是 IBM 的软件部门因为立足于层次式数据库软件，为了不影响自己的利益关系而迟迟不愿意推出相关的产品。

1976 年，为 IBM 开发软件的埃里森读到了这篇论文，立马意识到其中的巨大商业价值，立马拉上两个同事创办了甲骨文公司。甲骨文的软件一经推出就受到了市场的欢迎，并且很快获得了美国中央情报局和海军情报所的订单。从此之后，甲骨文公司一直引领着数据库软件市场的发展，并且伴随着数据库软件在企业中的广泛应用而不断壮大。

甲骨文的成功告诉我们，一旦意识到市场机会，执行比埋头研发更加重要。

IBM 的地位如此重要，几乎所有 IT 产业上的明星都与它有着纠缠不断的故事。

苹果的兴衰起伏，尤其让人唏嘘

1976 年，两个电子产品 DIY 发烧友乔布斯和沃兹在车库里创办了苹果公司，他们的小型个人电脑一开始就以令人惊艳的创新在市场上受到瞩目，并迅速成长为 PC 市场上的早期领导者。但是很遗憾，只有创新而缺乏优秀管理能力的苹果最终被 IBM 打败了，创始人乔布斯也被迫离开，苹果在 20 世纪 90 年代成为一家被人遗忘的公司。

苹果的早期失败再次告诉我们，创新的产品只能带来短暂的辉煌，但市场的较量是持续的，只有优秀的管理配合持续的创新，才能保持长盛不衰。

1997 年，濒临破产的苹果公司将在市场上久经打磨的创始人和灵魂乔布斯重新请回，一场商业史上最伟大的王者归来开始上演。从 iPod 随身听，iMac 个人电脑，Macbook air 笔记本电脑，到 iPhone 手机，iPad 平板电脑，苹果公司以持之以恒的创新精神，不断刷新着世界对于完美科技产品的期待。2011 年，随着乔布斯的逝世，苹果的创新精神似乎也逐渐远去。

苹果公司的成功，带给我们的不仅是创新的启示，更是如何保持持续创新的难题。

思科对这一点有着自己的解决之道

1984 年，思科系统公司由斯坦福大学计算机中心的两位主任创办，他们最早设计了叫作"多协议路由器"的联网设备，将校园内不兼容的计算机局域网联通成一个网络，从此开创了互联网时代。立足于不断壮大的互联网设备市场，思科获得了飞速的成长。但是他们很快认识到，科技发展日新月异，光靠自身的研发是不可能持续保持技术的领先的。怎么办呢？思科的解决方案是：收购。通过早期建立的领先积累，不断在市场上收购新兴的技术和团队，然后通过自己的庞大分销渠道，在行业中确保了长久的领导者地位。简言之，思科专注于成为一个创新科技产品的分销平台。

思科的成功，是创新者的成功，同样也是收购策略的成功。

高通则为我们提供了另外一种思路

1985 年，高通公司成立，早期主要从事移动通信技术在运输行业的应用服务，1989 年最早推出了基于CDMA技术的移动通信解决方案，从此成为这个新兴的通信行业的标准制定者。从2G到3G到4G技术的演进发展过程中，高通公司累积了4 000多项CDMA专利技术，始终主导着移动行业的技术发展步伐。随着智能手机时代的来临，高通的移动微处理器第一个支持安卓操作系统，随着安卓的广泛普及，高通也成为了移动芯片行业的霸主。

高通的成功和英特尔的成功是很像的。在一个高技术领域，通过高投入的研发，遥遥领先的技术水准，广泛的专利壁垒，封杀了几乎所有的竞争者生存的空间。除非行业发生大的变革，高通的地位是无人可以威胁的。

随着IT技术的日益普及，很多传统行业发生了深刻的变化，谁能够适应时代，最早将IT技术引入到传统行业，谁就获得了颠覆巨头的能力。

沃尔玛就是这么做的

1963年，家乐福在欧洲推出超市大卖场的商业模式，沃尔玛很快就将它拷贝到美国去。20世纪80年代沃尔玛再次率先引入新兴的IT技术，对物流和库存进行了全面流程改造。在IT技术的帮助下，沃尔玛的连锁扩张战略得到有效执行，大规模地全国性铺开分店，又进一步降低了渠道成本。规模优势一旦建立，在马太效应下，对传统百货渠道的蚕食一步步加强，最终在20世纪90年代超越了百年老店西尔斯百货，成为新一代的零售之王。

沃尔玛的成功，是适应市场的成功，它及时引入新兴的商业模式，及时引入最新的IT技术，强化流程管理，降低成本，从而不断走向强大。

家得宝的成功法则和沃尔玛如出一辙

家得宝1978年成立，1983年开始引入IT校验技术，通过仓储和物流的流程改造，以连锁建材百货店模式改造传统的建材流通渠道，从此获得了突飞猛进的发展。家得宝仅仅用了20年时间，就发展成为仅次于沃尔玛的全球第二大零售巨头，其成功的秘诀和沃尔玛一样：引入全新的连锁仓储店商业模式，引入IT技术提升效率，降低成本，最后通过规模优势实现不断壮大。

金融行业通过引入IT技术诞生了VISA

VISA的前身是美洲银行的支付业务部门，1958年推出第一张具有创新循环信用功能的Bank Americard卡，1973年推出电子化授权系统，1974年推出电子清算和结算系统，1976年改组为VISA银行卡公司，向国际业务扩张。1983年，VISA推出全球ATM网络，让世界各地的持卡人可以全天候24小时在自动提款机上提取现金，为现代商业和休闲旅行带来了便利。1993年，率先将神经网络技术应用于电子支付，有效降低了信用卡的欺诈风险，确保金融安全。

VISA的成功，是金融支付行业率先引入IT技术、不断开拓新的应用、走向蓝海市场的典型。

新兴行业不仅是IT技术，还有生物基因技术

近一百年，随着老龄化的到来，医药行业的市场越来越大，但是全球顶尖的医药公司几乎都是19世纪成立的化学制药先驱。现代医疗技术的发展已经进入到一个新的层次，传统的化学药对某些病毒的治疗一筹莫展，比如艾滋病和癌症等。这是一个巨大的蓝海市场，谁先在生物基因技术上获得突破，谁就有可能获得伟大的商业机会。

吉利德科学就是这么一家走在科技创新前沿的公司：1987年在硅谷成立，是近二十年来新兴的唯一一家来自非IT行业的顶尖企业。从目前的临床测试来看，吉利德离成功的门槛已经越来越近。吉利德科学的成功，是医疗行业生物制药科技革命的代表，是向艾滋病等抗病毒药蓝海市场拓展的代表。

新兴的技术带来了巨大的蓝海市场，但是如今这个全球化的时代，注定了只满足于本土市场是无法进入顶尖企业行列的。

沃达丰就是一个成功的跨地区扩张案例

沃达丰 1982 年成立，早期是英国拉考尔电子公司的一个移动电话技术部门，1985 年独立出来，建立了英国第一个模拟信号网络，到 1987 年沃达丰已经被认为是世界上最大的移动通信服务公司之一。但是英国的市场空间毕竟有限，1999 年沃达丰和美国的 airtouch 通讯公司合并，2000 年再次和德国曼内斯曼公司合并，从此一跃成为欧美市场第一大电信服务公司。

沃达丰的成功，首先是立足于移动通信市场的成功，在移动通信取代传统固话通信市场的大环境格局下获得了飞跃式的发展，其次是金融并购策略的成功，通过英国—美国—德国三大市场的规模扩张战略获得进一步的规模优势，从此跻身顶尖企业行列。

落后地区的企业要想跻身顶尖行列，进入美国市场是非常重要的。

丰田的成功之路可以给我们一点启示

1933 年脱胎于丰田自动织机制作所的汽车部，作为汽车工业的后来者，第一桶金来自 1937 日本发动侵华战争的陆军卡车订单。1950 年美国在朝鲜战争中的 46 亿美元巨额订货，让丰田再次打了鸡血，从此飞速发展。从一开始，丰田就认识到，作为汽车行业的后来者，不可能在技术创新上跟欧洲、美国的巨头抗衡，因此强化管理、降低成本、以经济型节油性的小车与西方巨头展开差异化竞争，就是发展的必由之路。在这样的指导思想下，丰田发展出了"精益生产管理"模式，1966 年推出的低价经济型车"花冠"大获成功，从此奠定了在日本汽车市场上的领先地位。

1973 年和 1979 年的两次石油危机，使得美国汽车市场发生了巨大的格局变化，大型车滞销，经济型节油性小车畅销，美国的汽车巨头一下子就懵了，丰田抓住契机，全力进军美国，先后推出了专为美国市场开发的佳美和凌志车型，从此鲤鱼跃龙门，成为世界最大的汽车公司。

丰田的故事告诉我们，不要盲目创新，成功必须建立在比较优势之上。在缺乏创新能力的情况下，在早期可以将低劳动力价格和精益管理作为优势，重点开拓低端市场，然后耐心等待市场格局的变化，在机遇到来之时实行弯道超车。

韩国的三星电子同样是这一策略的优秀执行者

三星电子公司 1969 年成立，是 1938 年创办的三星公司进军 IT 行业的子公司。20 世纪 70 年代，三星电子开始进入冰箱、洗衣机和电视机领域，1983 年进入内存芯片领域，1997 年进入手机行业。三星电子能够不断扩张，进入美日巨头垄断的家电、半导体和手机行业，并且发展壮大为行业领导者，最重要的原因就是善于学习，在早期以低劳动力价格优势，一步步挤压抢占西方巨头的市场份额，这是三星在家电和半导体行业获得成功的关键。

在手机领域，三星一向以外观设计多样化著称，在非核心技术上与西方巨头展开差异化竞争，等待弯道超车的机会。从 1997 年到 2010 年，三星等待了十三年，直到智能手机时代来临，苹果颠覆了传统的手机行业，却墨守成规以不变应万变，三星抓住机会推出大屏智能手机，满足了市场多样化的产品需求，从此崛起为新一代的行业领导者。三星电子的成功，与日本丰田汽车的成功是一样的，作为一个来自发展中地区的技术落后者，要想超越巨头，只有通过低成本价格优势和差异化竞争，在市场发生巨大格局变化中及时抓住机遇获得成功。

最近二十年，全球信息产业革命进入互联网时代，随着技术的革新，成功的顶尖企业不断涌现。

亚马逊

亚马逊公司1995年成立，是世界上最早一批的电子商务公司之一。但是，在2000年的网络泡沫破灭后，几乎所有的同类型公司都破产了，只有亚马逊公司，从一家网络书店向电子产品、影音软件、各种品类的商品不断扩张，发展成为世界上最大的电子商务公司。

早期的亚马逊并不是发展速度最快的电子商务公司，却是经营最稳健、管理最严格、资金运营效率最高的公司，正是这种高超的管理能力让亚马逊熬过了网络泡沫破灭的寒冬，成为电子商务行业的领导者。2000年以后，亚马逊通过全球扩张、终端物流中心的搭建、云计算技术的应用，一步步成长为可以与沃尔玛抗衡的零售巨无霸。

谷歌

谷歌1998年成立，作为最早一批的互联网搜索引擎公司之一，通过率先推出的广告商业模式获得了巨大的成功，很快成为这个行业的领先者。随着搜索引擎逐渐成为互联网的信息入口，谷歌的广告收入不断壮大，一步步取代了传统的媒介形式，成为互联网时代最早的行业领导者。2000年以后，谷歌对创新保持了高度的关注，先后推出了谷歌地图、安卓操作系统等一系列伟大的产品，并且在机器人、无人驾驶汽车、可穿戴眼镜设备等IT前沿领域继续探索。

谷歌的成功，同样是创新的成功，是我们这个时代最伟大的技术创新者之一。

Facebook

Facebook2004年成立，是21世纪最新一家崛起的IT互联网巨头。Facebook是美国最早一批的社交网站之一，通过持续的体验改进，很快受到了年轻人的欢迎，2006年后从校园市场向全社会网络发展，2008年超越myspace，自此一直引领着西方的社交网络市场。

Facebook的成功，是持续微创新的成功，不断改进的产品体验，让Facebook超越了一个又一个的行业领先者，发展成为新一代的互联网巨头。

在互联网时代，不再是只有美国的创新者独领风骚，中国的创业者也开始加入进来，跻身于全球顶尖企业的行列。

腾讯

腾讯1998年成立，最早是ICQ即时通信产品的跟风者，通过产品的改进和商业模式的创新，成为世界上最早的社交网络平台。2003年后，腾讯进入迅速成长的网络游戏市场，并且依靠社交平台的流量优势和优质产品体验取得了巨大的成功，成为世界上最大的网络娱乐公司。2011年腾讯推出微信产品，及时向移动通信平台转型，再次获得巨大成功，成为世界上用户量最大的移动社交平台。

腾讯的成功，第一是创新商业模式的成功，第二是适应市场发展及时转型的成功。

阿里巴巴

阿里巴巴公司1999年成立，最早是一家面向中国外贸行业的信息服务公司，2003年推出淘宝交易市场，与eBay易趣展开竞争。淘宝通过创新的支付宝担保交易技术解决了电商行业的信任问题，通过免费的C2C交易商业模式迅速聚拢了市场人气，只花了三年时间就将eBay驱逐出了中国市场，成为这个行业新的领导者。2010年后，阿里巴巴推出天猫商城、阿里云服务、菜鸟网络、余额宝、众安在线保险等新业务，在互联网商业、物流、金融等领域持续扩张，成为世界上最成功的互联网巨头之一。

阿里巴巴的成功，第一是创新商业模式的成功，第二是适应市场不断向新的蓝海发展的成功。

（资料来源：i黑马，2014年1月10日）

分析以上25家全球顶尖企业，它们有哪些共同的成功因素？

1. 立足于全球规模最大的市场，立足于一个新兴的持续高速增长的蓝海市场，在行业发展的早期格局未定之时进入。

2. 要么是行业最早的创新领导者，从推出第一个产品开始就一直引领着行业发展的步伐。

3. 要么是最早一批进入的行业竞争者，通过微创新改进产品体验，通过优秀的管理不断进步，实现在一大堆的竞争者中突围而出。

4. 要么是新兴发展中地区的追赶者，通过低劳动力成本优势，在低端市场上不断扩张，以差异化策略与行业龙头竞争，然后在市场环境发生突变时实现弯道超车。

5. 将IT技术引入传统行业，提升运营效率，降低成本，是传统行业新兴巨头获得巨大发展的重要动力。

6. 质量只是企业获得成功的基本要求，但并不能保证企业超越竞争对手，因为你的任何一个优秀的竞争者都把质量看得很重要，对于消费者来说，前三名的产品质量没有区别。

7. 创新的产品，优秀管理之下持续的微创新体验，创新的商业模式，是企业从优秀走向卓越的关键原因。

8. 规模带来的成本优势，是企业在一个快速成长的市场中持续保持领先的重要竞争力，因此收购扩张就不可或缺。

9. 基业常青的企业，总是那些能够不断适应市场变化，具有敏锐触觉及时转型的企业。

10. 价格策略获得成功的前提是通过技术或商业模式创新带来的成本降低，而不是自杀式的营销扩张。

思考与讨论：

“第二次世界大战，对于20世纪的全球产业发展史来说，是一个历史性的转折点。在此之前，主导全球经济发展的主导产业是石油能源化工、钢铁机械、汽车飞机火车轮、船航天军工，在此之后，它们的光芒都被掩盖了，IT产业的创新成为舞台中央最耀眼的明星。25家全球顶尖企业，有14家来自IT行业。在其他的行业，同样是创新的技术和服务，孕育了新生的商业机会。”

组织一场班级演讲活动，针对这段话，围绕以下主题，提出你的见解：

1. 环境变迁与企业营销之间的关系是怎样的？

2. 企业竞争优势创造来自于哪些要素？

二、基本知识点

市场营销发展过程一般经历了以下三个阶段：

第一阶段，大规模市场营销阶段。企业面对所有的消费者，批量生产、多渠道分销、同样方式促销单一产品，以费用最少、价格最低，开拓最大的潜在市场。

第二阶段，差异市场营销阶段。企业生产两种或两种以上的产品，这些产品具有不同的特点、式样、质量、大小等，为顾客提供多样化的产品。

第三阶段，目标市场营销阶段。企业首先分清众多细分市场之间的差别，并从中选择一个或一个以上的细分市场，为挑选出的每个细分市场开发产品和制定营销组合。

目标市场营销是当今企业营销的发展方向。目标市场营销需要经过三个主要步骤：第一步是市场细分，第二步是选定目标市场，第三步是产品定位。

（一）市场细分

1. 市场细分的概念

所谓市场细分，就是根据顾客对同一产品的不同需求，把整体市场划分为不同的顾客群的市场分割过程。每一个顾客群可以说是一个细分市场，又称“子市场”“分市场”或“亚市场”，各个细分市场是由需要与欲望基本相同的顾客组成。

市场细分的目的是要在大市场中寻找对企业最有利的一个或几个细分市场作为自己的目标市场，从而使企业营销可以最高的效率进行。如某企业可进入的市场是服装市场，它可根据消费者的需求和特点，按“年龄”这个因素将服装市场分割为儿童市场、青少年市场、中老年市场，又可按“性别”这个因素分割为儿童男女装市场、青少年男女装市场、中老年男女装市场，企业可以根据市场环境和自身条件，选择其中最有利于自己经营的市场作为自己的目标市场，进而采取适当的经营策略组合，去开拓这个市场，以求得最佳的竞争条件和最佳的经营效果。

市场细分的基础在于：

(1)顾客需求的(绝对)差异性

顾客需求的差异性是指不同的顾客之间对同一产品的需求是不一样的，任何产品都表现为一组属性的集合，但不同的消费者对同类产品的不同属性赋予了不同的重视程度。在市场上，消费者总是希望根据自己的独特需求去购买产品，我们根据消费者需求的差异性可以把市场分为“同质性需求”和“异质性需求”两大类。

同质性需求是指由于消费者的需求的差异性很小，甚至可以忽略不计，因此没有必要进行市场细分。现实市场中，随着消费者收入和受教育水平的提高，完全同质性的需求会越来越少。更多时候，同质性需求表现为新产品刚上市，由于顾客对其还比较陌生，主要解决“有无”问题的阶段。而随着顾客对产品日益熟悉，其需求就会逐渐转向异质性需求。

所谓异质性需求，是指由于消费者所处的地理位置、社会环境、自身的心理和购买动机不同，造成它们对产品的价格、质量、款式等相关价值属性评价上的差异性，这种需求的差异性就是我们市场细分的基础。

(2)顾客需求的(相对)相似性

在同一地理条件、社会环境和文化背景下的人们形成有相对类似的人生观、价值观的亚文化群，他们的需求特点和消费习惯大致相同。正是因为消费需求在某些方面的相对同质，市场上绝对差异的消费者才能按一定标准聚合成不同的群体。所以消费者的需求的绝对差异造成了市场细分的必要性，消费需求的相对同质性则是使市场细分有了实现的可能性。

(3)企业有限的资源

现代企业由于受到自身实力的限制，不可能向市场提供能够满足一切需求的产品和服务。为了有效地进行竞争，企业必须进行市场细分，选择最有利可图的目标细分市场，集中企业的资源，制定有效的竞争策略，以取得和增加竞争优势。

2. 市场细分的作用

(1)有利于企业分析、发掘新的市场机会，形成新的富有吸引力的目标市场

通过市场细分，企业可以有效地分析和了解各个顾客群的需求满足程度和市场上的竞争状况，发现哪类消费需求已经满足、哪类满足不够，哪类尚无适销产品去满足；发现哪些细分市场竞争激烈，哪些竞争较少，哪些尚待开发。而满足水平低的市场部分，通常存在着极好的市场机会，不仅销售潜力大，而且企业竞争力强。抓住这样的市场机会，结合企业资源状况，从中

形成并确立宜于自身发展的目标市场，并以此为出发点设计出相宜的营销战略，就有可能迅速取得市场优势地位，提高市场占有率。

(2)市场细分有利于提高企业效益

市场细分能够增强企业的适应能力和应变能力，在较小的细分市场即子市场上开展营销活动，企业易于掌握消费需求的特点及其变化，有利于及时、正确地规划和调整产品品种、结构、产品价格、销售渠道和促销活动，使产品保持适销对路，并迅速送达目标市场。

建立在市场细分化基础上的企业营销，避免了在整体市场上分散使用力量，企业有限的人力、财力、物力资源能够集中使用于一个或几个细分市场，扬长避短、有的放矢地开展针对性经营，竞争能力因此而得到提高。进行市场细分易于看清楚每一个细分市场上各个竞争者的优势和弱点，有利于企业避实就虚地确立自己的目标市场，这也有利于增强竞争能力，提高经济效益。

(3)市场细分有利于满足"个性化"消费的需要

顾客的需求是存在差异的，是"个性化"的需求。企业奉行市场细分策略，尚未满足的消费需求就会成为企业的一个又一个的市场机会、目标市场，从而在满足顾客的同时获得更好的市场回报。

3. 市场细分的依据

市场细分依据是指构成购买者需求差异的各种因素，或是影响购买者需求的各种因素。由于这些因素的变动会引起市场细分的变动，因此，这些因素也就成为市场细分的参数，是进行市场细分的依据。

(1)地理细分。即按消费者所处的国家、地区、城市(都市、大城市、中小城市)、居住区(城市中心、市郊、乡村)、地形和气候等来细分市场。处于不同地理区域的消费者对同一类产品的喜爱和需求有所不同，对于价格、销售渠道和广告宣传的反应也有差别。如城里人购买化妆品以美容为主要目的，农村对化妆品的要求以护肤为主。多雨地区需要大量胶鞋，干旱地区胶鞋几乎没有销路，等等。

(2)人口细分。就是按人口统计资料所反映的内容，如年龄、性别、家庭规模、收入、职业、文化水平、宗教信仰等因素来细分市场，这些因素与消费者的需求有着密切的关系。人口是构成市场的最主要因素，对消费者市场的影响十分巨大，大多数情况下要将人口因素中几个有关的因素综合考虑，才能更有效地细分市场。

(3)心理细分。即根据购买者所处的社会阶层、生活方式、个性特点等对市场进行细分。例如，人们总是通过消费特定的商品来表现他们的生活方式，常用于细分服装、化妆品、家具市场等。时尚型购买者喜欢时髦和享受性的物品，平淡型购买者追求普通、不加修饰的东西，名士型购买者愿意购买表现自己身份和地位的商品。心理因素是较复杂的动态因素，企业必须根据消费者的不同心理变化，随时进行调查研究，以便确定自己的目标市场。

心理细分的各项标准其实往往是地理细分与人口细分指标复合的结果，因此实际使用时要注意取舍。

(4)行为细分。即以购买者对产品的购买动机、使用状态、信赖程度、品牌爱好等购买行为状态来划分消费者群。行为因素是细分消费者市场的重要依据。越是高度发达的商品经济，广大消费者的收入水平越高，这一细分依据越显得重要。消费者的购买动机是多种多样的，如追求经济实惠、商品的可靠性、使用方便、商品效用等。使用状态可分为老顾客、新顾客、潜在顾客。对不同使用状态者应采用不同的营销策略。如对老顾客一般无须多做广告宣传，对新顾客、潜在顾客就需要采取必要的促销手段。此外，消费者对品牌商标、分销渠道的信赖程度，对价格、服务、广告的敏感程度等，都是细分消费者市场的依据。

在实际使用细分标准时，还需注意以简单易行为原则，即可用简单标准划分时，就不要再使用复杂的标准。在以上四类标准中，人口细分与地理细分显然更简单、直接，心理细分则更复杂、精细，而行为细分标准则存在先决条件，即必须是已存在大量行为数据可作为分析前提时才可使用。

4. 组织市场的细分依据

除心理因素对组织市场的购买行为影响较小外，消费者市场细分标准一般都可用于组织市场。细分组织市场的因素，除使用细分消费者市场的因素外，还应考虑以下两个因素。

(1)最终用户。最终用户不同，需求利益往往不相同。如电子产品市场按最终用户可分为军事用户、工业用户、商业用户三个细分市场。一般来说，军事用户重视产品质量，特别是产品的可靠性，而对价格不作为主要考虑的因素；工业用户则重视产品的质量和售后服务，在质量保证的前提下，力求价格便宜，以降低制造成本；商业用户则重视价格和交货期。

(2)用户规模。用户规模大小主要依据单位资本多少和购买力大小来划分。一般来说，大用户数量少、资金多、购买力大、购买集中及购买次数少；相反，小用户数量多、资金少、购买力小、购买较分散及购买次数多。因此，可根据用户规模大小细分市场。

5. 细分市场的条件

企业要有效地细分市场，寻找最有用的、具有实用价值的细分标准，就必须依据以下的基本条件。

(1)差异性

消费者对产品的需求具有不同的偏好，对所提供的产品、价格、广告宣传等具有不同的反应，存在购买与消费上的差异性，这样才值得对市场进行细分。相反，对需求差异性不大的产品就不必去进行市场细分。例如，服装有必要按男性和女性进行细分，而盐、大米就没有细分的必要。

(2)可测量性

可测量性是指细分的市场必须是可以识别的、可以衡量的，即细分出来的市场不仅有明显的范围，而且也能测量该市场的规模及其购买力的大小。在经营实践中发现，有许多顾客的特征是难以测量的，如以“爱好家庭生活的人”来细分市场，就很难进行测算，因此不能作为细分标准。

(3)可进入性

可进入性是指企业对该细分市场能有效进入和为之服务的程度。即市场的细分和选择必须适应企业本身的营销力量和开发能力，必须是企业可能进入并占有一定市场份额的，否则没有现实意义。例如，细分后发现该市场已有许多竞争者，自己无力与之抗衡，或者虽有未满足的需要，但缺乏原材料或技术，货源无着落，难以生产经营，就不要贸然去开拓，否则难免以大量的投资开始，以赔钱失败告终。再如，某些偏远山区的居民收入水平低，尚无电力供应，企业无论做何努力，也难以打开电冰箱的销路，所以也不值得去细分这些市场。

(4)效益性

效益性是指细分市场的容量是否能保证企业获得足够的经济效益。如果细分市场的规模小，市场容量有限，细分工作繁琐，成本花费大、获利低，就不值得去细分。当然，细分范围也不能过大，使细分的市场不具体和不准确，不利于企业选择目标市场。

6. 市场细分的程序

(1)选定产品市场范围:明确整体市场

选定产品市场范围即明确企业任务、目标,是对市场环境充分调查分析之后,以市场未满足的需求为依据,来确定企业的产品市场范围。

(2)估计潜在顾客的基本需求

在选定市场范围以后,企业从地理因素、心理因素、行为因素等几方面大致估计潜在顾客对产品有哪些基本需求,例如,空调机的性能,南方需要制冷好,北方需要制热量大。

(3)分析潜在顾客的不同需求

企业依据人口因素做抽样调查,向不同的潜在顾客了解哪些需求对他们更重要,初步形成几个消费者需求相近的分市场。例如,由于家庭居住面积大小不同,需要功率大小不同的空调机;由于家庭收入不同,需要价格不同、功能各异的空调机。

(4)剔除潜在顾客的共同需求

检验各个细分市场的需求,剔除其中的共同需求,以它们之间需求的差异作为市场细分的依据。例如,一般都希望空调机噪音小,耗电量低,这是共同的需求,不能作为市场细分的依据。不同的家庭需要功率大小不同的空调机,这种需求的差异就可以作为市场细分的依据。

(5)为细分市场定名

根据不同消费者的特征,划分为相应的细分市场,并赋予一定名称。从名称上可联想该市场消费者群的特征,如商用空调机,汽车用空调机及家用空调机等。

(6)进一步认识各细分市场的特点,作进一步的细分或合并

由于市场因素呈现出动态性,因此需进一步分析每一细分市场的不同需求与购买行为及其原因,了解进入细分市场的新因素,重新划分和重新命名细分市场,以使企业不断地适应市场变化。如随着人们生活水平的提高,家庭装修宾馆化,宾馆客房空调机和家用空调机可以合并为家用空调机,而家用空调机又可细分为立柜式、分体式、窗式等。

(7)选择和确定目标市场

测量各细分市场的大小及顾客群的潜力,估算可能获利水平,从中选择使企业获得有利机会的目标市场。通过分析,企业可能发现若干个有利可图的细分市场,应将这些细分市场按盈利程度排列,依次选择,直至企业的能力不能再顾及为止,最终确定目标市场。

(二)选择目标市场

目标市场也叫目标顾客群,就是企业营销活动所要满足的市场需求,是企业决定要进入的市场,即企业的服务对象。企业的一切营销活动都是围绕目标市场进行的,选择和确定目标市场,明确企业的服务对象关系到企业任务、企业目标的落实,是企业制订市场营销战略的首要内容和基本出发点。

1. 评估细分市场

企业在评估各种不同的细分市场时,必须考虑三个因素:细分市场的规模和发展潜力、细分市场的吸引力、企业的目标和资源。

(1)有适当的规模和发展潜力

所谓适当的规模,是相对于企业实力而言的。大型企业应选择销售量大的细分市场,以发挥其生产能力;而小型企业如果也选择销售量大的细分市场就不适当了,因为市场规模过大,所需投入的资源就会超出小企业的能力,并且也难以与大企业在同一个细分市场中展开竞争,所以选择规模较小、被大企业认为不值得去经营的细分市场,才是适当的。

所谓发展潜力，是指这些细分市场的需求尚未得到充分满足，因而具有扩大销售量、增加产品的花色品种以提高企业利润的潜在可能性。同时，要关注发展潜力向现实购买力转化的可能性与速度。

(2)具有良好的吸引力

一个具有适当规模和发展潜力的细分市场并不一定就是企业理想的目标市场。因为从经济效益的角度来看，这种细分市场并不一定能给企业带来满意的盈利，因而能作为目标市场的细分市场还必须具有足够的吸引力。细分市场的吸引力分析，就是对以下五种威胁本企业长期盈利的主要因素做出评价：

①市场内同行业之间是否存在激烈的竞争？

②细分市场是否会吸引潜在竞争者？

③细分市场上是否存在替代产品？

④顾客讨价还价的能力是否增强？

⑤供应商的讨价还价能力是否加强？

(3)符合企业的目标和资源能力

能够选为目标市场的细分市场，除了满足前述两个条件外，还必须与企业的目标和资源能力相符合。某些细分市场虽然有较大的吸引力，但如果不符合企业的长远目标，也只能放弃，因为这些细分市场不能推动企业完成自己的目标，甚至会分散企业的精力，影响主要目标的完成。

即使这个细分市场符合企业目标，企业还必须考虑是否具备在该细分市场获取所需要的技术和资源的能力。无论哪个细分市场，要在其中取得成功，必须具备一定的条件。如果企业在该细分市场中的某个或某些方面缺乏必要的能力，企业也只有放弃这个细分市场。

如果企业在各方面均已具有在该细分市场获得成功所必须具备的技术及资源条件，还必须考虑这些能力和竞争者比较是否具有优势，以压倒竞争对手。如果企业无法在该细分市场具有某种形式的相对优势，这就意味着将在竞争中失利，这种细分市场就不宜选为目标市场。

2. 目标市场选择

通过对细分市场的评估，企业将发现一个或几个值得进入的细分市场，这将有待于企业做出抉择，考虑从中选取哪些和多少细分市场作为目标市场，这就是目标市场的确定问题。在选取目标市场时有五种可供考虑的市场覆盖模式。

(1)密集单一市场

密集单一市场是指企业只选取一个细分市场，进行集中市场营销。企业集中全力只生产一种产品，供应某一类顾客群。

采用单一细分市场集中化模式的理由可能是：企业已具备在该细分市场获胜所需条件；或者限于资金能力，只能经营一个细分市场；或者该细分市场中没有竞争对手；或者准备以此为出发点，以求取得成功后向更多的细分市场逐步发展。

选取单一细分市场进行集中市场营销具有两个优点：第一，由于企业的经营范围限于一个选定的细分市场，企业对这个选定的细分市场的需求特点就能作更深入的了解，从而使其产品更能符合购买者的需要，取得更大的市场占有率。第二，由于企业集中所有力量为某一个细分市场服务，在生产和销售上实行专业化，因而企业可以节省市场营销费用，提高投资收益率，增加盈利。

但是这种策略也有缺点。如果选定的细分市场范围太小，企业集中经营一个狭小的细分市场,缺乏回旋余地,经营风险就会增大。当所经营的细分市场上需求发生突然变化,或出现强大的竞争者时,企业的处境将立刻恶化。因此很多企业在对单一细分市场进行集中市场营销取得成功后,或本身的实力足以兼顾较多的细分市场时,迅速采取选择性专业化、产品专业化或市场专业化等方式把经营范围扩展到较多的细分市场上去,以减少经营风险。

(2)选择性专业化

选择性专业化是指企业选取若干个细分市场作为目标市场,其中每个细分市场都具有良好的盈利机会,而且符合企业的目标和资源,但是每个细分市场之间,很少或根本没有联系。这实际上是一种多样化的经营模式,其优点是可以有效地分散经营风险,即使某个细分市场经营失利,企业仍可继续在其他细分市场取得盈利。但是这种策略要求企业拥有较大的资源能力。

(3)产品专业化

产品专业化是指企业集中生产一种产品,并向各类顾客销售这种产品。如空调厂只生产空调机一种产品,而同时向家庭、机关、学校、银行、餐厅、招待所等各类用户销售。产品专业化模式的优点是企业专注于一种产品的生产,有利于形成和发展生产和技术上的优势,在该专业化产品领域树立很高的声誉。但是也有缺点,即当该产品领域被一种全新的技术所替代时,就会发生销售量大幅度下降的危险,如柯达、诺基亚。

(4)市场专业化

市场专业化是指企业专门为满足某一个顾客群体而经营这类顾客所需要的各种产品。例如,某工程机械公司专门向建筑工程公司供应推土机、打桩机、起重机、水泥搅拌机等以及建筑工程中所需要的其他施工机械。

市场专业化策略由于产品类型众多,也能有效地分散经营风险。但由于集中于一类顾客,当这类顾客由于某种原因,其购买力下降时,实行市场专业化策略的企业就会发生收益下降的风险。

(5)市场全面覆盖

市场全面覆盖是指企业生产各类产品去满足各种顾客群体需要的策略。只有大型企业才有能力选用全面覆盖的模式。例如国际商用机器公司在计算机市场上、通用汽车公司在汽车市场上以及可口可乐公司在饮料市场上就采用这种全面覆盖的策略。

3. 目标市场营销策略

目标市场覆盖范围大小不同,所能采取的市场营销策略也不相同。归结起来有三种:无差异市场营销、差异性市场营销和集中性市场营销。前两种营销策略都是以整个市场作为目标市场,属于为整个市场服务的策略;而第三种策略只是集中力量为一个选定的细分市场服务的策略。

(1)无差异市场营销策略

无差异市场营销策略是只使用单一的营销策略来开拓市场。即推出一种产品,采用一种价格,使用相同的分销渠道,应用相同的广告设计和广告宣传。这种策略的特点是企业把整个市场视为一个完全相同的大目标市场,而不考虑消费者需求的差异性。例如,美国可口可乐公司的早期营销采用的就是无差异市场营销策略,公司面向所有的购买者,只生产一种同样瓶装、同一口味的饮料,采用单一广告主题将产品推向全世界。

采用无差异市场营销策略可以利用大规模的生产,减少生产成本、降低储存和运输费用,节约营销研究、管理、广告设计和分销费用。但是,这种策略忽视了顾客需求上的差异性,因此不能满足顾客的多种需求，同时容易引来竞争者，加剧市场的竞争。这种策略仅适用于顾客需求大致相同的产品。

(2)差异性市场营销策略

差异性市场营销策略是把整个大市场细分为不同的市场群，选择其中部分子市场作为目标市场，根据不同的目标市场采取不同的营销策略。其特点是企业对市场不再采取一视同仁的态度，而是针对不同目标市场设计不同的产品，根据不同的产品，制定不同的价格，采用不同的分销渠道和不同的广告宣传，去满足不同顾客的需求。例如，美国可口可乐公司现在已生产出多种瓶装的饮料，使用多种广告主题，实行多种定价策略；美国通用汽车公司试图为“财富、目的和个性”各不相同的人生产不同的轿车。

差异性市场营销策略能较好地满足不同顾客的需求，有利于扩大企业的市场占有率，增加销售量。同时，采用多样化的营销策略，可增强企业市场竞争能力和应变能力。但这样会增加生产成本和经营费用，而且要做到对不同目标市场分别进行市场营销研究分析，制作广告等也使营销成本大大增加。因此，企业是否采用此策略，不仅应视其能否提高产品的销售量，更要考虑企业的长期利润是否大于其费用支出。

(3)集中性市场营销策略

集中性市场营销策略是指企业把整个市场细分为若干个子市场，选择其中一个或少数几个细分市场作为目标市场，集中企业所有的力量，实行专业化生产和销售。其特点是不以追求整个市场为目标，在大市场中得到小份额，而是全力以赴，经营具有特色的产品或“拳头”产品来占领市场，在局部市场上取得明显优势，即在小市场中占有较大的份额。采取这种策略，根据产品的属性和给消费者带来的利益定位对资源有限的中小企业比较有利。企业能在其占领的细分市场内取得强有力的市场地位，获得较高的知名度，可准确把握消费者的不同需求。有针对性地采取集中性市场营销策略，可节约成本，提高企业投资利润率。但是采用这种策略的风险性较大，因为其目标市场狭小，一旦市场发生变化，或者强大的竞争对手进入市场时企业就会陷入困境。为了弱化市场风险，许多企业一般将目标市场分散于好几个细分市场，尽量采取差异性市场营销策略。

4. 影响目标市场营销策略选择的因素

目标市场营销策略的三种类型各有优缺点，因而各有其适用的范围和条件。一个企业究竟采用哪种策略，应根据企业、产品、市场和竞争的具体情况来决定。

(1)企业实力

企业实力主要包括资源条件、生产能力、销售能力及对营销活动的管理能力。如果企业实力强大，则可采取无差异性市场营销策略或者差异性市场营销策略。反之，如果企业实力不强，无力经营多个目标市场，则最好采用集中性市场营销策略，选择一个子市场作为目标市场。这样容易在局部市场上取得优势，获得成功。

(2)产品的同质性

产品的同质性是指消费者对产品特征感觉相似的程度，对于同质性产品，如钢铁、食盐等，其竞争主要表现在价格上，对于这类商品企业应采取无差异市场营销策略。而对于那些可作不同设计的异质性产品，如冰箱、相机等，则采用差异性市场营销策略或集中性市场营销策略。

(3)市场的同质性

市场的同质性是指各细分市场间的相似程度。当市场同质性较高时，即各细分市场的顾客需求、偏好大致相同，对市场营销策略的刺激反应也大致相同，对销售方式的要求无多大差别，则企业可采取无差异市场营销策略。反之，当市场同质性较低时，即消费者对商品的需求、偏好相差甚远时，则企业宜采取差异性或集中性市场营销策略。一般情况下，新产品进入市场的早期，顾客需求同质性较强，可采用无差异市场营销策略；而随着顾客对产品日益熟悉，差异化需求不断强化，企业就应转向差异化市场营销策略。

(4)产品生命周期

企业应随着产品所处的生命周期阶段的变化而变换市场营销策略。当新产品刚投放市场时，往往市场竞争者较少，企业的主要任务是探测市场需求和潜在顾客，扩大市场规模，因此可采用无差异市场营销策略。当产品进入成长期和成熟期，由于产品品种日益增多，竞争也日趋激烈，企业为了战胜对方，应采取差异性市场营销策略。当产品进入衰退期时，为保住原有市场，延长产品生命周期，集中力量对付竞争者，企业应采取集中性市场营销策略。

(5)竞争者市场营销策略

当大多数企业处于激烈竞争的环境中，在选择市场营销策略时，如果不考虑竞争对手的策略，则很难在竞争中获胜。当竞争者都进行积极的市场细分时，采用无差异市场营销策略的企业则难以生存。相反，当竞争者都实行无差异市场营销策略时，推行差异性市场营销策略或集中性市场营销策略的企业较有前途。

(6)竞争者的数目

企业可根据市场竞争者数目多少来选择市场营销策略。当同类产品的竞争者很多时，满足各细分市场顾客群的需要就显得十分重要，因此为了增强竞争能力，可以选择差异性市场营销策略或集中性市场营销策略。当同类竞争者很少时，企业可采取无差异性市场营销策略。

(三)市场定位

市场定位又称营销定位，是市场营销工作者用以在目标市场(此处目标市场指该市场上的客户和潜在客户的心目)中塑造产品、品牌或组织的形象或个性的营销技术。企业根据竞争者现有产品在市场上所处的位置，针对消费者或用户对该产品某种特征或属性的重视程度，强有力地塑造出本企业产品与众不同的、给人印象鲜明的个性或形象，并把这种形象生动地传递给顾客，从而使该产品在市场上确定适当的位置。

简言之，就是在客户心目中树立独特的形象。市场定位包括：产品定位，侧重于产品实体定位，如质量、成本、特征、性能、可靠性、用途、款式等；企业定位，即企业形象塑造，如品牌、员工能力、知识、可信度等；竞争定位，确定企业相对于竞争者的市场位置；消费者定位，确定企业的目标顾客群。面向消费者市场时，品牌定位是市场定位的关键。

市场定位是树立企业形象、品牌形象、产品形象的基础。市场定位是为适应消费者心目中的某一特定地位、兴趣、爱好等而设计企业产品和营销组合的行为。即从各方面为产品培养一定的特色，树立一定的市场形象，在潜在顾客的心目中，确定一个适当的位置。

市场定位是企业营销活动中的一项战略性工作，目的是为了获取竞争的优势，使本企业的产品在目标市场中取得较竞争产品更为优越的地位，适宜的定位往往是企业成功的关键。

市场定位是企业制订营销策略组合的基础，它的确定对产品本身的设计、定价、分销、促销有着决定性影响。营销组合的各个要素都要与定位相匹配，才能创造出完整的定位形象。

1. 市场定位的分类

(1)初次定位、重新定位及心理定位

初次定位是指企业对尚未投放市场的产品，即在投放前确定其市场地位的活动。

重新定位是指企业为已在某市场销售的产品，重新确定某种形象，以改变消费者原有的认识，争取有利的市场地位的活动。重新定位通常是由于受到同类产品强有力的竞争，或消费者需求发生转移，或销售量骤减等原因引起，如某日用化工厂生产婴儿洗发剂，强调该洗发剂不刺激眼睛来吸引有婴儿的家庭，但随着出生率的下降，为了增加销售，该企业将产品重新定位，强调使用该洗发剂能使头发松软有光泽，用以吸引女性。

心理定位是根据消费者的心理需求，突出产品的某些属性以争取有利的市场地位的活动。心理定位应贯穿于产品定位的始终，无论是初次定位还是重新定位，都要考虑消费者的心理需求。

(2)针对式定位与创新式定位

针对式定位是企业选择靠近于现有的竞争者或与其重合的市场位置，争夺同样的目标顾客。一般来说，企业采用这种做法应考虑：能否生产比竞争者质量更优或成本更低的产品；该市场能否容纳两个或两个以上相互竞争的企业；自己是否有比竞争者更多的资源；这种定位与本企业的声誉和能力是否相符。

创新式定位则是企业避开与竞争者直接对抗，将其位置定于某处市场“空隙”，发展目前市场上没有的某种特色的产品，开拓新的市场领域。在企业定位前，必须明确创新定位所需的产品在技术上、经济上是否可行，以及有无足够的顾客偏好这种产品。

2. 市场定位的依据

(1)根据顾客得到的利益定位

产品本身的属性以及由此获得的利益能使消费者体会到它的定位。精美的时装可以突出其“高档”的特点，普通的服装则应宣传经济实惠、大众化的特点。有时，新产品应强调一种竞争对手所不具备的属性，这种定位往往收效明显。

(2)根据产品的特点定位

构成产品内在特色的许多因素都可以作为市场定位所依据的原则。比如所含成分、材料、质量、价格等。“泰宁诺”止痛药的定位是“非阿司匹林的止痛药”，显示药物成分与以往的止痛药有本质的差异。一件仿皮皮衣与一件真正的水貂皮衣的市场定位自然不会一样，同样，不锈钢餐具若与纯银餐具定位相同，也是难以令人置信的。

(3)根据产品使用的用途和场合定位

为老产品找到一种新用途，是为该产品创造新的市场定位的好方法。如尼龙，最早用于降落伞上，后用于袜子、服装、尼龙绳等。

(4)根据产品使用者定位

企业总是试图把其产品推荐给适当的使用者，以便塑造恰当的形象。例如，不同品牌的香水定位各不相同，有的定位于雅致的、富有的、时髦的妇女，有的定位于生活方式活跃的年轻人。

(5)根据竞争的需要定位

产品可定位于与其相似的另一种类型的产品档次，以便与之对比，如有一种冰淇淋，该企业广告称其与奶油的味道一样。

也可通过强调与同档次的产品并不相同进行定位，特别是当这些产品是新产品或独特产品时，如不含阿司匹林的感冒药片、不含铅的汽油等都是新类型的老产品，定位时应突出与其他同档次产品的不同特点。

还可定位于与竞争者直接有关的不同属性或利益，如百事公司把七喜汽水定位为“非可乐”，强调七喜汽水中不含咖啡因，暗示可乐饮料含咖啡因，对消费者健康不利。

事实上，许多企业进行市场定位的依据往往不是一个，而是多个综合使用，因为作为市场定位体现的企业、品牌及其产品形象是全方位的。

3. 市场定位的常用策略

(1)特色。让消费者感觉产品与众不同或(和)无与伦比。

适用于最早进入市场且确有自身特色的产品，可快速见效。但特色如何避免被模仿是关键，特别是在技术飞速进步的背景下。

(2)受益。特色的延伸，如牙膏含氟(特色)——防止蛀牙(受益)，进一步明确了品牌的内涵，并具有足够的灵活性(理性—情感)；缺点在于难以持久。

(3)问题解决方案。消费者需要的是问题的解决，而不是特定的产品。

适用于特定行业，如金融业/信息产业/传媒业等，它以顾客的情感满足为核心。

注意，如何与竞争者区别？如何保证承诺？

(4)竞争。直面竞争对手，强调企业的优势，适用于企业定位，但用于产品定位则较困难。

限制因素：竞争对手的报复；法律限制。

(5)企业信誉或标识。前提是企业有强大的品牌信誉优势。

(6)产品使用场合、时间、实用性等。可以有效区分不同产品与品牌，以细密的市场细分为基础，充分挖掘市场潜力。

限制因素：市场层次丰富是前提。

(7)目标用户。大众消费性且需求存在细微差异的市场适用，它可以使企业与顾客建立密切联系。

前提是企业能进行精确的市场细分与市场调研，并能不断跟踪市场变化。

(8)渴望。是人们对自身生活方式和社会地位的期待。

渴望要素包括：身份、地位与威望(与财富成就相关)，如劳力士；自我完善(非财富因素)，如露华浓(Revlon Cosmetics)的广告："我们经营的不是化妆品，我们经营的是希望"。

(9)信念与归属感。信念是人生的支柱，由此引发的归属感予人以巨大力量，而现代社会的消费者对此更为渴望，它可以使企业获得稳固的市场地位。

注意：长期的易变性；准确地定位目标受众；长期的承诺与应诺。

(10)价值。价格、性价比、情感因素是价值构成的核心要素，此战略成功的关键在于强调顾客价值而不是价格。

(11)情感。单独使用难以打动对价格敏感的顾客。

情感唤起渴望，进而激发欲望是最具说服力的定位要素。

(12)个性。必须定位准确，人们对不喜欢的个性毫无感觉。

(13) 只争第一。第一总是最令人难忘的，但它依赖于持续的创新和大量的投入。

三、任务设计

开发属于店铺的特色产品或服务，形成市场定位陈述。具体要求如下：

(1) 运用市场细分工具对小区居民进行有效细分，并陈述理由。

(2) 根据细分结果，选择恰当的目标市场策略，确定店铺的目标顾客，并陈述理由。

(3) 针对目标顾客特征，结合竞争及自身特点，确立小店的产品及品牌定位，并陈述理由。

(4) 根据定位，形成完整的品牌和产品定位陈述。

1. 定位陈述。是指用于公司内部的，帮助员工全面理解企业形象与战略的文件。

2. 定位陈述的基本内容。总结战略实施情况，作为营销战略与品牌管理的行动指南；广告和代理工作的摘要；要简要说明希望人们怎样看待这个品牌，还要检验战略的实施情况，以便迅速掌握人们对品牌的预期感受是否可信、可靠、可行。

3. 定位陈述的事前准备。

(1)了解产品品牌，所有特点与特色，以及顾客受益；

(2)锁定目标顾客群，明晰而准确地了解人们需要什么，想要什么？

(3)了解所面对的竞争对手的优势及特点；

(4)为什么你的品牌与众不同？你能清楚地描述自己的定位及定位策略吗？

(5)期望的顾客感受：希望在别人眼中看到怎样的自己？

4. 定位陈述模板

某品牌　　在：目标市场

优于：假定的竞争对手

因为：战略竞争优势

结果：关键主张

例：亚洲航空公司，业务特点：亚洲主要的低成本航空公司，首家推介"无纸机票"的航空公司，在未来会推出更多奖励方法以鼓励更多的人乘飞机旅行。

主导品牌的定位陈述：

对：所有顾客的服务

优于：其他国际航空公司

因为：公司采用最新的技术手段，着眼于全球，以真诚热情的传统服务，表现出亚航最独特的民族风情的独特品牌

结果：每个旅客都能放心，公司完全了解他们的个人需求和欲望，表现出真诚自然的关心

经济舱的定位陈述：

在：满足那些希望有一个舒适安全的环境、方便的旅程、能体验浓郁的文化的旅客方面

优于：其他国际航空公司

因为：采用最新的技术手段，以真诚热情的服务表现出最具特色的民族品牌个性

结果：他们在旅途中体验到独特的经历

超值经济舱的定位陈述：

在：满足那些希望有宽敞舒适的旅程、有私人空间和高质量机舱服务，同时还希望在旅途中能体验浓郁文化的旅客方面

优于：其他的国际航空公司

因为：以远远低于传统商务舱的价格享受高水准的服务，以真诚热情的传统服务，表现出亚航最独特的民族风情的品牌个性

结果：旅客的旅途新鲜有趣，没有压力，获得较得的飞行体验

商务舱的定位陈述：

在：满足那些希望最大限度享受旅途生活的旅客方面

优于：其他国际航空公司

因为：提供给顾客较大的个人空间、豪华的设施等世界级的旅行环境，以真诚热情的传统服务，表现亚航独特的民族风情品牌个性

结果：旅客在旅途中感到快乐放松，精力得到恢复，享受高档的服务和特殊礼遇

头等舱的定位陈述：

在：为旅客提供绝对豪华的设施、方便的服务、私人的空间、特殊礼遇的旅途环境方面

优于：其他国际航空公司

因为：提供给旅客独特的一流的特殊的礼遇，以真诚热情的态度、传统的服务让旅客体验在亚航度过无与伦比的旅程

结果：让他们的旅途美妙绝伦，使他们体验最具异域风情和个性魅力的传统特色的服务

四、知识拓展

(一)新产品开发

市场营销学中使用的新产品概念不是从纯技术角度理解的，产品只要在功能或形态上得到改进，与原产品产生差异，并为顾客带来新的利益，且企业首次生产的即可视为新产品。企业新产品开发的实质是推出不同内涵与外延的新产品，大多数情况下，是改进现有产品而非创造全新产品。

1. 新产品分类

(1)全新产品

全新产品从技术上一般是指运用新原理、新技术、新工艺和新材料制造的市场上前所未有的产品；而营销中更强调全新产品要求顾客培养新的消费观和新的消费行为模式，而不强调技术。如轿车早就奔跑在中国的道路上，但“家庭轿车”却是在大约十年前才进入中国消费者的视野。

(2)换代新产品

换代新产品是指改变市场上已经出现的产品结构和性能而形成的产品，它使原有产品的性能得到改良和提高，具有较大的新增价值，但涉及新的消费观和消费行为模式的因素较少。如数字电视从技术角度而言是一次飞跃，但对顾客看电视的行为模式影响却有限，所以只能称为换代新产品。

(3)改良新产品

改良新产品是指对现有产品的质量、特点、外观款式、包装加以全面或局部改良之后生产出来的产品。这类产品与原有产品差别不大，易为市场接受，市场上销售的大部分新产品均属于这种类型。

(4)成本降低产品

成本降低产品是指因成本剧降，引发售价大幅度降低，从而导致产品市场性质发生根本变化的产品。如福特的T型车，在运用流水线大规模生产的条件下，将轿车从“少数人的玩物”变成了大众的私人交通工具。

(5)重新定位产品

重新定位产品是指重新为产品寻找消费群，使之畅销起来，实质是为产品重新选择目标市场。如20世纪40年代麦氏速溶咖啡刚投入市场时，将产品定位于“快捷方便”，购买者寥寥无几。后来经过问卷调查研究，麦氏公司给产品重新定位于美味、芳香和质地醇厚上，同时改变了包装，结果速溶咖啡以一种新产品的形式很快成为最受消费者欢迎的咖啡。

(6)仿制新产品

企业生产市场上已有的新产品。这种新产品减少了技术上的风险，投资较少，适用于独立开发产品有困难的企业，但需警惕法律障碍。

2. 新产品开发过程

新产品开发过程由八个阶段构成：构想、构思筛选、概念的形成和测试、制定市场营销战略、进行营业分析、产品开发、市场试销、正式上市。

(1)构想阶段

构想阶段主要是寻找产品的构思，以满足某种新需求。新产品的构思可来源于顾客、竞争者、营销人员、技术人员、中间商、市场调研部门等。

(2)构思筛选阶段

征求到创意构想之后，还要进行抉择和取舍，筛选工作首先进行创意评估：新产品需求潜量是否充足；新产品与企业现有能力是否适应；新产品的竞争力与盈利能力如何。

在构思筛选阶段，企业要避免两种失误：①"误弃"。即公司没有认识到该构思的发展潜力而将其误弃。造成这种结果的原因，一是思想太保守，二是没有统一的评价标准。②"误用"。即公司将一个没有发展前途的创意付诸开发并投放市场，由此造成的产品失败可分成三类：产品彻底失败，销售量很少，连可变成本都收不回来；产品部分失败，虽不能收回全部投资，但销售额可以保证收回全部可变成本和部分固定成本；产品相对失败，只获得比企业通常投资收益低的利润。不论是"误弃"还是"误用"，都会给企业带来损失，因此，在构思筛选阶段必须切实注意。

(3)产品概念的形成和测试阶段

产品概念是企业从顾客角度对构思的详尽描述，是把构思、想法具体化的过程。在产品概念的形成与测试阶段，企业必须考虑谁将使用新产品，新产品能满足用户什么需要与欲望和在什么场合使用等问题；企业还要从销量、盈利与企业研制产品的关系等方面，确定所需的产品概念。一个构思可以形成多个产品概念。

产品概念形成以后，为检验产品概念是否明确、恰当，企业还需要对产品概念进行测试，一般来说，通过产品测试需要弄清楚以下几个问题：

①产品概念的描述是否清楚易懂？

②顾客能否明显发现该产品的突出优点？

③在同类产品中，顾客是否偏爱本产品？

④顾客购买这种产品的可能性有多大？

⑤顾客是否愿意放弃现有产品而购买这种新产品？

⑥本产品是否能满足目标顾客的真正需要？

⑦在产品的各种性能上，有什么可改进的地方？

⑧购买该产品的频率是多少？

⑨谁将购买这种产品？

⑩目标顾客对该产品的价格作何反应？

通过这些方面的了解，企业可以更好地选择和完善产品概念。

(4)制定市场营销战略阶段

在发展出产品概念以后，需要制定市场营销战略，企业的有关人员要拟订一个将新产品投放市场的初步的市场营销战略报告。它由三个部分组成：①描述目标市场的规模、结构、行为，新产品在目标市场上的定位，前几年的销售额、市场占有率、利润目标等；②新产品的计划价格、分销战略以及第一年的市场营销预算；③计划长期销售额和目标利润以及不同时间的市场营销组合。

(5)进行营业分析

新产品开发过程的第五个阶段是进行营业分析，营业分析是指分析新产品的预计销售量、成本和利润估计情况，以了解其是否符合企业的目标。

①销售额的估计。企业的高层管理人员通过对过去的销售情况及目标市场情况深入细致地考察以后，估计出该产品的销售额有多少。在估计新产品的销售额时，还应该考虑到这种产品是一次性购买的产品，还是偶尔购买的产品，或者是经常购买的产品。

②成本和利润的估计。在对新产品的长期销售额做出预测之后，可推算这期间的生产成本和利润情况。这需由研究与开发部门、生产部门、市场营销部门和财务部门共同讨论分析，估计成本，推算利润，一般可采用损益平衡模型、现金流量模型、简单市场营销组合模型、贝叶斯决策模型、投资收益率分析等方法进行分析。企业的市场营销策略和手段，一方面可以促进新产品的销售，另一方面也会使成本增加。因此，合理地确定市场营销预算，使企业盈利最大化，是十分重要的。

(6)产品开发阶段

若产品概念通过了以上各个阶段，便可以进入开发实体产品阶段。新产品必须具备产品概念描述的各种特点和属性，还要经过严格的技术测试和顾客的测试，取得各方面对新产品的考核意见以后，以预算的生产成本进入正式生产阶段。

(7)市场试销阶段

如果新产品开发试验结果感到满意，就要着手用品牌名称、包装和初步市场营销方案把产品包装起来，把产品推入预先选择的市场进行试销。市场试销的规模取决于两个方面：①投资费用和风险大小；②市场试销的费用预算和时间。

在试销过程中，企业要注意收集有关资料：①在有竞争的情况下，新产品试销情况及销售趋势如何，同时与原定目标相比较，调整决策；②哪一类顾客购买新产品，重购反映如何？③对产品质量、品牌、包装还有哪些不满意；④新产品的试用率和重购率为多少？这两项指标是试销成功与否的判断值，也是新产品正式上市的依据；⑤如果采用几种试销方案，选择比较适合的方案。

(8)正式上市阶段

在正式向市场推出试销成功的新产品。企业要决定何时推出新产品、何地推出新产品、向谁推出新产品、如何推出新产品等几个问题。

①何时推出新产品。企业必须分析何时是新产品推出的最佳时期，如节假日。如果是季节性较强的产品，新产品就应该在消费季节到来之前进入市场；如果公司新产品会影响公司其他产品的销售量，就应延迟推出新产品的时间；如果新产品还可以进一步改进或可能受到了经济衰退的影响，企业可等晚些时候再推出。

②何地推出新产品。企业还需要决定向哪里投放新产品，尤其要决定新产品在哪个地方推出。企业一般进行有计划的市场扩展，特别是中小型企业会选择有吸引力的城市或地区，一次只进入一个，然后再扩展。如顶新集团推出的康师傅方便面，就是把城市作为首选市场，在城市打响之后，再迅速渗透入各地农村，并成为我国目前最具价值的方便面品牌之一。

③向谁推出新产品。新上市的产品，最先的促销对象应是最有希望购买的一个群体，由这些使用者带动其他群体。新产品最理想的潜在顾客，一般具有如下特征：a. 创新使用者；b. 喜欢冒险；c. 可能是大量使用的用户；d. 对新产品颇有好感；e. 是某一方面的“舆论领袖”，有宣传影响力。

④如何推出新产品：新产品开发过程自始至终要有营销活动参与，企业必须制定把新产品

引入扩展市场的实施计划，新产品营销预算也要合理分配到各营销组合因素中，时机不同、地域不同，营销重点也不同。

（二）新产品扩散

所谓新产品扩散，是指新产品上市后，随着时间的推移，不断地被越来越多的消费者所采用的过程；也就是说，是新产品上市后逐渐地扩张到其潜在市场的各个部分的过程。扩散与采用的区别，仅仅在于看问题的角度不同。采用过程是从微观角度考察消费者个人由接受新产品到成为重复购买者的各个心理阶段；而扩散过程则是从宏观角度分析新产品如何由少到多，在目标顾客群体中传播的过程。个体认知论是在假设个体在不受外界影响情况下，认知新事物的规律性。而扩散理论则展示了认知新事物时，消费者如何相互影响的问题。

1. 新产品采用者类型

就消费者市场而言，按照顾客接受新产品的快慢程度，新产品的采用者可以分为五种类型，其分布符合正态分布：

(1)创新采用者。该类采用者约占全部潜在采用者的2.5%。任何新产品都是由少数创新采用者率先使用，因此，他们具备如下特征：极富冒险精神；收入水平、社会地位和受教育程度较高；一般是年轻人，交际广泛且信息灵通。

但创新采用者因其采用的动机往往过于“冒险”，多数时候其对后续大众的采用影响有限，我们所说的市场最小量常常就可以对应这一部分的购买。

(2)早期采用者。早期采用者是第二批采用新产品的群体，占全部潜在采用者的约13.5%。他们大多是在群体中具有一定威信，受到周围朋友的拥护和信任，成为某些领域的舆论领袖。这类采用者多在产品的导入期后期或成长期早期采用新产品，并对早期大众影响极大，对新产品扩散有着决定性影响。

但遗憾的是，由于早期大众与早期采用者具有相似的外部特征，到目前为止，我们缺乏有效方法准确定位产品的早期采用者。

(3)早期大众。这类采用者的采用时间较平均采用时间要早，占全部潜在采用者的约34%。他们往往因为各种原因，在对新产品做出购买决策或由购买决策转向实际购买时，出现犹豫和彷徨，这时早期采用者的采用行为就成了“压垮骆驼的最后一根稻草”。也就是说，早期大众其实事先已对新产品购买决策做了大量基于其独立判断的准备，只差“临门一脚”了。所以，早期大众绝非一般意义上盲目的模仿者或“赶时髦者”。

(4)晚期大众。这类采用者的采用时间较平均采用时间稍晚，占全部潜在采用者约34%。他们往往因年龄、性格、受教育程度和收入状态等因素，限制了其获取新产品信息的来源和质量。所以，他们只能比较被动地接受新产品，直到多数人都采用且反映良好时才行动。

(5)落后采用者。这类采用者是采用新产品的落伍者，占全部潜在采用者的约16%。与前述四类采用者相比较，他们在社会经济地位、个人因素和沟通行为三个方面存在着较大落差，其社会地位和收入水平最低。因此，他们在产品进入成熟期后期乃至进入衰退期时才会采用。

罗杰斯对消费者接受新产品的上述五种类型的划分，是新产品市场扩散理论的重要依据。因为一种新产品的使用，必然在一定程度上引起消费者生活习惯、生活方式的改变，从而造成转移风险；同时新产品质量、性能、使用效果、价格和服务等方面能不能给人们带来比原有产品更多的利益也存在疑问；另一方面，消费者都存在不同程度的疑虑心理，采取购买行为事实上要冒一定的风险，这往往使消费者接受新产品都要经过或快或慢，或简单或复杂的心理过程。

在这个过程中，早期采用者作为“舆论领袖”的口碑作用，对新产品的扩散极为重要。因为经过他们试用后，新产品的相对优点得到显露与证实，其他消费者就会减少或消除疑虑心理，增强对新产品的信任感，促使人数较多的早期采用大众和晚期采用大众。消费者这种从众心理是人们寻求社会认同感和安全感的表现，是产品得以流行的重要条件。

2. 舆论领袖

在卡茨和拉扎斯菲尔德等人所建立的“二级传播论”中，大众传播往往是通过人际关系来影响受众，其内容首先由大众传媒流向舆论领袖，然后再由他们传向他们想要影响和能影响的人们。

其中对舆论领袖所下的定义是：人们所认识和信赖的人，往往跟他们有相同的社会地位，被认为具有某些专长和对某些问题见解深刻。舆论领袖能够向人们提供建议和解释，改变他们的态度和影响他们的行为；与社会正规组织的领导人物不一样，舆论领袖是非正式的领导，给人出谋划策，其影响力常常比大众传媒更大；舆论领袖既是受众中的一部分，同时又能够影响一部分受众，舆论领袖在传播过程中的这种特殊地位，决定其具有十分巨大的影响力。

在新产品扩散中，舆论领袖是指能够非正式地影响别人的态度或者一定程度上改变别人行为的个人。他们主要具有以下作用：告知他人（追随者）有关新产品的信息；提供建议以减轻别人的购买风险；向购买者提供积极的反馈或证实其决策。所以，舆论领袖是一个告知者、说服者和证实者。

不过，舆论领袖只是一个或几个消费领域的领袖，他们仅仅在这一个或几个领域施加自身的影响，离开这些领域，他们就不再是领袖也就没有影响力了。同时，每一个社会阶层都有舆论领袖，大多数情况下，信息是在每一个阶层内水平流动而不是在阶层之间垂直流动。

舆论领袖具有如下特征：

(1)交际广泛，信息获取能力强于大众；

(2)能够容易被接触，并有机会、有能力影响他人；

(3)具有高于其追随者的社会经济地位，但不能高出太多，否则，二者就难以沟通；

(4)更乐于创新，尤其当整个社会倡导革新时。

网络时代的舆论领袖正在发生如下变化：

(1)舆论领袖的社会附加属性被淡化。传统传播模式中舆论领袖的生活阅历、社交性和社会经济地位这二种社会给予的附加属性作为两项必备的指标。但网络的匿名性使舆论领袖失效，同时让产生舆论领袖的范围扩大了，但这并不意味着成为舆论领袖的“门槛”的降低。

(2)舆论领袖及其追随者之间具有更大的异质性。主要表现在舆论领袖的影响范围扩大了。网络具有开放性，使得参与其中的人不会受地域、社会方式、地位背景等因素的限制，具有了很大的差异性，这决定了他们及他们所传播的信息的异质性。这从根本上导致了网络舆论领袖影响力范围的扩大，“蝶化效应”一触即发。

(3)网络舆论领袖地位确立的快捷性和不稳定性。网络信息传播的快捷性使得网络舆论领袖的言论、观点有可能在较快的时间内传递开来、形成规模，使网络舆论领袖地位的确立有了“捷径”可走。但这样的方式形成的舆论领袖如果不能在长时间里持续传递有价值的信息和观点，很容易成为“昙花一现”；同时，由于网络上信息和人才的丰富性，加之“快餐”式的信息消费模式，舆论领袖追随者们的注意力很容易被转移而使舆论领袖的地位受到威胁。这都让网络舆论领袖具有了很强的不稳定性。

(4)舆论领袖“信息传递者”的角色被弱化。在互联网时代，通过搜索引擎等技术受众可以轻而易举地直接获得任何所需要的信息,网络舆论领袖传递信息的作用被大大地削弱。他们的影响力更多地表现在信息分析、观点引导和态度示范的作用上。

(5)舆论领袖观点传播的低噪性。在网络中,网络舆论领袖的观点是通过文字、图像等文本形式来进行传播的,很大程度上保证了网络舆论领袖的观点在传播过程中的不失真,因此很容易在这种双向的沟通中获得消解,从而使这网络舆论领袖观点传播的噪音降至最低。

(6)舆论领袖的观点更具客观性。网络信息传播方式的扁平化,让舆论领袖与更多的其他群体成员处在了同一个大的语言环境中,促成了他们之间更密切的交流和互动,这些群体成员通过互动和交流又成为了舆论领袖社会化的参照。即网络的平权性和及时性使得网络受众并不仅仅甘于对舆论领袖"俯首称臣",他们更喜欢的是"对话式"和"讨论式"地在交流与分享过程中接受舆论领袖的观点。这便给网络舆论领袖提供了充足的反馈信息用来进行自我的调整,使他们的观点能够综合各方的声音,从而更具客观性。

(三)产品生命周期

产品生命周期(product life Cycle,plC)是指产品的市场寿命。一种产品进入市场后,它的销售量和利润都会随时间推移而改变,呈现一个由少到多、由多到少的过程,就如同人的生命一样,由诞生、成长到成熟,最终走向衰亡,这就是产品的生命周期现象。所谓产品生命周期,是指产品从进入市场开始,直到最终退出市场为止所经历的市场生命循环过程。产品只有经过研究开发、试销,然后进入市场,它的市场生命周期才算开始。产品退出市场,则标志着生命周期的结束。

市场营销学定义的典型产品生命周期为导入、成长、成熟、衰退四个阶段,如图 3—1 所示。

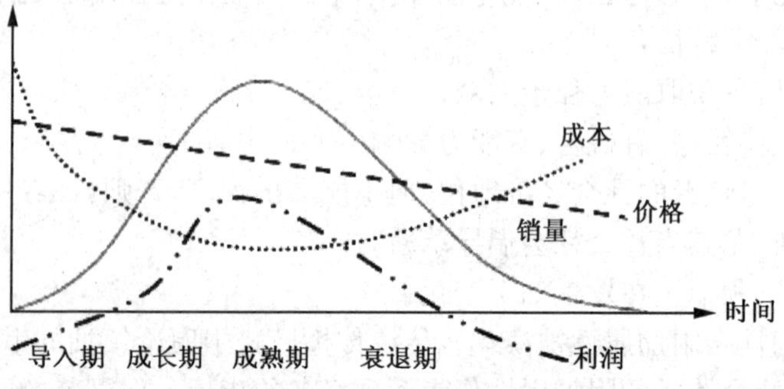

图 3—1 产品生命周期示意

产品生命周期管理(product lifecycle management,PLM)是一种应用在单一地点的企业内部、分散在多个地点的企业内部,以及在产品研发领域具有协作关系的企业之间的,支持产品信息创建、管理、分发和应用的一系列应用解决方案。按照管理内容划分,在产品定义阶段,主要管理企业的智力资产;在产品生产阶段,主要管理企业的物理资产;在产品支持阶段,主要管理与运作支持相关的资源。按照时间划分,在产品的生命周期前期,主要管理产品概念的产生、物理设计、制造;在产品生命周期中期,主要管理产品的分发、使用、维修、服务;在生命周末期,主要管理产品的再利用或者报废。随着 PLM 软件的兴起,产品生命周期开始包含需求收集、概念确定、产品设计、产品上市和产品市场生命周期管理。就像人的生命周期把父母前期的准备和孕育的过程、分娩的过程也定义到人的生命周期。

近现代很多优秀的企业觉得上述两种生命周期并不能完全地概括产品生命周期。在基于产品管理概念的基础上把产品生命周期概括为产品战略、产品市场、产品需求、产品规划、产品开发、产品上市、产品市场生命周期管理 7 个部分。

研究产品生命周期时必须注意的问题包括：

①产品生命周期是由顾客需求和技术更新所决定的，随着消费个性化的发展和技术更新周期的缩短，产品生命周期总体呈缩短的趋势。

②不仅产品种类有生命周期，产品形式、品牌也有生命周期。

产品种类的生命周期要比产品形式、产品品牌长，有些产品种类生命周期中的成熟期可能无限延续。产品形式一般表现出上述比较典型的生命周期过程，即从导入期开始，经过成长期、成熟期，最后走向衰落期。

至于产品品牌的生命周期，一般是不规则的，它受到市场环境及企业市场营销决策、品牌知名度等多因素的影响，随着营销环境的变迁，品牌更新仍是企业必须面对的任务。

③产品生命周期有多种形态，并不是每一种产品的生命周期曲线都呈正态分布。

例如，如风格型产品生命周期往往呈现为再循环形态；时尚型产品生命周期往往呈现非连续循环形态；而技术更新频繁或产品新用途不断开发的产品往往呈现出扇贝型的多循环状态（见图 3—2）。

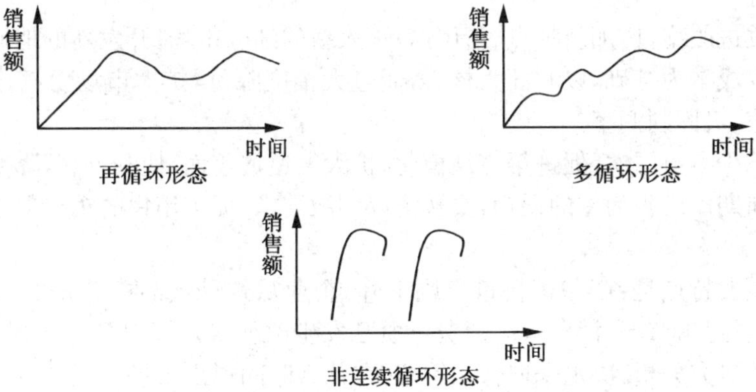

图 3—2　不规则产品生命周期示意

④在不同的市场上，同一产品可能处于生命周期的不同阶段。

例如，家庭轿车，中国城市市场尚处于成长期，发达国家早已进入成熟期，而中国农村市场则处于导入期。

（1）导入期

特征是销售增长缓慢；产品技术、性能不完善；价格偏高；分销渠道未建立、健全；促销费用高；竞争未出现；利润少，甚至亏损。整体而言产品在市场中生死未卜，顾客是否接受还是未知数。

根据这一阶段的特点，企业应努力做到：投入市场的产品要有针对性；进入市场的时机要合适；设法把销售力度直接投向最有可能的购买者，使市场尽快接受该产品，以缩短导入期，更快地进入成长期。

具体策略有：

①产品。完善生产工艺与流程，降低成本，稳定产品质量。

②价格。快速掠取策略；缓慢掠取策略；快速渗透策略；缓慢渗透策略。

③渠道。迅速建立与完善销售渠道。

④促销。着重解决引起注意的问题。

(2)成长期

顾客已接受新产品,市场迅速扩展,销售增长率与利润率快速增加;产品趋于成熟;竞争者大量涌现。在成长期,企业应致力于在迅速扩展的市场中最大限度地提高市场占有率。

具体策略有:

①产品。迅速扩大生产规模,创造规模优势;增加花色品种,满足个性化需求。

②价格。适时适当的降价,以提高市场进入门槛,遏阻潜在竞争者。

③渠道。巩固现有渠道,开辟新渠道。

④促销。把重心从引起注意转移到树立产品形象。

(3)成熟期

销售增长率下降;部分顾客转而寻求其他产品或替代品;行业生产能力过剩,竞争达到白热化;利润率下降,利润总额增长达到最大。在成熟期,企业首先要致力于维持市场占有率,获取最大限度的利润;其次要寻求新市场,以延长产品生命周期,并致力于使产品进入新的生命周期。

具体策略有:

①产品。改进改型,增加新特点、新用途;进入新的细分市场;开发新的地域市场。

②价格。以成本为基础,以利润为核心,通过大幅度降价,扩大市场份额;通过再细分,提升产品附加价值,巩固利润率。

③渠道。减少渠道层次,促进渠道规模化,扩大渠道覆盖面,便利顾客,降低流通费用。

④促销。前期以广告为主的促销,要转为以刺激需求、促进销售的销售促进为主。

(4)衰退期

衰退期的主要特点是:产品销售量急剧下降;企业从这种产品中获得的利润很低甚至为零;大量的竞争者退出市场;消费者的消费习惯已发生改变等。面对处于衰退期的产品,企业需要进行认真的研究分析,决定采取什么策略,在什么时间退出市场。通常有以下几种策略可供选择:

①继续策略。继续沿用过去的策略,仍按照原来的细分市场,使用相同的分销渠道、定价及促销方式,直到这种产品完全退出市场为止。

②集中策略。把企业能力和资源集中在最有利的细分市场和分销渠道上,从中获取利润。这样有利于缩短产品退出市场的时间,同时又能为企业创造更多的利润。

③收缩策略。抛弃无希望的顾客群体,大幅度降低促销水平,尽量减少促销费用,以增加利润。这样可能导致产品在市场上的衰退加速,但也能从忠实于这种产品的顾客中得到利润。

④放弃策略。对于衰退比较迅速的产品,应该当机立断,放弃经营。可以采取完全放弃的形式,如把产品完全转移出去或立即停止生产;也可采取逐步放弃的方式,使其所占用的资源逐步转向其他的产品。

五、案例分析

农夫山泉的营销策略

农夫山泉的市场定位

农夫山泉股份有限公司原名浙江千岛湖养生堂饮用水有限公司,成立于1996年9月26

日,2001 年 6 月 27 日改制成为股份有限公司。1997～2002 年,农夫山泉相继在国家一级水资源保护区千岛湖、吉林长白山矿泉水保护区建成三座现代化的饮用水生产基地,投资总额逾十亿元人民币,成为国内规模最大的专业饮用水公司。农夫山泉品牌在短短几年时间内已成为国内最著名的饮用水品牌;农夫山泉的销售业绩每年都有增长,2001 年的增长幅度更高达 160%。

1997 年 4 月,第一个工厂开机生产,推出"农夫山泉有点甜""我给孩子喝的水!"广告语。1997 年底,"农夫山泉"饮用天然水 550ml 运动装上市。1998 年,公司赞助世界杯足球赛中央五套演播室,搭上了世界杯的"快车"而迅速成为饮用水行业的一匹黑马,广告语"喝农夫山泉,看 98'世界杯" 深入人心。

2000 年 4 月 22 日,公司宣布全部生产天然水,停止生产纯净水。同年,公司被授予"中国奥委会合作伙伴" 荣誉称号和"北京 2008 年奥运会申办委员会热心赞助商"荣誉称号。"农夫山泉"饮用天然水被中国奥委会选定为"2000 年奥运会中国体育代表团比赛训练专用水"。中国跨世纪十大策划经典个案评选揭晓,"农夫山泉有点甜"名列其中。2002 年全球最大市场研究机构——AC 尼尔森:中国消费品市场中最受欢迎的六大品牌,"农夫山泉"是唯一民族品牌。

2003 年春季,公司推出"农夫果园"混合果汁饮料,在上市之初即被业界称为"摇出了果汁行业的新天地"。"农夫果园"的上市,标志着公司从单一的饮用水公司跨入综合饮料开发深加工企业的行列。2003 年 9 月,"农夫山泉"瓶装饮用天然水被国家质检总局评为"中国名牌产品"。2003 年 10 月,公司赞助 1 000 万元支持中国航天事业,成为中国载人航天工程赞助商,农夫山泉饮用天然水成为中国航天员专用饮用水。2004 年初,公司取得国家质检总局颁发的全国工业产品生产许可证,成为饮料行业首批取得食品质量安全市场准入认证的企业之一。2006 年 10 月 17 日,国家工商总局商标局认定"农夫山泉"为中国驰名商标。2007 年 4 月,中国商业联合会、中华全国商业信息中心授予农夫山泉股份有限公司荣誉证书,根据全国大型零售企业商品销售调查统计显示:"农夫山泉"牌瓶装饮用水连续五年(2002～2006 年)荣列同类产品市场销量第一位。2007 年 9 月,农夫果园荣获"中国名牌"产品称号。

2008 年公司新品"水溶 C100"柠檬汁饮料"一炮打响",震撼市场。2008 年 5 月 12 日,四川汶川大地震发生后,公司连同母公司养生堂有限公司第一时间加入抗震救灾行列,被授予"慈善突出贡献奖"。2009 年,继"水溶 C100"柠檬汁饮料畅销之后,公司推出"水溶 C100"西柚汁饮料。经过中国民营企业联合会、中国统计协会、中国管理科学研究院的综合评定,公司入选 2009 年度"中国民营 500 强"企业。

有点"甜"的健康天然水

"农夫山泉有点甜"的广告深入人心,体现了农夫山泉天然水、健康水的独特品质,正是凭借这种差异化保证了农夫山泉在占领市场份额的同时获取了最大化的利润空间。以差异化策略作为指导,作为一个行业的市场追随者和挑战者,农夫山泉的市场扩展策略清晰地展示了从一个初创品牌艰难求存到转向正面攻击全过程;而引入"天然水"概念、主动挑起"两水之争"则是农夫山泉品牌设计中概念独享策略的最好体现,它也依靠这种方法赢取了时间竞争优势。

"有点甜"的广告语显现了农夫山泉是"天然水"这个核心概念,而且口感是水质最有力、最直接的感官证明;诉诸口感,这在国内还是第一家。农夫山泉突出了"天然水"有点甜的这一特性,水和广告的品位都随这一广告语而凸显出来,通过"有点甜"的潜在形象也提升了农夫山泉在顾客心目中的品牌形象,取得了极大的成功,"有点甜"被大家所熟知,几乎成了农夫山泉的代名词。

策划新闻事件

2000年4月底,农夫山泉抛出重型炸弹,指出长期饮用纯净水无益于身体健康。基于对消费者的考虑,农夫山泉将全面退出纯净水的生产,全力投入天然水的生产和销售。接着,农夫山泉中国青少年科技辅导员协会发起"争当小小科学家活动",让小学生在不同水质内养金鱼,矛头直指纯净水。同年8月,农夫山泉全面降价,9月份拉开赞助北京申办奥运会的序幕,一气呵成,对纯净水市场展开了猛烈攻击。各地纯净水厂家纷纷联合对抗农夫山泉,并向法院提出起诉,欲与"农夫山泉"对簿公堂,并由此引发一场旷日持久有关纯净水和天然水的口水战。事后据统计,报纸新闻上有关这场世纪水战的报道不下千篇,农夫山泉可谓得到了花千金也买不来的品牌宣传效果。

2005年,养生堂的农夫山泉已步入市场成熟期。为了巩固原有的消费群体,重申产品的优良品质,农夫山泉周密策划,利用"神舟"五号进行事件营销。作为赞助商,农夫山泉捐赠1 000万元给基金会,以作为对中国航天事业的支持。作为回报,农夫山泉也获得了在今后六年内可以使用"中国航天员指定专用饮用水"称号的权利。2005年,农夫山泉投下了近千万元的广告费用来配合这次营销。在杨利伟安全、准确返回地面的那一刻,农夫山泉在电视、报纸和网络上适时推出了"这一刻有点甜,农夫山泉祝贺中国首艘载人航天飞船'神舟'五号成功返航"的广告,与全球华人共享这一"甜蜜"时刻。这一事件营销无论是从品牌的诉求点与事件的契合度上看,还是从表现形式和发布时机上看,都被营销界称为典范。

公益活动营销

2001年,农夫山泉股份有限公司与北京奥申委联合主办了"一分钱一个心愿,一分钱一份力量"活动。从2001年1月1日至7月31日,每销售一瓶农夫山泉就提取一分钱代表消费者支持北京申奥事业,并请孔令辉、刘璇担任申奥的形象大使。

2002年3月28日,农夫山泉在北京召开新闻发布会,启动"阳光工程",继续推出"买一瓶水,捐一分钱"活动,以支持贫困地区的体育教育事业。在2002年4月1日到12月31日期间,每销售一瓶农夫山泉饮用天然水,公司就代表消费者捐出一分钱用于"阳光工程",然后汇集所有的钱统一购置体育器材,捐赠给贫困地区的中小学。

2004年雅典奥运会期间,农夫山泉推出了"大脚"篇公益广告,延续"一分钱"的公益概念。

2006年,农夫山泉开展了"饮水思源"公益活动,资助水源地的贫困孩子上学。伴随着捐助活动,农夫山泉公司开展了一系列活动,包括"一分钱爱心大使"的爱心之旅,带领城市里的孩子与山区孩子近距离接触,体现了一种平等的关爱和互助,等等。到目前为止,农夫山泉公司已经举行了四届"一分钱"公益活动。它的公益精神"再小的力量都是一种支持"早已深入人心。农夫山泉公司也因此给外界留下了深深的公益烙印,使企业形象得到很大提升。

专题活动营销

2012年农夫山泉等举办"饮水思源,健康相伴"关爱健康水源寻源万绿湖环保公益活动,广东省饮用水行业的水专家和相关学者开展一个饮用水的高峰论坛,围绕"健康饮水"及对"水源地保护"等话题与市民消费者共同探讨。由专家学者与公开招募到的消费者共同组成寻源团,被称为"宣传督察员"的他们亲身前往农夫山泉华南水源地河源万绿湖进行考察,探寻天然健康水源。通过活动,让消费者认可天然水、健康水的概念,扩大企业影响与品牌忠诚。

综观农夫山泉的发展,可以大致可分为以下4个阶段:

1. 1996～2000年，品牌的创立期。以“农夫山泉有点甜”这句经典广告语为代表，品牌破围而出，成为饮用水市场的一支重要力量。

2. 2000～2008年，品牌发展和成熟期。以“纯净水”事件为标志，品牌奠定在饮用水市场上的王者地位。同时，“农夫果园”、“C100”及“尖叫”等的推出，使品牌得以有效扩展。

3. 2008年以后，品牌发展略显停滞，唯一亮点是首次将茶饮料市场细分延伸到中年人的“中国茶”系列大胆尝试。

请分别针对以上三个阶段，通过总结农夫山泉的市场营销策略的成功与失败之处，针对农夫山泉各阶段进行相应的市场环境分析，结合STP策略，归纳总结农夫山泉品牌的定位，及其品牌外延、内涵随时间和环境变化的具体内容，并分析其合理性。

六、知识链接

（一）品牌战略

首先，我们需要了解一下关于产品品牌化的术语：

品牌：是一种名称、术语、标记、符号、色彩或图案，或是它们的组合，其目的是帮助顾客辨认某个销售者或销售者群体的产品或劳务，并使该产品或劳务同竞争对手的产品或劳务区别开来。

品牌名称：是品牌中以文字标识出来的那一部分。如雅芳、雪佛莱、迪士尼乐园。

品牌标记：是品牌中非文字但可以识别出来的那一部分。如符号、图案、独具一格的色彩或字母。如花花公子的兔小姐、米高梅的狮子。

商标：是一个品牌，或品牌的一部分，这部分已获得专利权，并受到法律保护。商标保护着销售者使用品牌名称和（或）品牌标记的专有权。商标与品牌既有密切联系又有所区别，严格地说，商标是一个法律名词，品牌则是商业称谓。

版权：是复制、出版和出售文学、音乐或艺术作品的受到法律保护的专有权利。

产品品牌化使营销人员面临一个具有挑战性的决策。

1. 品牌决策

在为个别产品制定营销战略时，销售者必须面对品牌问题。产品品牌化可以给产品增加价值，因此它是产品战略的一个根本性问题。

(1)品牌化决策

首要的决策是，企业是否应该给产品使用品牌。当今很少有不使用品牌的产品：食盐被包装在显著地标有制造商标识的包装物里；橙子上贴有橙子种植地名的标签；一般的螺母和螺丝被包装在有经销商标签的玻璃纸内；汽车部件（火花塞、车胎和过滤器）分别标有汽车制造商的品牌名称。

但是，一些产品可能不需要使用品牌。一般来说以下情况可以使用无品牌策略：

①顾客高度熟悉，且本身不易变化、创新的产品；如常用药品、水果、蔬菜等。

②同质性极强的产品，如原料、动力、水、电等。

③短期、临时性的产品，如中秋节期间一些酒楼生产和销售的月饼等。

④简单的生产资料类产品，如小工具等。

例如：一家以芝加哥为基地的大型超级市场的连锁商店——珍宝食品店，推出了一条由40个产品项目组成的无品牌产品线。无品牌产品是无品牌、简易包装、价格较低廉的普通商品。这些产品由超级市场销售，如面条、毛巾，以及水果。它们提供的产品达到标准质量或较低质量，售价却低于全国范围内做广告的有品牌的30%，低于私人品牌产品的15%。这些产品之所以售价低，是因为产品的构成成分质量较低，标签和包装的费用支出较低，广告费用也达到了最低限度。不过，这些产品还是令人满意的，因此购买这些产品的消费者中，有70%以上的人计划再次购买。食品、家庭用品和药品等行业所出现的无品牌产品严重威胁着那些售价较高的有品牌商品，而且使品牌化本身经受着严峻的考验。

实际上，既然建立品牌要付出成本(包括包装费用、标签费用和法律保护费等)，而且还要承担该品牌被证明没有受到用户欢迎的风险，那么为什么销售者还要使用品牌呢？原因是销售者可以从中受益：

①品牌名称的树立使销售者可以较容易处理订货单并发现其中的问题。

②销售者的品牌名称和商标对产品独特之处提供法律保护，否则产品会遭到竞争对手的仿制。

③品牌化为销售者提供了一个良好的契机，去博得顾客对品牌的忠诚，并从中牟取利润。品牌忠诚在竞争中对销售商起到保护作用，并使销售商有较大的控制能力来规划市场营销组合。

④品牌化有助于销售者细分市场。宝洁公司为消费者提供八种品牌的清洁剂，取代那种单一品牌的清洁剂。各种清洁剂的配方略有不同，配方的不同成为将清洁剂分别推向各种特定用途的细分市场的依据。

⑤良好的品牌有助于公司形象的树立。在品牌上印有公司名称，可以对公司的质量和规模起到宣传作用。

实践表明，分销商愿意把品牌作为一种手段，用来方便产品营销，区分供应商。把握一定的产品质量水平，以及增强购买者对产品的偏爱程度。消费者有品牌名称的需求，目的是使他们借以识别质量差异，更有效地选择产品。

在决定对产品使用品牌标记时，制造商可采取多种选择。产品既能用制造商的品牌推向市场；也可以一个经过特许的专用品牌推向市场；也可以由制造商将产品卖给中间商，然后中间商再标上私人品牌(又称中间商品牌、分销商品牌或经销商品牌)；还可以由制造商在某些产品上标上自己的名称，而将另一些产品标上私人品牌出售。

在中国市场上，制造商的品牌占据着主导地位。但在近期，大型零售商和批发商已经开发出自己的品牌，并且越来越多的连锁商业机构、百货商店、服务场所、服装店、日用杂货商店和器械经销商都在采用自己的标签来出售商品。

为什么中间商要煞费苦心地创造自己的品牌呢？使用自己的品牌，不仅意味着他们必须找到合格的供应商来提供质量稳定的产品、必须订购大量商品，并将资金用于这些货物的储存；而且他们还必须出资对自己的专用标记做宣传，冒很大的市场风险；最后如果他们的私人标记没有取得良好效果，将导致顾客对该公司的其他产品均持否定态度。

尽管存在这些潜在的不利因素，中间商还是极力发展私人品牌。因为私人品牌将使他们有利可图，使其对市场的控制力更强，也使其在与生产商的谈判中可以获得更有利的地位。他们总是把目标盯在生产能力过剩的制造商身上，因为这些制造商能以较低的成本生产出使用私人标记的产品，这就意味着私人品牌的采用者能够以较低的价格出售，并获得较高的利润水平。私人品牌采用者有可能以强有力的商店品牌为手段来招揽顾客。我们把制造商品牌与中间商品牌之间展开的竞争称为“品牌战”。在这种对抗中，中间商在许多方面处于有利地位：

①零售店的货架空间是有限的，许多制造商没有能力依靠自己的品牌将产品成功地推向

市场，尤其是那些新开业的和小型的产品制造商。而这正是中间商的优势所在。

②中间商特别注意保持其品牌的质量水平，因而赢得了顾客对其品牌的信任感。许多选购者知道，使用私人品牌的产品通常都是由较大的制造商生产的。同时，大型的零售商在当地有其传统的良好信誉。

③使用中间商品牌的产品通常定价低于同类使用制造商品牌的产品，因而对精打细算的选购者具有较强的吸引力。

④由于中间商控制了货架资源，实际上也就是控制了产品的分销渠道。因此，中间商总是把用自己的品牌来标记的产品陈列在较突出的地方，并且保证该种产品有充足的备货，结果，原先处于竞争中主导地位的制造商品牌地位下降。

(2)家族品牌决策

给自己产品标注品牌的制造商面临着进一步的选择。品牌名称战略至少可以归纳为以下四种：

①个别品牌，即不同产品线或产品项目分别采用不同品牌；

②对全体产品采用一揽子的统一家族品牌；

③对全体产品采用不同类别的家族品牌，即根据产品线不同区别使用不同品牌；

④公司商号名称与个别品牌相结合。

同一行业内的竞争者所采用的品牌名称战略通常有所不同。在洗涤品行业内，宝洁公司喜欢用个别品牌名称。宝洁公司在新产品推入市场的开头六星期内，采用公司名称对新产品开展电视促销活动，以后就对产品所属公司不再加以强调了。该公司希望每种产品都有自己的品牌名称。长虹公司却是另一种情况，它的做法是大量使用“长虹”这一名称来协助各项产品树立地位。

采用个别品牌战略究竟有哪些好处呢？一个最主要的益处是，它没有将公司的声誉维系在某一产品品牌的成败之上。假如，某一品牌的产品遭到失败或者出现质量较低的情况，将不会损害制造商的名声。例如，生产高档手表或者优质食品的制造商，可以不用其优质产品的品牌名称，而用其他品牌引进质量较低的产品线。个别品牌名称战略可以使公司为每一种新产品寻找最佳的名称。每一个新的品牌名称都可以树立起消费者新的刺激和信念。

对所有的产品使用共同的统一家族品牌名称也有许多好处。因为不需要进行“牌名”的调查研究，也不需要花费大量广告费用求得公众对品牌的认知和偏好，所以推出新产品所用的费用比较少。再者，如果制造商的声誉比较好，产品的销路也会因此而非常好。例如，“康贝尔”公司推出新的汤料时，就采用“康贝尔”这一品牌名称，使人一看便知是该公司产品。再如欧洲的飞利浦公司，对它的所有产品都采用“飞利浦”一名，但是由于“飞利浦”产品在质量上存在极大差别，所以大部分人仅仅希望购买具有平均质量的“飞利浦”，飞利浦公司的做法损害了它的优质产品的销路。这个例子一方面说明，采用个别品牌名称也许会取得更好的效果，另一方面，公司最好避免在其较薄弱的产品上标有本公司的统一品牌名称。更关键的是，品牌一旦被顾客认可，就会在顾客心中形成一个固有概念(即“品牌是属于顾客的”)，这时新产品形象能不能契合统一品牌的固有形象就可能成为问题。如“999”集团曾经用“999”这一品牌命名其旗下的速冻食品，显然让顾客难以接受。

如果某公司生产多种截然不同的产品，那么该公司就不适于采用一揽子的家族品牌名称了。史威夫特公司对产品使用了不同类别的家族品牌名称，如“普利姆”火腿、“肥高洛”肥料；米德·约翰逊公司开发了一个能增加体重的食品新品种，并为之创造了一个新的家族品牌名称——“营养素”，以避免与减肥产品的家族品牌名称“麦瑞克”混淆起来。公司通常对同类产品中质量、档次、价格不同的产品使用不同的家族品牌名称。例如：A&P 公司所销售的一级品、二级品、三级品的品牌名分别为安负、苏塔娜、洛娜。

在品牌决策中，有些制造商试图将其公司名称与每种产品的个别品牌名称互相联系。公司名称可使新产品正统化，而个别品牌名称又可使新产品个性化。例如，老人牌麦片公司用“老人牌麦片开好吃”牌名，开拓了该公司在谷类早餐领域内的声誉，而“开好吃”牌名使其新产品专门化并引起消费者的关注。

品牌名称应是产品概念的整体强化部分，而绝不是随意的想象。对品牌命名的要求包括：

①它应使人联想到产品给人们带来的利益；

②它应该能够使人们联想到产品的作用和颜色等特性；

③它应该易读、易识、易记，简明的品牌名称有很好的效果；

④它应有自己显著的特征；

⑤它应有较强的文化适应性。

尽管绝大多数的制造商耗费了大量的时间和金钱来创建他们自己的品牌，但是一些企业通过申请许可的方式，采用其他制造商已经创立的品牌名称和符号；或者交付一笔费用，将一些流行电影和书本中的著名人物或角色的名字作为自己的商品品牌。例如，在服装领域，服装销售商在其广泛的产品组合上，都打上了一些著名时装设计师的名字或大写首字母，比尔·布拉斯、卡尔文·克莱恩、皮尔·卡丹、古和哈尔斯顿等。这些服装销售商为此付出了一大笔特许使用费。儿童产品销售商则在他们的玩具、学习用品、洋娃娃、午餐盒和其他产品上印上了各种人物标识，其中包括传统的迪士尼、花生米、芭比、忍者神龟中的角色，也有最新的如加菲猫、蝙蝠侠等人物，这就是所谓特许经营。

特许经营已发展成为一大宗业务，经特许的产品年销售量在全世界为 1 020 亿美元。华纳兄弟公司在兜售自己已有品牌和角色时，非常精明，该公司不仅将其一流角色如疯小兔、唐老鸭、大嗓门等角色转变成了世界上最受人喜爱的卡通品牌，而且将第二流的角色如塔斯马尼亚魔鬼也变成了一个非常流行的卡通形象。

共同品牌在最近又重获生机。所谓共同品牌，是指两个已经创立的不同企业品牌名称用在同一产品之上。一般而言，共同品牌的建立，都是由一个企业将获得特许的一家企业的著名品牌与自家品牌合并，共同使用。共同品牌的建立往往给品牌双方都带来好处，如可使联合后的品牌具有更强的消费吸引力和更高的品牌价值，还可使一方企业把已有的品牌扩展到其单独难以进入的领域中去。

(3)品牌扩展决策

品牌扩展战略，是指充分利用已获得成功的品牌名称把改进型产品或者新产品推入市场。

以改进型产品为例，清洁剂产品行业首先推出 X 品牌产品，紧接着推出新的经过改进的 X 品牌产品，进一步又推出具有附加利益的 X 品牌新产品。品牌扩展也包括新包装规格、新口味和新款式的投入。利用业已成功的名牌推出新的产品，博得了许多人的浓厚兴趣。另一种品牌扩展策略，是耐用品制造商为了达到宣传其品牌以低价为起点的目标，在其产品线的低端增加“降低档次”的产品型号。例如，通用汽车公司宣传其新产品——“雪佛莱”汽车，广告中宣传的售价为6 000美元。这些“挑战者”或“促销”模型往往用以吸引看重价格的顾客，这些顾客一旦发现更好的模型，常常会改变决定而买下较好的那种，因此要谨慎采用这种战略。尽管用来“促销”的品牌是“降低档次”的，但还应该符合品牌的质量形象。销售人员在以促销模型作广告时，必须保证备有存货，不应该给顾客一种“受了骗，然后又被甩掉了”的感觉。

品牌扩展决策使制造商用于新品牌促销所需支付费用大大节省，并且促使人们迅速接受新产品品牌。但同时，如果新产品没能博得顾客的好感，就有可能造成顾客对同一品牌名称的其他产品所持的态度大大受损。

(4)多品牌决策

采用多品牌战略的销售者，总是对同类产品使用两个或更多的品牌。率先开拓这一营销实践的是宝洁公司。该公司推出“快乐”牌清洁剂，作为本公司已在销售中取得成功的“汰渍”牌清洁剂的竞争产品。尽管“汰渍”牌清洁剂的销售量因此略有下降，但“快乐”牌与“汰渍”牌的总销售量却有所增加。宝洁公司目前共生产八种品牌的清洁剂。

制造商出于多种原因采取多品牌战略：

①制造商可以取得更多的货架空间，并因此增加零售商对其品牌的依赖。

②几乎没有顾客会对某一品牌绝对忠诚，以至于不对其他品牌感兴趣。因此，捕捉“品牌转换者”的唯一办法是提供几种品牌。

③新品牌的产生能给制造商的组织机构中投入竞争和效率。宝洁公司和通用汽车公司的品牌经理之间就是在竞争中共同进步。

④多品牌战略定位于顾客不同的利益和要求，可以使每一品牌吸引不同的追随者。

在决定是否推出新品牌时，制造商将考虑如下几个问题：

①能否为新品牌制造出一个独特的典故？

②这一典故是否会引起顾客的认同？

③新品牌分别吞并多少本产品制造商的其他品牌，以及竞争对手的品牌？

④新品牌的销售额能否补偿产品开发和产品促销所支付的费用？

在使用多品牌策略时，很容易落入陷阱，即每一品牌仅能获得很小的市场份额，但其中没有一个品牌会获得更多的利润。这样做的公司会将其资源消耗于若干品牌上，而不如只搞少数几种高利润的产品品牌。因此，这些公司应当剔除掉比较薄弱的品牌，并建立严密的筛选程序来选择新品牌。如果公司的品牌能吞掉竞争对手的品牌，而不是在公司内部自相残杀，这将是最理想的。

(5)新品牌决策

当企业进入一个新的产品种类时，可能发现原有品牌名并不适合于它，这时企业就可建立一个新的品牌名称。例如，西尔斯公司为不同产品种类建立了独立的家族名称，如为电器设立了“肯莫尔”牌，为工具设立“工匠”牌，为家具设施设立了“霍马特”牌。

当企业发现其旧品牌的影响力在逐渐丧失时，也可考虑建立新品牌。建立新品牌的另一条捷径也许是通过收购其他公司来获得有实力的品牌，例如，S. C. 庄臣父子公司通过收购德莱克公司而获得了几种有实力的新品牌，包括温德克斯、德诺和范尼卫生洗碗机。

与建立多品牌类似，太多的新品牌也会导致企业资源过度分散。在一些行业，消费者和零售商都已意识到品牌太多，并且品牌之间区别不大，如宝洁、弗里托一雷等公司正开始采用主打品牌策略，准备剔除弱势品牌，而将市场营销资源集中用于同类产品中的强势品牌。

(6)品牌再定位决策

无论一种品牌在市场上的最初定位是否合适，今后公司都必须对其重新定位。因为竞争者可能继该公司品牌之后推出它的品牌，并削减公司的市场份额。此外，顾客对品牌的偏好有可能转移，那么公司品牌的需求将因此减少。

百事公司对“七喜”所进行的品牌重新定位，是一个典型的成功范例。“七喜”饮料是许多软饮料中的一种，那些对刺激性小和有柠檬味饮料有需求的老年人，是“七喜”的主要购买者。调查结果表明，即使大部分软饮料消费者偏好“可乐”，他们也不是始终如一，况且还有许多消费者不喜欢喝可乐饮料。百事公司使了一个高招，通过一次明智的活动标榜自己是生产非可乐饮料的，从而获得了非可乐饮料的市场领导地位。非可乐饮料是一种既新颖又提神的饮料，其目的是取代“可乐”。百事公司为消费者开创了一个新视野，即软饮料市场中包含可乐饮料和非可乐饮料，其中“七喜”饮料在非可乐饮料市场中占据领导地位。

在品牌重新定位的决策工作中，管理人员必须权衡两个因素。第一个因素是将品牌转移到目标市场的费用。该费用包括产品质量改变费、包装费、广告费等。一般情况下，重新定位所选择的目标位置离原位置距离越远，所需费用越高。改进品牌形象的必要性越大，所需的投资也越多。第二个因素是定位于新位置的品牌能获得收益的程度。收益的大小取决于以下因素：偏好细分市场上的消费者人数；这些消费者的平均购买率；在同一细分市场内竞争者的数量和实力；在该细分市场中为品牌所制定的价格。

（二）商标战略

1. 商标的概念与作用

商标是商品的标记，是生产者和经销者为了区别自己的和别人的商品，而在商品上使用的经国家有关部门注册，受法律保护的品牌或品牌的一部分。它通常运用文字、符号、图案、色彩或把这些因素组合起来使用，是代表产品本身的质量水平、信誉程度、性能特点与生产厂家的一种标志。在我国因习惯问题，存在注册商标与非注册商标的区别。

我国采用“注册在先原则”确认商标的专有权。所谓“注册在先原则”，是指使用商标的单位必须向主管部门提出申请，申请在先者经过审查核准注册之后，享有专有权，并受到国家法律的保护。但对驰名商标可以例外。

商标是产品整体概念中不可缺少的内容，无论是与产品的生产和销售，还是与产品的消费和使用，都存在着极为密切的关系，它的作用概括起来有以下几个方面：

①维护企业正当权益，保护企业声誉。

②监督企业保证产品质量，维护消费者的切身利益。

③宣传企业产品，促进产品销售。

2. 商标质量策略

商标包含着消费者对产品一定质量水平的认可。企业在进行商标决策时，相应地要为商标确定一个质量形象。一般来说，企业应根据自己产品的质量水平、盈利能力、竞争能力确定产品商标的质量等级，并且尽可能地树立名牌商标的形象。

（1）产品质量标准决策

建立并贯彻质量体系管理主要是企业应依据《ISO9000 标准》，构建完善的质量体系，以保证质量标准的贯彻和实现。

依据质量体系，加强质量控制，ISO 质量体系对产品质量的全过程的控制程序、作业内容、核查做了明确规定，有效地解决了质量管理的操作性问题，完善了全面质量管理的内容，使影响产品质量的有关部门因素始终处于受控状态，保证了有序、高效的质量控制。

（2）质量水平决策

一般地来，产品质量与投资收益成正比。但由于质量水平越高，产品成本也越高，因此其市场会随价格的上升而缩小。

质量水平的市场适应性由于上述的原因，企业在制定质量水平时，必须从市场定位出发，从目标市场的需要出发。

(3)产品质量调整决策

①提高产品质量。不断提高产品质量是创名牌的必由之路，产品质量是企业的生命线，珍惜企业和产品的形象，创造顾客满意，不断提高顾客满意度，应是营销的基本任务。

②保持质量标准。当企业产品质量已达到营销需要，即可以有效满足目标顾客的需要时，就可以采用这一策略。

③降低质量标准。在以下特定情况下可以采用此策略：

a. 顾客对质量的要求减低时。如在现代条件下，随着顾客，特别是年轻人消费中“喜新厌旧”倾向的出现，对产品耐用性的要求就可以适当地降低。

b. 权宜之计。当原材料、动力等的价格大幅度上涨，而售价无法上涨时，为维护企业生存可临时性地使用。

3. 商标战略

商标是企业的无形资产，驰名商标更是企业的巨大财富，企业一定要注意对商标的保护。

(1)注意商标的及时注册与续展

前一段时间，商标、域名抢先注册，抢占他人无形资产的行为愈演愈烈，许多企业因此损失严重，对此在《反不正当竞争法》中专门作了有关规定，以保护知名商标。而在 WTO 协议中有更严格的规定，这一点已在 2001 年 10 月颁布的《新商标法》中予以明确规定；同时，我国对域名进行了类似于商标的保护。更重要的是，企业必须主动行动起来，尤其是在我国进军全球市场的背景下，更要注意域名的及时注册与续展。

(2)防御性商标注册

所谓防御性商标注册，是指在不同商品类别中注册与使用相同或相似的一系列商标。具体地说，就是注册一系列文字、读音、图案相同或相似的商标，保护正在使用的商标或以后备用。其原因是商标注册是分类进行的，我国商标注册将商品分为 34 个大类、服务行业分为 8 个大类，因此同一商标使用的范围有一定限制，产品跨行业、跨种类时，就必须分别注册。如红豆集团的商标决策是把与“红豆”中文发音相同的、含义相近的文字注册，如“虹豆”、“相思豆”，结果，1994 年在与某旅游工艺品厂申请注册“思豆”的商标纠纷中，经国家工商局商标评审委员会裁定，“红豆”获胜，同时红豆集团还在国外 54 个国家和地区申请了商标注册。又如“娃哈哈”注册了“哈哈娃”、“哈娃娃”等一系列保护性商标。防御性商标注册的另一种方法就是同一商标运用于完全不同种类的产品或不同行业，防止他人在不同种类的产品或不同行业使用本企业的商标。1995 年，三九集团的“999”系列注册商标价逾 7.3 亿元，注册商标应用范围涉及三九集团八大产业。甚至将来准备涉足的领域，均以“999”注册了商标，就连深圳市首批注册颁布的服务商标，也有“999”。再如前文提及的红豆集团，在国内 34 类商品上全部注册了“红豆”商标。

(3)商标法对驰名商标的保护

所谓驰名商标，是指长期使用、广为知晓并享有社会声誉的商标，其认定机构是国家工商行政管理局。驰名商标享有以下特权：

①不适用申请在先原则

即非驰名商标拥有人，无论其在任何情况下都无权注册驰名商标。而驰名商标拥有者有禁止他人抢注的权利。

②驰名商标标识可不具备显著性特征

即不受《商标法》第八条禁止性条款的限制。

③有禁止他人“淡化”其商标的权利

所谓“淡化”，是指未经许可，将与驰名商标相同和类似的商标用于不相同或类似的商品。

(4)注册后保护

这些权利只在商标注册后享有：①他人不得以任何方式将驰名商标用于商品包装、装潢和名称上；②他人不得将驰名商标用于企业名称或名称的一部分。

(三)包装策略

1. 包装的含义

市场营销学认为，产品包装一般包括以下三个部分：①首要包装即产品的直接包装，如牙膏皮、饮料瓶都是这种包装；②次要包装即保护首要包装的包装物，如包装一定数量的牙膏的纸盒或纸板箱；③装运包装即为了便于储运、识别某些产品的外包装。

此外，在产品包装上还有标签，这是为了说明产品，而贴在产品上的招贴或印在产品包装上的文字、图案等。在标签上一般都印有包装内容和产品所包含的主要成分、品牌标志、产品质量等级、生产厂家、生产日期和有效期、使用方法等，有些标签上还印有彩色图案或实物照片，以促进销售。

2. 产品包装的作用

搞好产品包装，可以美化产品，保护产品，便于运输、携带和储存产品，使产品在市场营销过程中，在顾客使用产品期间，不致损坏、变质、散落，保护产品的使用价值。

搞好产品包装，可以促进销售，增加盈利。特别是在实行顾客自我服务的情况下，更需要利用产品包装来向广大顾客宣传介绍产品，吸引顾客的注意力。现代产品包装装潢已成为营销的一个重要手段。

搞好产品包装，还可以增加产品价值。由于消费者收入水平和生活水平的提高，消费者一般愿意为良好包装带来的方便、美感、可靠性和声望多付些钱。所以，良好的包装不仅可以促进销售，而且可以提高售价，并增加产品附加价值。

3. 包装设计

企业在设计包装时，应考虑以下几点要求：

(1)包装应与商品的价值或质量相适应

“一等产品，三等包装”，“三等产品，一等包装”，都不利于企业销售。例如，中国内地的茶叶出口，都是用简易包装销售到中国香港，然后由香港地区的中间公司加以精致包装后，再销往世界各地。

(2)包装应能显示商品的特点或独特风格

对于以外形和色彩表现其特点的商品，如服装、装饰品、食品等，包装应向购买者直接显示产品本身，以便于选购。

(3)包装应方便消费者购买、携带和使用

这就要求包装有不同的规格和分量，适应不同消费者的需要。如“佳洁士”牙膏的不同香型，就是为了满足不同消费者的需求。

(4)包装上的文字说明应实事求是，符合法律规定

如产品成分、性能、使用方法、数量、有效期限等要符合实际，要按规定标明厂名、厂址和其他相关内容，以增强顾客对商品的信任。

(5)包装装潢应给人以美感

设计时要考虑消费者的审美习惯,使消费者能从包装中获得美的享受,并产生购买欲望。例如,饮料通常采用绿色作为包装的主打颜色。包装材料应符合环保要求和运输要求。

(6)包装装潢上的文字、图案、色彩等不能和目标市场的风俗习惯、宗教信仰相抵触

4. 包装决策

符合设计要求的包装固然是良好的包装,但良好的包装只有同包装决策结合起来才能发挥应有的作用。可供企业选择的包装决策有以下几种:

(1)相似包装决策

相似包装决策是指企业生产的各种产品,在包装上采用相似的图案、颜色,体现共同的特征。其优点在于能节约设计和印刷成本,树立企业形象,有利于新产品的推销。但有时也会因为个别产品质量下降影响其他产品的销路。

(2)差异包装决策

差异包装决策是指企业的各种产品都有自己独特的包装,在设计上采用不同的风格、色调和材料。这种决策能够避免由于某一商品推销失败而影响其他商品的声誉,但也相应地会增加包装设计费用和新产品促销费用。

(3)相关包装决策

相关包装决策是指将多种相关的产品配套放在同一包装物内出售。如系列化妆品包装。这可以方便顾客购买和使用,有利于新产品的销售。

(4)复用包装决策(双重用途包装决策)

复用包装决策(双重用途包装决策)是指包装内产品用过之后,包装物本身还可作其他用途使用,如奶粉包装铁盒,这种决策的目的是通过给消费者额外利益而扩大产品销售。

(5)分等级包装决策

分等级包装决策是指对同一种商品采用不同等级的包装,以适应不同的购买力水平,如送礼商品和自用商品采用不同档次的包装。

(6)附赠品包装决策

附赠品包装决策是指在包装上或包装内附赠奖券或实物,以吸引消费者购买。这一决策对儿童尤为有效。顶园国际食品公司生产的"彩迪卷"就有赠品随产品附赠给儿童,以增加销量。

(7)改变包装决策

改变包装决策是指当某种产品销路不畅或长期使用一种包装时,企业可以改变包装设计、包装材料,使用新的包装。这可以使顾客产生新鲜感,从而扩大产品销售。

项目四

成长吧小店

【教学目标】

1. 初步掌握产品与渠道的基础知识。

2. 认识产品、品牌的相互关系，理解品牌的深层意义。

3. 初步掌握复制和扩张一家小店的基本方法。

【教学要求】

1. 进一步加强营销策划书的撰写能力，熟练掌握策划的基本方法。

2. 进一步强化品牌概念，初步建立整合营销意识。

一、案例讨论

“谭木匠”的成功扩张

谭传华“烧梳子”在当时的行业内引起了不小的轰动，更有人说他是“傻”，不会做生意。但也正是因为这一烧，谭木匠的好形象才得以树立。

产品线足够丰富 附加值挖掘彻底

谭木匠的梳子，不仅做得漂亮，将传统工艺与现代专利抛光技术、插齿技术结合起来，用料考究，具有防静电、保健、顺发等基本功能，而且产品概念极具民族特色，有牡丹、翠竹组成的“花开富贵，竹报平安”，有凤求凰、鹊桥仙、合家欢等系列产品，符合国人审美习惯，也为产品增添了文化特色。

谭木匠的产品非常丰富，按材质分，梳类有水黄杨、梨木、紫檀木、白角、黑角等十几种材料上百个品种；镜类有雕刻、彩绘、手绘等多种样式、上百个图案；扇类有绢扇、纸扇数十个花色；健身类有健身扒、按摩器、健身锥、香面刮、淋浴器等十几个品种；其他还有佛珠、发夹、刮痧板、竹篦子、鞋拔等。产品实用性和艺术性很好地结合，消费者爱不释手。

谭木匠在包装方面，将产品的传统特色定位也落实得很到位。高档木梳由礼品盒包装，普通木梳的外包装是黑色或蓝底白花的中式小布口袋，礼品袋、礼品盒的设计使谭木匠的产品不仅有实用价值，还因为拿得出手而成为馈赠佳品。

谭木匠舍得在产品开发方面下功夫。他们围绕亲情、友情、爱情以及风土人情等主题，年年推出数百种新款式的产品，品种之繁多，令竞争对手望尘莫及。由于产品的快速更新，不仅能不断地吸引新老顾客，还能有效地提高加盟商的盈利能力。

谭木匠很会有效整合社会资源，长期举办有奖征稿活动，收集民间创意，从中筛选出新产品的设计创意，给中标者一定的奖励。这种做法不仅使谭木匠得到了大量新颖的设计创意，而且节约了设计成本。谭传华说："我们的设计师团队来自三方面，首先是内部设计团队，其次是与专业网站、杂志、公司、院校合作，整合国内的设计团队，最后与德国、意大利、法国等国际设计师事务所建立合作伙伴关系，融合国际上的设计力量。"

能把木梳这种家常使用、司空见惯的小产品做到这样的规模、这样的层次，历年宣传费用累加却不到 200 万元，不得不说，谭木匠在品牌塑造方面的确有一套。谭木匠做的梳子已经不仅仅是产品，而是文化。这也正是他们的成功之处。

品牌塑造坚定而明确

多数小企业的梳子，产品样式单一、品牌形象不突出，一直形不成气候，高端市场更是一片空白。谭木匠横空出世，低成本塑造品牌，并将品牌塑造与销售非常好地相结合。业内人士研究发现，谭木匠的销售场所有两个特点：一是谭木匠连锁专卖店，20 平方米左右，面积不大但都在闹市区，人流量大、消费能力高；二是陈列极具特色，谭木匠采用品牌特许经营方式，店面统一风格，包括门楣字样的书写、店头全木包装、店内木质展台的精巧设计，四壁挂满精致的小梳子，给人置身于木梳小王国的感觉。品牌风格易于辨认，有浓厚的文化氛围，大大提升了谭木匠的品牌内涵。

销售地点的选择和极具特色的装修陈列，很好地将谭木匠与其他木梳品牌区分开来，而且很容易给消费者留下深刻印象，进而吸引顾客成为谭木匠产品的消费者甚至回头客。

谭木匠的店铺风格开始也没有这么鲜明，是后来根据加盟者的反应，重新设计的装修新方案。神奇的是，按照新方案重新装修的加盟店，销售额比原来多了一倍有余。推广之后，立即在业内引起轰动，加上口碑相传，要求加盟谭木匠特许经营的人数剧增。从此，谭木匠的生意火了起来。

谭木匠在定价策略上也很注意体现出品牌地位。一是高价。谭木匠的梳子，最便宜的 18 元，最贵的超过 200 元，普通的黄杨木梳子的价格是 38 元。和地摊或商店中看到的几元钱一把的梳子相比，价格差距非常大。高价不仅使谭木匠获得了很高的毛利，而且与专卖店的销售方式以及地理位置相协调，并将自身的品牌定位与同行区分了出来。二是统一定价。所有专卖店的价格一样。三是不还价。一律按照标价出售，没有任何折扣，这很符合专卖店经营的规律。

成功构建特许加盟网络

产品销售，要不走平常的分销渠道，要不就做连锁专卖店。第一种做法的好处是可以把销量做上来，缺点是利润低，品牌也很难做出来。第二种做法的销量相对小一些，好处是毛利高，能够塑造品牌，而且加盟店分担了部分风险。此外，销售管理的成本也低很多，而且等到品牌做起来之后，还可以扩充销售渠道的模式或者延伸产品。谭木匠选择了后者。加盟专卖店初期的销售增长速度会慢一些，但当品牌知名度上升，每隔一段时间销量会出现一次大的增幅。

谭木匠的特许加盟连锁管理也很有特色。一方面，他们有稳健的加盟政策：谭木匠的做法比较理性，没有不着边际的吹嘘，反而赢得了客户的信任。他们将产品定位为高级木梳，要求加盟者必须在繁华商业区有面积20平方米以上的独立店面。谭木匠不希望加盟者太有钱,因为"太有钱就不会认真卖木梳",所以加盟费的门槛比较低,地级城市1万元、省会城市2万元。当加盟店数量增加到一定程度,加盟费也是一笔可观的收入。加盟店进货必须现款现货,概不赊欠,避免了财务风险。

为了保护加盟者的利益,谭木匠允许在经营期间调换滞销货,对那些合同期满不再经营者,可退一年内存货,收取零售额6%的退货费。他们对每个专卖店的经营范围和销售价格都进行了统一的划分和严格控制,每个地区都派出市场督导员,负责监督规范市场。凡是违规经营的专卖店,都将给予严厉的处罚,直到取消经营权。

另一方面,谭木匠在全国统一推广连锁店装潢风格,装潢以红檀木色为标准色,具有沉着、古朴、传统、自然的特质,加强并投射出品牌形象。全木制的装饰、温暖的圆桶灯、满墙的梳子和古香古色的色调,购物环境亲切而温暖。

通过特许加盟的方式,谭木匠逐渐在全国建立了分销网络,等到这个网络越来越密的时候,就达到了与"大分销"殊途同归的效果。高毛利和品牌形象又优于大分销,这就是谭木匠专卖店体系的独到之处。针对随着分销渠道不断扩大,加盟专卖店遍布全国,一直采用传统手工处理业务的方式带来的管理混乱问题,谭木匠改造了信息管理系统,使得进销存管理效率大大提高,生产与销售之间的关系捋得更顺了。

(资料来源:百度文库)

思考与讨论:

1. 运用STP原理,对"谭木匠"的所有目标市场进行顾客素描和顾客描述。

2. 通过走访一家"谭木匠"专卖店,结合二手资料,分析和明确"谭木匠"的品牌定位及其品牌中最核心的要素。

3. 对"谭木匠"的产品组合作一个分析,并明确其不同产品档次分别针对的目标顾客群特征,进行相应的定位陈述。

4. 网络零售正在迅猛发展,"谭木匠"的渠道策略应如何调整?

二、基本知识点

(一)产品策略

企业的市场营销活动,以满足顾客需求为中心,而顾客需求的满足只能通过提供某种产品来实现。因此,产品是企业市场营销组合中的一个重要因素。产品战略直接影响和决定着其他市场营销组合因素的实施,对企业市场营销的成败关系重大。在现代市场经济条件下,每一个企业都应致力于产品质量的提高和组合结构的优化,并随着产品生命周期的发展变化,灵活调整市场营销方案,以更好地满足消费者需求,提高企业产品竞争力,取得最好的经济效益。

1. 产品概念

在市场营销组合中的各个重要因素中,产品是市场营销组合中最重要的因素,因此从产品开始研究最为恰当。

广义产品的定义:向市场提供的,引起注意、获取、使用或者消费,以满足欲望或需要的任何东西。

消费者购买的不只是产品的实体,还包括产品的核心利益(即向消费者提供的基本效用和利益)。产品的实体称为形式产品,即产品的基本形式,只有依附于产品实体,产品的核心利益才能实现。期望产品是消费者采购产品时期望的一系列属性和条件。延伸产品是产品的第四层次,即产品包含的附加服务和利益。产品的第五层次是潜在产品,潜在产品预示着该产品最终可能的所有增加和改变。

产品的整体概念如图4—1所示。

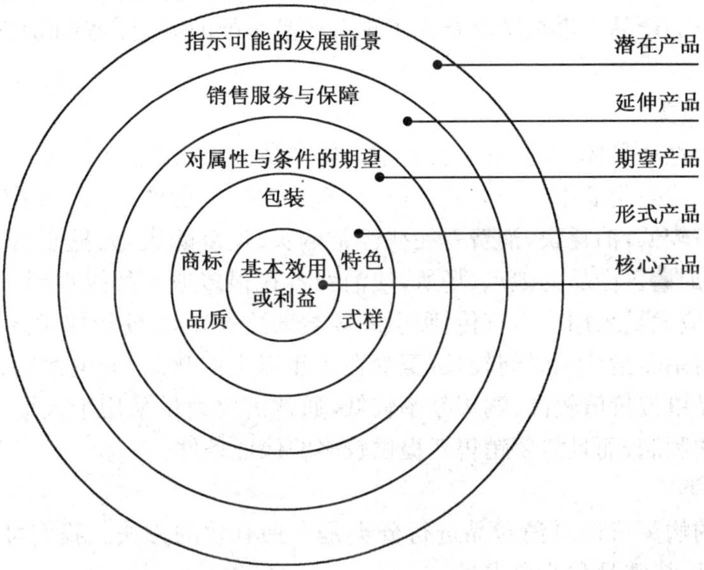

图4—1 产品的整体概念

20世纪90年代以来,菲利普·科特勒等学者倾向于使用五个层次来表述产品整体概念,认为五个层次的表述方式能够更深刻、更准确地表述产品整体概念的含义。产品整体概念要求营销人员在规划市场供应物时,要考虑到能提供顾客价值的五个层次。

(1)核心产品。核心产品是指向顾客提供的产品的基本效用或利益,从根本上说,每一种产品实质上都是为解决问题而提供的服务。

产品最基本的层次是核心产品,它回答“购买者真正要购买的是什么”这个问题,每一个产品实际上都是为解决人们的需要而提供的服务。营销人员的任务在于,挖掘出各种产品背后所隐藏的各种需要,而不是仅仅出售产品本身。核心产品在产品整体中位于核心地位,它向顾客提供基本效用或利益。因此,营销人员向顾客销售任何产品,都必须具有反映顾客核心需求的基本效用或利益。

(2)形式产品。形式产品是指核心产品借以实现的形式。由五个特征构成,即品质、式样、特征、商标及包装,即使是纯粹的服务,也具有相类似的形式上的特点。

(3)期望产品。期望产品是指购买者在购买产品时期望得到的与产品密切相关的一整套属性和条件。期望产品要求营销人员必须正视顾客的整体消费系统:任何一个产品的购买者在使用该产品时,都试图通过该产品来完成全部工作,这就是购买者的整体消费系统。在这种思路和方法的指导下,营销人员就会发现许多能够增加产品附加价值的机会,从而有效的提高竞争能力。

(4)延伸产品。延伸产品是指顾客购买形式产品和期望产品时附带获得的各种利益的总和,包括产品说明书、质量保证、安装、维修、送货、技术培训等。

国内外很多企业的成功，在一定程度上应归功于它们更好地认识到了服务在产品整体概念中所占的重要地位。现代竞争并不仅仅在于产品本身，而在于它们是否能用各种不同的形式为产品增加价值，如包装、服务、广告、顾客咨询、融资、送货上门、仓储，以及人们所重视的其他附加价值。任何一个公司在为产品提供附加价值的时候，都应该寻求最佳、最有效的途径。

(5)潜在产品。潜在产品是指现有产品，包括所有附加产品在内的，可能发展成为未来最终产品的潜在状态的产品。潜在产品指出了现有产品可能的演变趋势和前景。

2. 产品分类

(1)实体产品分类

根据产品耐用性和具体性的不同，我们把实体产品分为两大类。

①非耐用品。非耐用品指使用时间较短，甚至一次性消费的商品，如手纸、糖果、牙膏等。这类产品单位价值较低，消耗快，消费者往往经常购买、反复购买，大量使用。所以，适应的营销战略是：尽量增加销售产品的地点、场所，使消费者在很多地方都能买到。销售价格中不宜包含过多的盈利；应大量采用广告宣传，吸引顾客尝试性购买，促使形成对该产品的偏好。

②耐用品。耐用品指使用时间较长，至少在1年以上的物品，如电冰箱、汽车、电视机、机械设备等。耐用品单位价值较高，购买频率较低，通常需要大量采用个人推销和服务，一经出售便可获得较高的利润，而且需要销售者提供较多的保证条件。

(2)消费品分类

根据消费者的购买习惯对消费品进行分类是一种有效的方法。我们可以将产品分为四类：便利品、选购品、特殊品和非渴求品。

①便利品。便利品是指顾客时常购买或立即决定购买、并在购买前几乎不作产品比较和购买努力的产品。对顾客而言，这类产品一般具有价值低廉、价值构成简单，同时因频繁购买而高度熟悉的特点。

便利品可以进一步细分为日用品、冲动品和救急品。

日用品是顾客有规律性地购买的产品。如某消费者可能经常性地购买“佳洁士”牙膏，以及“乐之”饼干，这些产品都属于日用品。

冲动品是消费者没有事先计划好，也没有努力寻找而冲动性购买的产品。由于消费者一般不会专程选购它们，这种产品随处可以购买到。因而这类产品，如口香糖和杂志通常被放置在收银台旁边，就是为了让那些原来并没有购买欲望的顾客做出冲动性购买行为。

救急品是消费者有紧迫需求时购买的产品。如下雨时购买雨伞，天气炎热时购买冷饮。这类产品往往被生产厂商放置在许多网点销售，以便抓住良机，在顾客需要这些产品时及时出售。

②选购品。消费者在选购这类产品时，总是从产品的适用性、质量、价格和式样等基本特征做出比较，然后才采取购买行为。对顾客而言，这类产品相对于便利品价值有明显提高，价值构成较复杂。其中一些也是频繁购买，但产品更新快速，从而需要比较，如服装；另一些主要是耐用品，购买间隔较大，上一次的经验要有所调整，所以也要比较和重新认识，如家具、家电等。

选购品有同质品和异质品之分。

同质品是顾客认为质量、价值构成等高度标准化，但价格却存在明显不同的产品，因此有必要选择性购物。销售者不得不同购买者“洽谈价格”。

但当顾客选购服装、家具和其他异质品时，受到顾客重视的往往是产品特色，而不是价格。

假设顾客要购买一件细条纹衣服，那么衣服的剪裁水平、合身与否，以及外观效果比微小的价格差异要重要得多。因此，为了满足不同消费者的个人偏好，经营异质品的销售者必须准备大量的花色品种，销售者还必须雇用一批受过良好训练的推销人员，为顾客提供信息和咨询服务。

③特殊品。特殊品是指特征独特并为顾客所喜好的特定产品，通常指各种特殊品牌、特殊材料、特定品质与式样的产品。如首饰、机械手表、发烧音响、高档摄影器材、收藏品、艺术品等。

特殊品的价格比较昂贵，顾客购买时十分慎重，重视产品质量、品牌和生产企业，对产品的服务和附加利益要求较高，但一旦对产品和品牌较熟悉，就能迅速决策购买。

④非渴求品。非渴求品，指消费者从未听说或者即使听说过一般情况下也不想购买的产品。有些新产品，如烟尘检测仪和食品加工机就属于这种产品。传统的非渴求品，指人们知道但不想购买的一些产品，如墓地、墓碑以及百科全书等。非渴求品的特性决定了这种产品需要花费大量精力从事宣传广告和个人推销，一些十分成熟的个人推销技巧，就是在推销非渴求产品的挑战中形成的。

(3)工业品分类

一种有用的工业品分类方法，将为工业品市场提供合适的市场营销战略。工业品可以按照它们进入生产过程的方式来分类，我们通常把工业品分为三类：材料和部件、资本品项目以及供应品和服务。

①材料和部件。指价值将完全转移到所生产的成品中去的那类产品。材料和部件又分为原材料、半成品和部件。市场营销中考虑的主要因素是质量、价格和服务，相比之下，品牌和广告的重要性就较小。

②资本品项目。资本品项目指部分地进入最终产品的产品。资本品项目包括两个部分：装备和辅助设备。

装备由建筑物（如工厂和办公室）与固定设备（如发电机、钻床、计算机）所构成。装备总是被大量购置。购置前总要经过长时间的谈判，然后由用户从制造商那里直接购买。制造商需要雇用高水平的销售力量，其中包括销售工程师。制造商很乐意设计具有各种特色的产品和售后服务。广告的形式在出售装备时也是需要的，但其效果远远不如个人推销有效。

辅助设备包含轻型制造设备和工具（如手用工具、起重卡车），以及办公设备（如打字机、办公桌）。多数厂家是利用中间商出售产品，原因是这些产品市场的地理位置较分散、用户众多并且订购数量较小。在选择中间商时，最主要的考虑因素是质量、特色、价格和服务。尽管广告会给销售带来明显效果，但销售力度比广告要重要得多。

③供应品和服务。供应品和服务指根本不会进入最终产品的那类产品。

供应品可分为两个类别：作业用品（如润滑油、煤、打印纸）和维修用品（如油漆、钉子、笤帚）。供应品一般都是通过中间商来销售；价格和服务因素是重要的考虑因素，因为供应品是十分标准的物品，顾客对品牌没有特别的偏好。

商业服务包括维修服务（如清洗窗户、修理打字机）和商业咨询服务（如法律咨询、管理咨询、刊登广告）。向顾客提供维修服务通常采取订立维修合同的形式。通常情况下由小型单位提供维修服务，而修理服务则由设备的原始生产厂家提供。商业咨询服务通常被认为是一种正规的、新的购买任务方式，顾客对供应商的选择是建立在供应商的声誉和人员素质之上的。

由此可见，产品的特征会给市场营销战略的制定带来重大影响。同时，其他因素也影响着市场营销战略，比如产品生命周期所处的阶段、竞争者数量和竞争者所采取的战略，以及经济气候等。

3. 产品组合

(1)产品组合的含义

产品组合(product mix)是指一个企业提供给市场的全部产品线的组合,即企业的业务经营范围。

产品线(product line)是指企业提供给市场的所有产品中,那些在技术上密切相关、具有相同的使用功能、满足同类需要的一组产品。

产品项目(product item)是指同一产品线中具有不同品种、规格、质量和价格等属性的特定产品。

产品组合的特点是从其宽度、长度、深度和关联度四个方面表现出来的。

产品组合的长度是指企业各条产品线所包含的产品项目的总数。产品组合的宽度或广度是指一个企业所拥有产品线的数量。产品组合的深度是指产品组合中每个产品线所包含的产品项目的个数。例如,宝洁公司的牙膏有 4 种规格和 3 种配方,那么,它的深度为 12(4×3=12)。通过计算公司的每一品牌的种类数目,还可得到宝洁公司产品组合的平均深度。产品组合的关联度是指各产品线的产品项目在最终用途、生产条件、销售渠道或其他方面相互关系的紧密程度。如宝洁公司的产品最终用途是消费品,又通过同一销售渠道进入市场,其关联度较大。但如果产品对不同购买者起不同的作用,则关联度较小。

其中,产品线又称产品大类,是指企业对拥有的全部产品项目分类。现代企业用于分类的标准主要是两大类:生产性条件(如技术、功能等)和市场性条件(如价格、目标市场、分销渠道等);产品项目是指产品组合中具体的某一产品。

产品组合优化应遵守的基本原则:

①满足需要原则。产品的开发是为满足消费需求服务的,产品结构上的每一个项目都要能满足市场需要,生产的产品要具备一定的市场规模。

②利润原则。利润是企业营销的最终目的,不管是产品开发还是产品线的调整,都要考虑企业利润。

③竞争原则。建立产品结构时,要从竞争的角度出发,采取与竞争者“避实就虚”或“针锋相对”的策略。

④资源利用原则。必须考虑企业本身的资源利用问题,产品结构选择要考虑企业人力资源、设备条件、财力状况。如有闲置资源,可再增加产品组合的宽度和长度。

(2)产品组合的优化

①扩大产品组合

包括扩大产品组合的宽度和加强产品组合的深度。前者是在原产品组合中增加一个或几个产品大类,扩大经营产品范围;后者是在原有产品大类内增加新的产品项目。当企业预测现有产品大类的销售额和利润额在未来一段时间内有可能下降时,就应考虑在现行产品组合中增加新的产品大类,或加强其中有发展潜力的产品大类;当企业打算增加产品特色,或为更多的细分市场提供产品时,则可选择在原有产品大类内增加新的产品项目。

具体方式有:在维持原产品品质和价格的前提下,增加同一产品的规格、型号和款式,增加不同品质和不同价格的同一种产品,增加与原产品相类似的产品,增加与原产品毫不相关的产品。

一般而言,扩大产品组合,可使企业充分地利用人、财、物资源,分散风险,增强竞争能力。扩大产品组合的优点是:满足不同偏好的消费者多方面需求,提高产品的市场占有率;充分利用企业信誉和商标知名度，完善产品系列，扩大经营规模；充分利用企业资源和剩余生产能力，提高经济效益；减小市场需求变动性的影响，分散市场风险，降低损失程度。

②缩减产品组合

当市场繁荣时，较长、较宽的产品组合会为许多企业带来较多的盈利机会，但当市场不景气或原料、能源供应紧张时，缩减产品组合反而可能使总利润上升。这是因为从产品组合中剔除了那些获利很小甚至不获利的产品大类或产品项目，使企业可以集中力量发展获利多的产品大类和产品项目。

削减利润很低或者亏损的项目是为了集中精力经营好利润比重高的品种；削减竞争处于劣势的产品项目是因为发现竞争对手在相同的项目中占有很大的优势，企业的项目不断地走下坡路而企业通过努力又无法与之抗衡，这样可以避免无益的投入。

缩减产品组合策略是削减产品线或者产品项目，特别是要取消那些获利小的产品，以便集中力量经营获利大的产品线和产品项目。

缩减产品线的方式有：减少产品线数量，实现专业化生产经营；保留原产品线削减产品项目，停止生产某类产品，外购同类产品继续销售。

缩减产品组合的优点有：集中资源和技术力量改进保留产品的品质，提高产品品牌的知名度；生产经营专业化，提高生产效率，降低生产成本；有利于企业向市场的纵深发展，寻求合适的目标市场；减少资金占用，加速资金周转。

小案例

是什么让扩张停止步伐？

2009 年第一季度财报不乐观，星巴克净利润同比减少 69%，单店销售额降低 9%，财报显示，星巴克同时将 2009 年新开店目标削减为 310 家。

从 1 000 家店到 13 000 家店，之前霍华德·舒尔茨一直在考虑的问题是：如何将星巴克开遍全世界？1998 年 3 月，星巴克进入台湾，1999 年 1 月进入北京，2000 年 5 月进入上海，星巴克成为国内咖啡行业第一品牌。

但眼前的颓势却让霍华德·舒尔茨自 1987 年接手星巴克后，感受到从未有过的考验。

“门店丧失了过去的灵魂，不再能够显示出一家连锁店对一家温馨社区店的优势。”哈佛商学院教授约翰·奎尔奇认为，疯狂扩张已经让星巴克沦为一个试图为不再特别的体验收取高价的大众品牌。

“要想继续成为高价品牌，那是极具挑战性的。”奎尔奇指出，新店不断开张，新产品不断推出，虽然使得星巴克的股价扶摇直上，但同时，以前那些享受高质量咖啡以及俱乐部氛围的顾客已经开始流失，越来越复杂的菜单也使得服务员疲于奔命，顾客体验大打折扣。

就在星巴克遭遇全球经济寒冬的同时，中国的咖啡市场上却硝烟弥漫，上岛、两岸、真锅等品牌，以中低价位市场为目标，对星巴克形成包围之势。

关店成为星巴克保住品牌价值的救命稻草。自去年起，星巴克已开始在美国、澳大利亚等市场关闭分店，仅美国市场就将关闭 600 家。

“星巴克关店是件好事，这是品牌核心价值的回归。”星巴克缩减门店，收缩产品线，表明它真正意识到了“星巴克体验”的平淡化和“品牌商品化”削弱了其品牌价值。

“品牌不是万能的，只能赚一部分钱，不要试图赚所有人的钱。”李光斗认为，星巴克应该明白其品牌的核心价值还是“第三空间”，星巴克真正的消费群体还应该是高消费、高忠诚度的小资与中产阶层，他们的行为和体验构成了星巴克品牌核心价值中最重要的部分。

（资料来源：《星巴克的悬念》，时代周报，作者：谭骥）

(3)产品线扩展策略

产品线扩展是指公司在现有产品类别中增加新的产品项目（如新风味、新颜色、新配方、新包装等），并以同样的品牌名称推出。产品线延伸的结果通常是产生了这个品牌不同的口味、不同的成分构成、不同的形式、不同的大小，或者不同的用途。比如美宝莲璀璨唇膏、美宝莲液体璀璨唇膏。

产品线扩展策略的形式有以下两种：

①向上延伸。有些企业的产品线原来定位于低档产品，由于希望拥有各档产品齐全的完全产品线，或者是受到高档产品较高的利润率和销售增长的吸引，或者希望高档产品来提高整条产品线的档次。企业会采取产品线向上延伸，准备进入高档产品市场。

可能的风险：那些生产高档产品的竞争者会不惜一切坚守阵地，并可能会反戈一击，向下扩展进攻低档产品市场；对于一直生产低档产品的企业，顾客往往会怀疑其高档产品的质量水平；企业的营销人员和分销商若缺乏培训和才干的话，可能不能为高档产品市场服务。

小案例

奇瑞进军中端以失败告终

2009 年，奇瑞中高端品牌瑞麒和威麟发布，但是 2012 年 8 月，历经数月的奇瑞内部整合终于落下帷幕，乘用车方面将只保留奇瑞一个品牌，瑞麒、威麟两个品牌将逐步停用。而开瑞品牌将会保留，但转移到控股公司，继续发展微面、皮卡等商用车，在新奇瑞全新的 A、E 两个产品系列开发完毕之前的这段过渡期内，瑞麒、威麟品牌还将继续销售。奇瑞曾经寄希望于“多生孩子好打架”，但是显然这个策略是不成功的。“孩子多了能壮大实力，但是别忘了抚养这些孩子是需要投入的，对于奇瑞这样一个并不富裕的家庭来说，培养 4 个孩子显然是一个沉重的负担。”业内有关分析人士说。

2008 年，奇瑞提出了 6 个发展主题，并于 2009 年推出了多品牌体系，由原来的奇瑞单一品牌扩张为奇瑞、开瑞、瑞麒、威麟四大品牌，其中后两者为奇瑞的高端品牌。但是，奇瑞的转型并不成功。由于瑞麒和威麟两大品牌的新产品在投放市场后销售乏力，负责销售瑞麒和威麟品牌产品的麒麟公司被迫解散，瑞麒和威麟品牌重新划归奇瑞销售总公司名下。经历波折后，奇瑞开始重新思考进军中高端市场的路径，并于 2010 年下半年开始进入战略转型。

奇瑞面临恶劣的竞争环境。2012 年上半年，奇瑞汽车仅完成全年销售目标的 37.9%，奇瑞第一季度净利润亏损 9 782 万元。“奇瑞的产品集中在低端市场，而汽车项目众多，企业面临巨大的成本压力。”一名奇瑞的行业分析人士指出。奇瑞官网资料显示，该公司建立了 A00、A0、A、B、SUV 五大乘用车产品平台，上市产品包括 13 大系列 26 款车型，在国内自主品牌车商中，可以说是最长的产品链。

（资料来源：《奇瑞放弃瑞麒、威麟两个品牌》，新闻晨报，作者：林劲榆）

②向下延伸。指企业原来生产高档产品，后来决定增加低档产品。企业采取这种决策的

主要原因是：企业发现其高档产品的销售增长缓慢，因此，不得不将其产品大类向下延伸；企业的高档产品受到激烈的竞争，必须用侵入低档产品市场的方式来反击竞争者；企业当初进入高档产品市场是为了建立其品质形象，然后再向下延伸；企业增加低档产品是为了填补市场空白，不使竞争者有机可乘。

可能的风险：例如，企业原来生产高档产品，后来增加低档产品，有可能使高档产品的形象受到损害（低档产品最好用新的品牌，不使用原先高档产品的品牌）；企业原来生产高档产品，后来增加低档产品，有可能会激怒生产低档产品的企业，导致其向高档产品市场发起反攻；企业的经销商可能不愿意经营低档产品，因为经营低档产品所得利润较少。

小案例

五粮液的向下延伸

2013 年 7 月 23 日，五粮液集团在成都举行了“创新驱动发展”暨五粮液新品上市新闻发布会。推出的五粮特曲、五粮特曲精品、五粮头曲三款新品的价位在 200～500 元，是五粮液出品的“名酒”，更是老百姓都喝得起的“民酒”。

五粮液集团有限公司党委书记、董事长唐桥昨日在新品发布会上表示，“五粮头曲、特曲和特曲精品”是公司的战略性品牌，是公司布局全价位、全产品线的重要一步。唐桥在介绍三款新品时同时寄望新推出的产品能得到经销商的推广。他表示，“希望经销商将新产品与公司的五粮春、五粮醇、绵柔尖庄等品牌结合，大胆地进行全价位、全产品线、全渠道运营，真正实现资源效益最大化。”唐桥表示，推出的这三款新品是“五种粮食”和“五粮工艺”酿制而成，是“名酒”，更是“民酒”，希望这几款中等价位的白酒是普通民众喝得起的名酒。

五粮液力推“民酒”产品的背景是，2013 年，中国酒业“黄金十年”逐步被理性消费所取代，中国酒业走入又一轮调整期，爆发式增长时代已经彻底结束。2013 年一季度，五粮液实现收入 86.76 亿元，增 5.41%；净利润 36.27 亿元，增 18.91% 。与 2012 年一季度相比，无论是收入增速还是利润增速，均出现了大幅下滑。

正是在这样的局面下，五粮液决定发力中低端市场，并加快新产品的打造。作为公司中端价位酒，五粮头曲、五粮特曲、五粮特曲精品是公司布局全价位全产品线的重要一步。五粮液打算通过几年努力，把五粮特曲、五粮头曲、五粮特曲精品打造成年销售规模上 10 亿元甚至 20 亿元的品牌。

五粮液推出的价位在 200～500 元的系列新品主要以民间消费为主，受益于消费升级，有望实现 10%～20%的平稳增长。相比于以前把产品定位对准高档次人群、高消费水平，此次的新品所对准的消费人群更为广泛也更为稳定，有助于提升自身的产品销量、赢得广大消费者的口碑，是应对市场变化的明智之举。

五粮液股份有限公司董事长刘中国早就对外表示，“顺应市场变化，五粮液实现全价位产品覆盖，把高端产品做得更精、更细，把中价位产品做得更强、更大，把低价位产品做得更稳、更实，更好地满足消费者需求。”

（资料来源：《五粮液推新品布局全价位产品线》，中国网，生活消费。）

③双向延伸。即原定位于中档产品市场的企业掌握了市场优势以后，决定向产品大类的上下两个方向延伸，一方面增加高档产品，另一方面增加低档产品，扩大市场阵地。

在现代市场经济条件下，企业的产品大类具有不断延伸的趋势。生产能力过剩会促使产品经理开发新的产品项目；推销人员和经销商也渴望产品大类更为全面，以满足更多顾客的需求；为了追求更高的销售额和利润，产品经理也希望增加产品大类上的品种。但是，需要切记的是，一家企业所能达到的最大的产品大类长度并不一定是其产品大类的最佳长度。

(4)产品大类现代化

在某些情况下，虽然产品组合的宽度、长度都很恰当，但产品大类的生产形式却可能已经过时，这就必须对产品大类实施现代化改造。产品大类现代化决策首先面临这样的问题：是逐步实现技术改造，还是以最快的速度用全新设备更换原有产品大类。逐步现代化可以节省资金耗费，但缺点是竞争者很快就会察觉，并有充足的时间重新设计它们的产品大类；而快速现代化决策虽然在短时期内耗费资金较多，却可以出其不意，击败竞争对手。具体产品大类的调整，要结合企业及市场的实际状况，充分运用产品组合优化的具体方法。

4. 产品组合分析

(1)用直方图分析每个产品线或产品项目的销售和获利情况（见图 4－2）

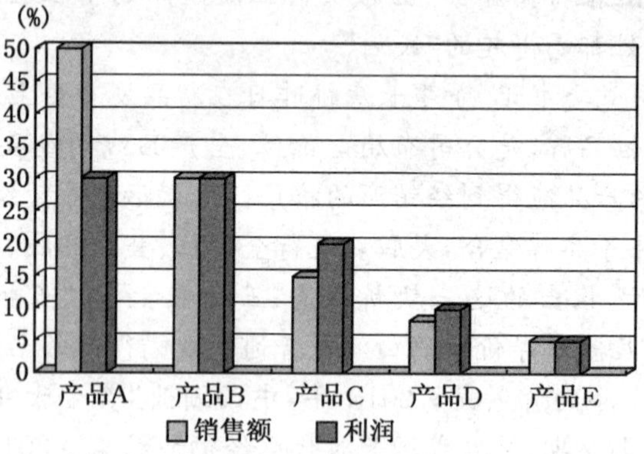

图 4－2　直方图分析法

产品组合中每一个产品线或产品项目在销售和获利方面所产生的贡献各不相同。产品经理对每个产品线或产品项目所占全部销售量和利润额的百分比均应做到心中有数。图 4－2 中，我们以一个由五种产品项目所组成的产品线为例，说明这个问题。产品线上第一个产品项目销售量占总数的 50%，利润额占总数的 30%，前两个项目占总销售量的 80%和总利润的 60%。如果这两个产品项目突然受到竞争对手的冲击，则产品线的销售量和利润必将急剧降低。如果销售量在少数几个产品项目上高度集中，那么该产品线将很脆弱，企业务必密切注视和保护好这些高度集中的产品项目。在另外一端，最右边的一个产品 E 所占产品线总销售量和利润额的百分比只占全部产品线销售量和利润额的 5%。在这种情况下，产品经理甚至可以考虑将这一滞销的产品项目从产品线上撤销。

(2)在相同市场中，自己的产品线或产品项目与竞争对手的对比状况

产品经理还必须以竞争对手的产品线状况为参照，来研究自己的产品线定位问题。以一家造纸公司生产纸板的一条生产线为例，纸张重量和成品质量是纸板的两个主要属性。纸张重量有 90、120、150 和 180 克重量单位，共四种标准重量级别。成品质量则分为三个标准档次。图 4－3 是 X 公司和 A、B、C、D 四个竞争对手的不同产品项目定位图。竞争者 A 出售两个产品项目，这两个产品项目均为超重量级，成品处于中低档范围之内。竞争对手 B 出售四

种产品项目，这四种产品项目的重量和成品质量均有所不同。竞争对手C出售两种产品项目，重量和成品质量成正比，重量越大，成品质量就越高。竞争对手D共出售三种产品项目，都是轻重量级的，但成品质量却不相同。最后，X公司提供出售三种品种项目，三种品种项目的重量分属不同等级，成品质量在低、中档之间变动。

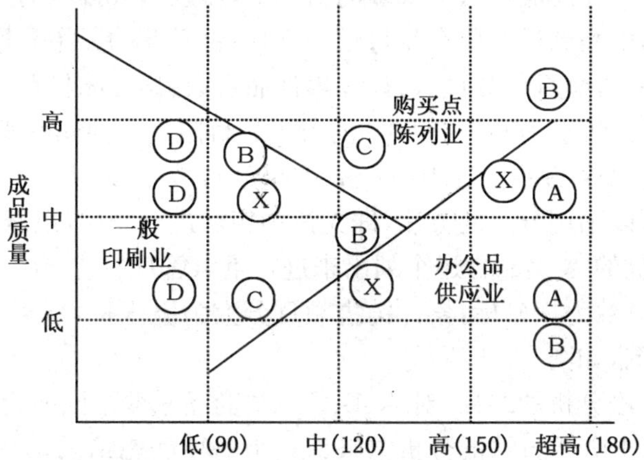

图4—3　产品项目定位

(3)利用ABC分类法分析产品组合(产品线)

ABC分类法又称帕累托分析法、主次因素分析法，是项目管理中常用的一种分析方法。它是根据事物在技术或经济方面的主要特征进行分类排队，分清重点和一般，从而有区别地确定管理方式的一种分析方法。由于它把被分析的对象分成A、B、C三类，所以又称为ABC分析法。在ABC分析法的分析图(见图4—4)中，有两个纵坐标，一个横坐标，几个长方形，一条曲线，左边纵坐标表示频数，右边纵坐标表示频率，以百分数表示。横坐标表示影响质量的各项因素，按影响大小从左向右排列，曲线表示各种影响因素大小的累计百分数。一般是将曲线的累计频率分为三级，与之相对应的因素分为三类：A类因素，发生累计频率为0%～70%，是主要影响因素；B类因素，发生累计频率为70%～90%，是次要影响因素；C类因素，发生累计频率为90%～100%，是一般影响因素。

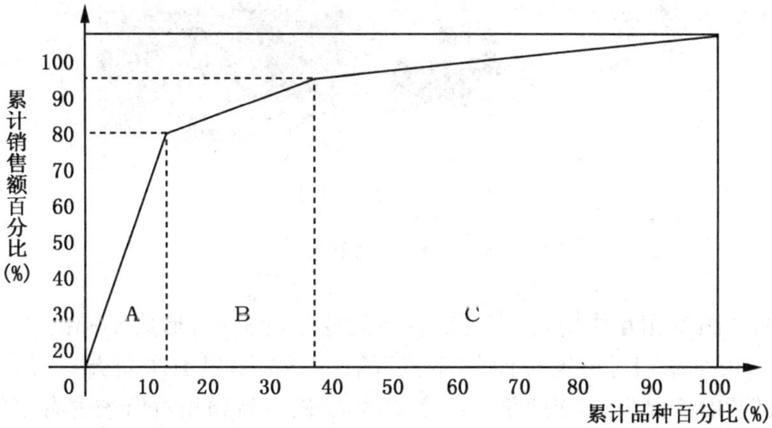

图4—4　ABC分析

利用ABC分类法分析产品组合(产品线)的具体分析步骤如下(以销售数据为例):

①收集各个产品线(产品项目)的年销售量、商品单价等数据。

②对原始数据进行整理并按要求进行计算,如计算销售额、品目数、累计品目数、累计品目百分数、累计销售额、累计销售额百分数等。

③作ABC分类表。在总品目数不太多的情况下,可以用大排队的方法将全部品目逐个列表。按销售额的大小,由高到低对所有品目顺序排列;将必要的原始数据和经过统计汇总的数据如销售量、销售额、销售额百分数填入;计算累计品目数、累计品目百分数、累计销售额、累计销售额百分数;将累计销售额为60%~80%的若干品目定为A类;将销售额为20%~30%的若干品目定为B类;将其余的品目定为C类。如果品目数很多,无法全部排列在表中或没有必要全部排列出来,可以采用分层的方法,即先按销售额进行分层,以减少品目栏内的项数,再根据分层的结果将关键的A类品目逐个列出来进行重点管理。

④以累计品目百分数为横坐标,累计销售额百分数为纵坐标,根据ABC分析表中的相关数据,绘制ABC分析图,如图4—4所示。

⑤根据ABC分析法分析的结果,对A、B、C三类商品采取不同的管理策略。

需要注意的是,以上分析方法的分析结果都只是一种静态结果,无法反映产品组合(产品线)的动态变化趋势,比如ABC分析法分析得到的C类产品线(产品项目)虽然销售有限,但原因可能不同(新产品或衰退产品),因此需借用波士顿矩阵这类分析手段。

(4)利用波士顿矩阵分析产品组合(产品线)

波士顿矩阵(BCG Matrix)又称波士顿咨询集团法、四象限分析法等。

波士顿矩阵认为一般决定产品结构的基本因素有两个,即市场引力与企业实力。市场引力包括企业销售量(额)增长率、目标市场容量、竞争对手强弱及利润高低等。其中最主要的是反映市场引力的综合指标,即销售增长率,这是决定企业产品结构是否合理的外在因素。

企业实力包括相对市场占有率、技术、设备、资金利用能力等,其中相对市场占有率是决定企业产品结构的内在要素,它直接显示出企业竞争实力。

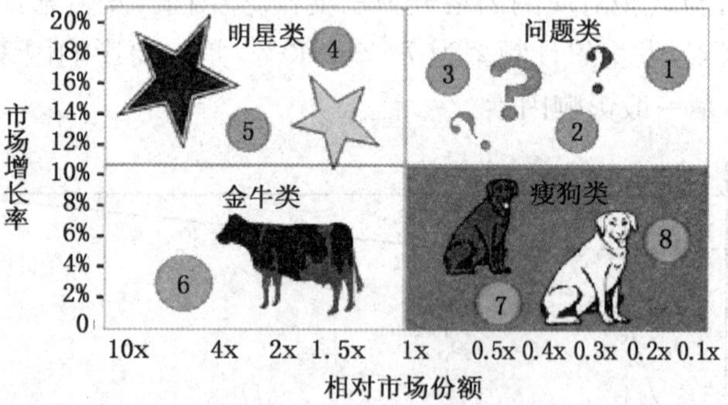

图4—5 波士顿矩阵

通过以上两个因素相互作用,会出现四种不同性质的类型,形成不同的产品发展前景(如图4—5):市场增长率和相对市场占有率"双高"的产品群(明星类产品★);市场增长率和相对市场占有率"双低"的产品群(瘦狗类产品×);市场增长率高和相对市场占有率低的产品群(问题类产品?);市场增长率低和相对市场占有率高的产品群(金牛类产品¥)。

本法将企业所有产品从市场增长率和相对市场占有率角度进行再组合。纵坐标市场增长率表示该业务的销售量或销售额的年增长率，用数字 0～20％表示，并认为市场增长率超过10％就是高速增长；横坐标相对市场占有率表示该业务相对于最大竞争对手的市场份额（本企业排第一，就和第二比；本企业不排第一，就和第一比），用于衡量企业在相关市场上的实力。用数字 0.1（该企业销售量是最大竞争对手销售量的 10％）～10（该企业销售量是最大竞争对手销售量的 10 倍）表示，并以相对市场份额 1.0 为分界线。需注意的是，这些数字范围可能在运用中会根据实际情况的不同进行修改。矩阵图中的八个圆圈代表公司的八个业务单位，它们的位置坐标表示这个业务的市场增长率和相对市场份额的高低；面积大小（圆圈半径）表示该单位的销售额大小。

其目的在于通过产品所处不同象限的划分，使企业采取不同决策，以保证其不断地淘汰无发展前景的产品，保持"问号""明星""金牛"产品的合理组合，实现产品及资源分配结构的良性循环。

基本步骤主要包括：核算企业各种产品的市场增长率和相对市场占有率。市场增长率可以用本企业的产品销售额或销售量增长率。相对市场占有率计算公式为：

本企业某种产品绝对市场占有率＝该产品本企业销售量/该产品市场销售总量；本企业某种产品相对市场占有率＝该产品本企业市场占有率/该产品市场占有份额最大者（或特定的竞争对手）的市场占有率。

绘制四象限图。以 10％的销售增长率和 1 的相对市场占有率为高低标准分界线，将坐标图划分为四个象限。然后把企业全部产品按其销售增长率和市场占有率的大小，在坐标图上标出其相应位置（圆心）。定位后，按每种产品当年销售额的多少，绘成面积不等的圆圈，按顺序标上不同的数字代号以示区别。

波士顿矩阵对于企业产品所处的四个象限具有不同的定义和相应的战略对策。

①明星产品（stars）。它是指处于高增长率、高市场占有率象限内的产品群，这类产品可能成为企业的现金牛产品，需要加大投资以支持其迅速发展。

明星业务是由问题业务继续投资发展起来的，可以视为高速成长市场中的领导者，它将成为公司未来的现金牛业务。但这并不意味着明星业务一定可以给企业带来滚滚财源，因为市场还在高速成长，企业必须继续投资，以保持与市场同步增长，并击退竞争对手。企业没有明星业务，就失去了希望，但群星闪烁也可能会耀花了企业高层管理者的眼睛，导致做出错误的决策。这时必须具备识别行星和恒星的能力，将企业有限的资源投入到能够发展成为金牛的恒星上。

②金牛产品（cash cow），又称厚利产品。它是指低市场成长率、高相对市场份额的业务，这是成熟市场中的领导者，它是企业现金的来源。由于市场已经成熟，企业不必大量投资来扩展市场规模，同时作为市场中的领导者，该业务享有规模经济和高边际利润的优势，因而给企业带来大量财源。企业往往用金牛业务来支付账款并支持其他三种需大量现金的业务。

图 4—5 中所示的公司只有一个金牛业务，说明它的财务状况是很脆弱的。因为如果市场环境一旦变化导致这项业务的市场份额下降，公司就不得不从其他业务单位中抽回现金来维持金牛的领导地位，否则这个强壮的金牛可能就会变弱，甚至成为瘦狗。

③问题产品（question marks）。它是处于高增长率、低市场占有率象限内的产品群。前者说明市场机会大，前景好，而后者说明在市场营销上存在问题。其财务特点是利润率较低，所需资金不足，负债比率高。

问题产品非常贴切地描述了公司对待这类业务的态度，因为这时公司必须慎重回答是否继续投资发展该业务这个问题。只有那些符合企业发展长远目标，企业具有资源优势，能够增强企业核心竞争能力的业务才能得到肯定的回答。图中所示的公司有三项问题业务，不可能全部投资发展，只能选择其中的一项或两项集中投资发展。

④瘦狗产品(dogs)，又称衰退类产品。它是处在低增长率、低市场占有率象限内的产品群。其财务特点是利润率低、处于保本或亏损状态，负债比率高，无法为企业带来收益。一般情况下，这类业务常常是微利甚至是亏损的。

瘦狗业务存在的原因更多是由于感情上的因素，虽然一直微利经营，但像人对养了多年的狗一样恋恋不舍而不忍放弃。其实，瘦狗业务通常要占用很多资源，如资金、管理部门的时间等，多数时候是得不偿失的。图中的公司有两项瘦狗业务，可以说，这是沉重的负担。

按照波士顿矩阵的原理，产品市场占有率越高，创造利润的能力越大；另外，销售增长率越高，为了维持其增长及扩大市场占有率所需的资金也就越多。这样可以使企业的产品结构实现产品互相支持、资金良性循环的局面。按照产品在象限内的位置及移动趋势的划分，形成了波士顿矩阵的基本应用法则。

第一法则：成功的月牙环。在企业所从事的事业领域内各种产品的分布若显示月牙环形，这是成功企业的象征，因为盈利大的产品不止一个，而且这些产品的销售收入都比较大，还有不少明星产品。问题产品和瘦狗产品的销售量都很少。若产品结构显示得散乱分布，说明其事业内的产品结构未规划好，企业业绩必然较差。这时就应区别不同产品，采取不同策略。

第二法则：黑球失败法则。如果在第三象限内一个产品都没有，或者即使有，其销售收入也几乎近似于零，可用一个大黑球表示。该种状况显示企业没有任何盈利大的产品，说明应当对现有产品结构进行撤退、缩小的战略调整，考虑向其他事业渗透，开发新的事业。

第三法则：西北方向大吉。一个企业的产品在四个象限中的分布越是集中于西北方向，则显示该企业的产品结构中明星产品越多，越有发展潜力；相反，产品的分布越是集中在东南方向，说明瘦狗类产品数量大，该企业产品结构衰退，经营不成功。

第四法则：踊跃移动速度法则。从每个产品的发展过程及趋势看，产品的销售增长率越高，为维持其持续增长所需资金量也相对越高；而市场占有率越大，创造利润的能力也越大，持续时间也相对长一些。按正常趋势，问题产品经明星产品最后进入现金牛产品阶段，标志着该产品从纯资金耗费到为企业提供效益的发展过程，但是这一趋势移动速度的快慢也影响到其所能提供的收益的大小。

如果某一产品从问题产品(包括从瘦狗产品)变成金牛产品的移动速度太快，说明其在高投资与高利润率的明星区域时间很短，因此对企业提供利润的可能性及持续时间都不会太长，总的贡献也不会大；相反，如果产品发展速度太慢，在某一象限内停留时间过长，则该产品也会很快被淘汰。

在本方法的应用中，企业经营者的任务，是通过四象限法的分析，掌握产品结构的现状及预测未来市场的变化，进而有效地、合理地分配企业经营资源。在产品结构调整中，企业的经营者不是在产品到了“瘦狗”阶段才考虑如何撤退，而应在“金牛”阶段就考虑如何使产品造成的损失最小而收益最大。

充分了解了四种业务的特点后还须进一步明确各项业务单位在公司中的不同地位，从而进一步明确其战略目标。通常有以下四种战略目标分别适用于不同的业务。

①发展。以提高经营单位的相对市场占有率为目标，甚至不惜放弃短期收益。要是问题类业务想尽快成为“明星”，就要增加资金投入。

②保持。投资维持现状，目标是保持业务单位现有的市场份额，对于较大的“金牛”可以此为目标，以使它们产生更多的收益。

③收割。这种战略主要是为了获得短期收益，目标是在短期内尽可能地得到最大限度的现金收入。对处境不佳的金牛类业务及没有发展前途的问题类业务和瘦狗类业务应视具体情况采取这种策略。

④放弃。目标在于清理和撤销某些业务，减轻负担，以便将有限的资源用于效益较高的业务。这种目标适用于无利可图的瘦狗类和问题类业务。一个公司必须对其业务加以调整，以使其投资组合趋于合理。

（二）分销渠道策略

企业生产出来的产品，必须通过一定分销渠道，才能在适当的时间、地点，以适当的价格供应给顾客，从而克服生产者与顾客之间的距离，满足市场需要，实现企业的市场营销目标。

1. 分销渠道的基本模式

（1）分销渠道的概念

分销渠道又称销售渠道，美国市场营销协会将其定义为："公司内单位及公司外部代理商和经销商的组织机构。通过这些组织机构，产品才得以上市营销。"美国学者爱德华·肯迪夫和理查德·斯蒂尔则认为：分销渠道是指，当产品从生产者向最终顾客移动时，直接或间接转移所有权所经过的途径。

菲利普·科特勒认为："一条分销渠道是指某种货物或劳务从生产者向消费者移动时取得这种货物或劳务的所有权或帮助转移其所有权的所有企业和个人。因此，一条分销渠道主要包括商人中间商（因为他们取得所有权）和代理中间商（因为他们帮助转移所有权）。此外，它还包括作为分销渠道的起点和终点的生产者和消费者，但是，它不包括供应商、辅助商等。"

科特勒认为，市场营销渠道（marketing channel）和分销渠道（distribution channel）是两个不同的概念。他说："一条市场营销渠道是指那些配合起来生产、分销和消费某一生产者的某些货物或劳务的一整套所有企业和个人。"这就是说，一条市场营销渠道包括某种产品的供产销过程中所有的企业和个人，如资源供应商（suppliers）、生产者（producer）、商人中间商（merchant middleman）、代理中间商（agent middleman）、辅助商（facilitators）（又译作"便利交换和实体分销者"，如运输企业、公共货栈、广告代理商、市场研究机构等）以及最后消费者或用户（ultimate consumer or users）等。

综上所述，所谓分销渠道，是指某种产品或服务在生产者向最终顾客转移的过程中所经过的各个环节；或企业通过中间商到最终顾客的全部市场营销机构或个人。其起点是生产者的销售，终点是最终顾客消费该产品；处在二者之间的，取得这种产品和服务的所有权或帮助所有权转移的所有组织和个人，称为中间商。营销渠道是指配合起来生产、分销和消费某一产品和服务的所有组织与个人，如供应商、生产商、中间商与最终顾客等，构成连续的供应链。

分销渠道管理的一个重要内容对制造商而言就是对中间商的控制问题，而营销渠道概念的提出，则进一步扩大了制造商的控制问题。在建立有效控制问题上，企业应改变传统观念，树立伙伴意识，变被动管理为相互合作，建立高效的供应链管理体制。这一体制的完善取决于以下几点：

①建立在关系营销基础上的彼此高度互信。从价值系统的角度看，供应链伙伴的利润源泉在于与最终顾客的交换，只有彼此合作才能获得最高效率的回报。

②通过营建高效的信息系统，实现信息的高度共享和及时利用。

③通过强调合作，强调伙伴关系，加强彼此联系，改进工作程序，改善管理，以真正实现战略性的合作伙伴关系。

理解分销渠道，要注意以下方面：

①分销渠道的起点是生产者，终点是消费者或者用户。销售渠道作为产品据以流通的途径，必然是一端连接生产，一端连接消费，通过销售渠道把生产者提供的产品或劳务，源源不断地流向消费者。在这个流通过程中，主要包含着两种转移：商品所有权转移和商品实体转移。这两种转移，既相互联系又相互区别。商品的实体转移是以商品所有权转移为前提的，它也是实现商品所有权转移的保证。

②分销渠道是一个过程，是由生产商根据产品的特性进行组织和设计的，在大多数情况下，生产商所设计的渠道策略要充分考虑其参与者——中间商。

③产品在由生产者向消费者转移的过程中，通常要发生两种形式的运动：作为买卖结果的价值形式运动，即商流，它是产品的所有权从一个所有者转移到另一个所有者，直至消费者手中；伴随着商流所发生的资金、产品实体、信息的空间移动，即资金流、物流、信息流。

以上"四流"通常都会围绕着产品价值的最终实现，形成从生产者到消费者的一定路线或通道，这些通道从营销的角度来看，就是分销渠道。

(2)分销渠道的主要职能

分销渠道的职能在于它是连结生产者和消费者或用户的桥梁和纽带。企业使用分销渠道是因为在市场经济条件下，生产者和消费者或用户之间存在空间分离、时间分离、所有权分离、供需数量差异以及供需品种差异等方面的矛盾。

①调研。调研是指收集制订计划和进行交换所必需的信息。

②促销。促销是指面对顾客进行的关于所供产品的说服性沟通。

③接洽。接洽是指寻找潜在购买者并进行有效的沟通。

④配合。配合是指所供产品符合购买者需要，包括制造、分等、装配、包装等活动。

⑤谈判。谈判是指为了转移所供物货的所有权，而就其价格及有关条件达成最后协议。

⑥物流。物流是指从事产品的运输、储存、配送。

⑦融资。融资是指为补偿分销成本而取得并支付相关资金。

⑧风险承担。风险承担是指承担与渠道工作有关的全部风险。

(3)分销渠道的主要参数

①分销渠道的层次：分销渠道可依据其渠道层次的数目来分类(见图4—6)。

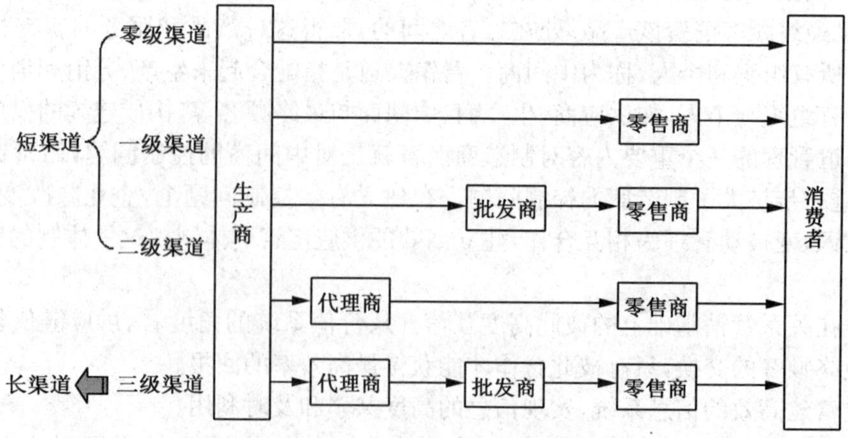

图4—6　分销渠道参数示意

在产品从生产者转移到最终顾客的过程中，任何对产品拥有所有权或负有销售权利的机构或个人，即为一个渠道层次。零层次渠道通常也称为直接分销渠道，是指产品在生产者向最终顾客转移的过程中，不经过任何中间商的分销渠道，以此类推。

②分销渠道的长度。即产品从生产者流向最终顾客的整个过程中，所经过的中间环节数。中间层次或环节越多，则渠道的长度越长。如零层、一层、二层，即为渠道的不同长度。

③渠道的宽度。即在分销渠道的各相同层次或环节中，使用相同类型中间商的数量。数量越多，渠道越宽；反之，渠道就窄。

④渠道的多重性。即生产者根据目标市场的具体情况，使用多条相互平行的分销渠道销售其产品。当企业面向不同目标市场时，应采用不同渠道；应注意的是，当企业面向相同目标市场时，同样可使用多条渠道进入，以激励中间商。如当今制酒业普遍使用的直接通过饭店、酒楼经营与传统的批发、零售（商店）两条并存的渠道。

（4）渠道的基本模式

由于顾客自身特点差异，消费者市场与产业市场的特点不同，两个市场的分销渠道模式也有一定差异。

①消费者市场分销渠道模式（见图4—7）

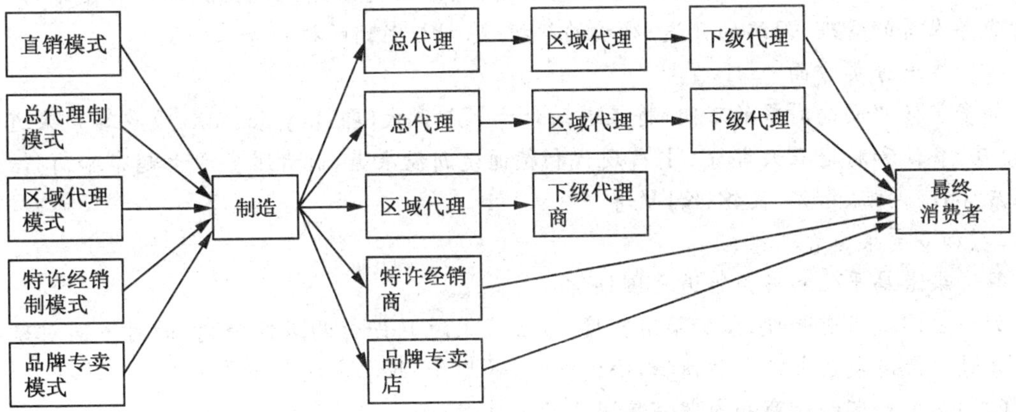

图4—7　消费者市场分销渠道示意

a. 生产者—消费者。主要包括直销和直复营销模式。特点是产销直接见面，环节少，流通费用较低；同时有利于把握市场信息。但不利于以规模化为基础的专业性分工，从而降低了整体效率。

b. 生产者—零售商—消费者。其特点是，中间环节少，渠道短，有利于生产者充分利用零售商的力量，扩大产品销路。缺点在于：需对零售商进行有效的控制；大规模专业化生产与零散的消费之间的矛盾，因零售的储存不可能太大，因此不能充分解决。

c. 生产者—批发商—零售商—消费者。这是一种传统的，也是常用的模式。其特点是中间环节较多，渠道亦长，有利于生产者批量生产，节省销售费用；也有利于零售商节约进货时间与费用，扩大经营。但流通时间加长，不利于生产者准确把握市场及消费者需求的及时满足，对市场变化的适应性较弱。

d. 生产者—代理商—零售商—消费者。代理商由于不承担经营风险，积极性较高，有利于生产者迅速打开销路。但选择及控制代理商，对生产者而言困难加大。

e. 生产者—代理商—批发商—零售商—消费者。流通环节过长，但可用于生产者极陌生的异地市场，如外贸业务。

小案例

加多宝如何对渠道精耕细作

2012 年 5 月，广药集团正式收回鸿道有限公司对其商标王老吉的使用权，加多宝公司被迫停止使用王老吉商标。在失去王老吉后加多宝加速"去王老吉化"，依托自有凉茶品牌加多宝与广药拼抢市场。

一、加多宝渠道简介

（一）分销渠道方面

加多宝使用密集分销策略，进行深度分销，厂家对整个网络的参与很深且占主导地位。即加多宝按照地域细分渠道，形成 5 大销售公司下辖 50 个销售大区，50 个销售大区下辖 500 多个办事处的格局。在每个大区，又有特大城市、省会与沿海发达城市、地级市、县镇和乡村共 5 个级别，每个城市设一个总经销商，采取总经销制，经销商下面可发展多家具有运输能力的分销商。总经销商直接对分销商供货，各个总经销商、分销商只是完成物流配送的使命，厂家负责对业务人员的管理、网络的开发、终端的维护、陈列与促销的执行等工作。

（二）渠道分类方面

加多宝按照面向对象的不同，将渠道细分为 KA 现代（即：key account 重要客户渠道）、批发、小店、餐饮和特通五大部分。KA 现代和特通是新设渠道，前者服务于大超市和商行，后者则供应学校、网吧、车站、宾馆、KTV 等。

二、加多宝渠道管理措施

（一）渠道扁平化和多条渠道全国铺货

加多宝缩减渠道长度，增加渠道宽度，每区域渠道只保留两级经销商，面对不同对象不同渠道分销。渠道覆盖大到大型商场，小到网吧、歌厅等，基本实现全国覆盖。

（二）注重外部经销商和内部销售团队的合作

加多宝在全国拥有 1 万多人的业务人员，这些业务人员直接帮助经销商和分销商开发餐饮客户和小店客户，而经销商和分销商原有的客户、业务员也必须与其建立关系。客户需要进货时一般先联系业务员，业务员再联系当地经销商为其送货。在加多宝的渠道网络中，经销商和分销商更多承担物流角色，而加多宝则对主要终端安排固定人员定期拜访、维护。客户在这个网络中是共享的。加多宝业务员和经销商一起进行网络的建设与完善，一起管理物流和促销。

（三）依托庞大的业务团队维护终端并严密掌控终端信息变化

加多宝业务员的基本工作是理货、清点库存、开发客户和记录数据。每个业务员每天大约拜访 40 个终端，每个终端每周 1～2 次，每到月中和月末，业务员要上报掌握渠道的客户资料，文员将这些数据录入加多宝的 RMS 系统线，各级都可以通过 RMS 系统对市场情况了如指掌，小到某社区的一家小店的变化，大到分区业绩变动。

（四）注重对业务人员的管理

加多宝业务员不但有高薪酬，还有丰厚的年终奖。在绩效考核方面，最主要的一点是"60%是基本工资，40%是绩效工资"，业绩达到 60%就可以按照业绩完成比例领取绩效工资。

此外，加多宝的工资结构里，还有一个部分是生活补贴和油费补贴。对于员工平时工作，实行每日汇报制，每个业务员每天的路线都是提前设定好的，并且都提前做成图表，以备主管和更上一级查询。在每个终端的服务台都有一张加多宝的“客户服务卡”，不但记录着对接业务员和主管的姓名和电话号码，而且还有业务员和监督员每次到达的时间等记录。

（五）和经销商保持良好的合作关系

在主要销售区域，加多宝的重点市场经销商都是跟加多宝集团董事长陈鸿道一起创业的高层旧部，该人群辞职出去或经陈鸿道分配福利后，自己单独做红罐王老吉区域经销商，如北京、广州、深圳、温州等市场，这些人对加多宝公司有较高的忠诚度。

在经销商利益的保证上，加多宝采取共赢策略。对经销商的利益回报，不是采取通常的进销差价，而是以返利的方式给予渠道上各个环节的利润，从而保障各个分销环节都享有利润。

此外，加多宝公司非常讲信用，从来不拖欠经销商的费用。而且加多宝有专门的业务员主动给经销商打电话，询问产品的剩余及坏损情况，以保障及时供货和更换坏损产品。

（六）开发终端注重量质并行

在终端数量上，不放过每一个区域每一个终端，在每一个区域市场上都要力求做深做透。加多宝每个办事处要求每个业务人员每人每天要拜访 35 家终端点，每人每天要开发 3 家新客户，用量化管理强力开发、建设终端网络。在终端的质量上，加多宝十分注重终端生动化的管理，业务员都事先受过培训，并且人手一册生动化手册，如位置、角度等都有图例和说明。2006 年、2007 年，加多宝两度举办全国终端形象创新大赛，征集优秀的生动化案例，向全国推广。

（七）适当利用压货和合同化控制渠道

加多宝要求其签约经销商有一定的压货能力，其向经销商的压货量一般为其库存的 2～3 倍。除了压货，加多宝也利用和一些经销商签订排他合同来控制渠道。

（资料来源：《浅析加多宝如何对渠道精耕细作》，百度文库）

②组织市场分销渠道模式

a. 生产者—用户。是产业市场的主要分销渠道模式，常为大型设备和原料的生产者所采用。

b. 生产者—批发商—用户。较适用于工业生产的劳动用品、小型附属设备及部分原材料。中小型企业也多采用此类渠道。

c. 生产者—代理商—用户。较适用于具有特种技术性能的产品和新产品。

d. 生产者—代理商—批发商—用户。这是产业市场中渠道最长、最复杂的一种模式，中间环节多，流通时间长，但有利于实现专业化分工，在全社会范围内提高劳动效率，节省流通费用，多用于工具、标准件等通用产品的分销。

总之，生产者分销渠道的模式选择，最终要解决的是如何在大规模的专业化生产及适应差异化的顾客要求之间取得平衡。随着社会的发展与进步，顾客差异化与个性化的要求日益突出，这一矛盾的解决也就显得更困难（当然，管理与技术也在不断进步）。从生产角度而言，柔性生产单元等技术的出现，缓解了规模化与小批量之间的矛盾；而网络技术的巨大发展，将进一步解决这对矛盾。但如何有效地利用这些技术，实现管理的跨越，包括创新与改善现有的分销渠道模式，则是我们必须面对的问题。

小案例

华为渠道策略——从直销到分销

创业初期，华为很长一段时间都把直销作为自己唯一的销售渠道。在企业形成一定的规模，再加上正式向国际市场发起进攻之后，发现随着客户群体的不断扩大，企业需要一种能为不同的客户提供有针对性的全面的产品解决方案，因此果断地改变了直销这个一直是华为销售生命线的渠道策略，转而寻求制定一条新的销售渠道。经过不断地完善改革，最终形成了今天的分销商供应渠道模式。

华为做直销起家，市场上拼杀的销售人员都身手不凡。在华为的销售渠道尚未建立之际，华为发挥直销的优势，对高端数据通信产品，如ATM和接入服务器，通过华为原有的直销渠道进行，并且通过这种方式逐渐树立自己的品牌。但在渠道体系建立起来之后，华为就严格地从直销方式转向渠道销售。当时，还有一些销售人员出于习惯，总是忍不住自己去签单。华为明确提出：决不能让直销进渠道，一定要保证分销商的利益，谈客户可以，但签单一定要让分销商去签。

华为摈弃了“渠道扁平化”的流行概念，放弃了对成本的单一追求。新的渠道构成也是在扁平化和立体化之间找一个结合点。立体化的服务体系既可以满足用户不同技术深度、不同反应速度的需求，同时也与分销体系有许多共同点，换句话说就是，正是由于服务不能扁平化，才需要渠道去支持针对性服务的实现。

通过每个大区对于经销商业绩的审核，经营良好的经销商可以逐步开设多家经销分店。这样能够激励经销商努力完成厂家的任务与指标，并且使其完成任务的积极性大大提高，经营的每个环节都能够尽善尽美。

其特色如下：

第一，重点瞄准售前工程师。

在接触过程中，华为发现不少中间商还是比较认可Cisco等国外品牌，而对华为的认可度并不高。因此，华为必须采取措施来打动他们，让他们增加对华为的了解。于是华为邀请很多专家来研究其产品并且举办活动让专家来介绍华为的产品。

第二，让中间商更了解自己。

华为向中间商全面地介绍了华为的网络产品、技术和解决方案。华为还组织自己的研发人员与中间商交流，共同探讨技术的发展、产品的应用。在这个过程中，通过学习和交流，这些集成商的工程师对于华为的产品有了更深入的了解，也让中间商更相信华为，使其代理其产品。而这只是其中很小的一个方面。

第三，关系营销在渠道的延伸。

华为是一家善于做客户关系的公司，这一点在业内毫无争议。在数据通信产品开始通过渠道销售以后，华为又把它运用到了渠道管理中。通过活动等来拉近和中间商的关系，使其代理华为产品。

第四，华为终端借电商渠道扩张。

近来，华为终端在渠道上动作频频，先以体育营销高调开局，现在又积极拓展电商渠道。日前，华为更推出了一场声势巨大的促销活动，其顶级旗舰产品7英寸顶配MediaPad(3G版)近8折在京东销售，而且以巨奖的形式吸引用户分享评价，短短几天时间内，该产品成为瞩目的焦点。

（资料来源：《华为营销的渠道策略》，http://www.zbintel.com/wz/12212432.htm）

2. 中间商

所谓中间商，是指介于生产者与顾客之间，参与交易，促使交易行为发生及实现，具有独立性的组织或个人，主要包括批发商和零售商。中间商是生产者与顾客之间的桥梁，从营销而言，中间商起着沟通信息与承担物流的双重作用；从社会生产角度而言，其基本功能主要有两个：

首先是调节大规模生产与小规模、分散消费之间的矛盾。中间商起着社会生产的“蓄水池”作用，他将搜集来的货物，化整为零，加工、分装出售给顾客；同时，中间商从生产者那里搜集货物，化零为整，成批货运、储存，降低了流通成本。

其次是调节专业化生产与个性化消费之间的矛盾。中间商通过对不同来源的专业化生产的产品的分类、搭配、重新组合，以适应不同顾客差异化的需求。

所谓批发，是指一切将物品或服务销售给为了转卖或商业用途而进行购买的个人或组织的活动。即区分批发与零售的关键，不在于一次交易的数量，而主要在于买方的购买目的。

所谓零售，是指直接为最终顾客服务的交易行为。零售商在流通领域处于最后阶段，由于服务对象的特点，零售业务具有小量采购、零散供应的特点，因此，如何实现规模经济，实现内部专业化分工是零售商必须面对的问题(连锁零售的发展就是实例)。在流通中，零售商的根本作用在于使产品直接、顺利地进入顾客手中，并真实、有效、及时地反馈最终顾客的信息，是分销渠道的重要一环。

(1)批发商的类型

①商人批发商。是指自己进货，取得产品所有权后再批发出售的商业企业，是批发商的最主要类型。按其职能和提供的服务是否完全进行分类，可分为完全服务批发商和有限服务批发商。

完全服务批发商执行批发商业的全部职能。其提供的服务主要有：保持存货、雇用固定的销售人员、提供信贷、送货和协助管理等。它又可分为两大类：批发商主要是向零售商销售并提供广泛的服务；工业分销商主要面向制造商而不是零售商销售产品。

有限服务批发商只执行部分服务，可分为以下六类：

a. 现购自运批发商。不赊销、不送货，主要是经营食品杂货，顾客多为小食品杂货店、饭馆等。

b. 承销批发商。拿到顾客订单，再向生产者进货，并通过生产者将货物直运给顾客，不需仓库，没有库存。

c. 货车批发商。从生产者那里装运货物后，直送给顾客，不需要仓库，没有库存。主要经营易腐和半易腐产品，执行推销员与送货员的职能。

d. 托售批发商。他们在超级市场和其他零售商店设置专销柜台，展销其经营的产品。产品出售后，零售商才付给货款。这种批发商的经营费用较高，主要经营家用器皿、化妆品、玩具等。

e. 邮购批发商。指那些将产品目录寄给零售商及其他顾客，全部批发业务均采取邮购方式的批发商。接到订单后再通过邮寄送货。他们主要经营食品杂货、小五金等产品，其顾客是边远地区的小零售商等。

f. 生产合作社。主要由农民组建，负责组织农民到当地市场上销售的批发商，合作社的利润在年终时分配给各地农民。

②经纪人和代理商。经纪人和代理商是从事采购或销售或二者兼备，但不取得产品所有

权的商业单位和个人。与商人批发商不同的是,他们对其经营的产品没有所有权,所提供的服务比有限服务批发商还少,其主要职能在于促成产品的交易,获得销售佣金。与批发商相似的是,他们通常专注于某些产品种类或某些顾客群。经纪人和代理商主要分为以下几种:

a. 产品经纪人。经纪人的主要作用是为买卖双方牵线搭桥,协助他们进行谈判,他们向雇用他们的一方收取费用。他们并不持有存货,也不参与融资和承担风险。

b. 制造代理商。制造代理商也称制造商代表,他们代表两个或若干个互补的产品线的制造商,分别和每个制造商签订有关定价政策、销售区域、订单处理程序、送货服务和各种保证以及佣金比例等方面的正式书面合同。他们了解每个制造商的产品线,并利用其广泛的关系来销售制造商的产品。

c. 销售代理商。销售代理商是在签订合同的基础上,为委托人销售某些特定产品或全部产品的代理商,对价格、条款及其他交易条件可全权处理。这种代理商在纺织、木材、某些金属产品、某些食品、服装等行业中十分常见。在这些行业,竞争非常激烈,产品销路对企业生死存亡至关重要。销售代理商与制造代理商一样,也和许多制造商签订长期代理合同,为这些制造商代销产品。

d. 采购代理商。采购代理商一般与顾客有长期关系,代他们进行采购,往往负责为其收货、验货、储运,并将货物运交买主。他们消息灵通,可向客户提供有用的市场信息,而且能以最低价格买到好的货物。

e. 佣金商。佣金商又称佣金行,是指对产品的实体具有控制力并参与产品销售协商的代理商。通常备有仓库,替委托人储存、保管货物。此外,佣金商还替委托人发现潜在买主、获得最好价格、分等、再打包、送货、给委托人和购买者以商业信用(即预付货款和赊销)、提供市场信息等职能。佣金商卖出货物后,扣除佣金和其他费用,即将余款汇给委托人。

③设立销售和采购办事处。批发的第三种形式是由买方或卖方自行经营批发业务,而不通过独立的批发商进行。这种批发行为可分为:

a. 设立销售办事处。生产企业往往设立自己的销售分公司或销售办事处,以改进其存货控制、销售和促销业务。

b. 设立采购办事处。许多零售商在大城市设立采购办事处。这些采购办事处的作用与经纪人或代理商相似,但却是买方组织的一个组成部分。

(2)零售商的类型

市场经济的高度发达,使零售商的变化十分显著,其主要特点是种类繁多、网点密布,构成了错综复杂的零售商业体系。零售商的类型千变万化,新组织形式层出不穷。以下我们从三个不同的角度来分析零售商的类型,即商店零售商、无店铺零售商和零售组织。

①商店零售商

a. 专业店。专业店可分为专营店和专卖店。专营店专门经营某一种或几类产品,其经营的产品线较窄,但经营产品的规格品种较为齐全。例如,服装店、体育用品商店、家具店、花店和书店均属于专用品商店。专卖店则专门经营某一品牌的产品,其产品线只受品牌限制,可能很广泛。

b. 百货店。百货店的特点是,经营范围广泛,种类繁多,规格齐全,一般经营多条产品线。并以经营优质、高档、时髦产品为主,分类组织与管理,每年的销售总额较大。

c. 超市。超市是一种规模相当大、成本低、毛利低、薄利多销、采取开架售货、自我服务的零售机构。早期的超市以出售食品为主,兼营少量杂货,目前的超级市场,已逐渐向多种产品发展。超市经营的多属于中低档产品，价格比较便宜。

d. 便利店。便利店是设在居民区附近的小型商店，主要销售家庭日常用品、食品等，但经营的品种范围有限。其特点是：营业时间长，并向居民提供综合性的生活服务。

e. 超级商场、联合商店和特级商场。超级商店比传统的超市更大，主要销售各种食品和非仪器类日用品，并提供各项服务；联合商店的营业面积比超级商店更大，提供饮食、娱乐等多项服务，呈现一种经营多元化的趋势，宗旨是一站式购物；特级商场比联合商店更大，综合了各种零售业态和各种服务提供者，宗旨是一站式服务。

f. 折扣店。折扣店以销售知名品牌和周转快的商品为主，限定销售品种，并以有限的经营面积、店铺装修简单、有限的服务和低廉的经营成本，向消费者提供“物有所值”的商品为主要目的的零售业态。其特点是：同一产品标有两种价格，一是牌价，二是折扣价，顾客按折扣价购买产品，其售价比一般商店低；店突出销售全国性（即制造商品牌）品牌的产品，因此价格低廉并不说明产品的质量低下，而是保证品质；采用开架式销售，很少服务；设备简单，店址不在闹市区和租金高的地段，能吸引较远处的顾客。折扣商店以降低营业费用、薄利多销为目的，其折扣方式也在不断改变。需要注意的是：一般商店的偶尔打折和特卖不能算是折扣商店，折扣店已经从经营普通产品发展到经营专门产品。

g. 仓储店。仓储店是一种不重形式，以大批量、低成本、低售价和微利促销、服务有限为特征的连锁零售形式。其特点是：以工薪阶层和机关团体为其主要服务对象；通过从厂家进货，减少中间环节，降低成本，致使价格低廉；仓店合一，运用各种手段降低经营成本，选址在非商业区或居民住宅区，产品以大包装形式供货和销售，不拆零销售，不做一般性商业广告；注意发展会员和会员之间的联谊，以会员制为基本的销售和服务形式。

我国商业界一般以营业规模，而不是经营性质来划分便利店、超市、仓储店。当年内贸部曾经以如下标准进行划分：卖场营业面积 1 000 平方米以下，经营品种 10 000 种以下，划为便利店；卖场营业面积在 1 000～10 000 平方米，经营品种在 10 000～100 000 种的称为超市；卖场营业面积 10 000 平方米以上，经营品种 100 000 种以上的称为仓储店。

②无店铺零售商

广义上无店铺销售是与店铺销售相对的概念，指经销商不通过店铺而直接向消费者销售商品和提供服务的营销方式。虽然大多数货物和服务是由商店销售的，但是无店铺零售却比商店零售发展得更快，原因在于此时顾客会感觉更自由和舒适，并节约了时间和精力。无店铺零售商主要类型有：

a. 直复营销。直复营销源于英文词汇“direct marketing”，即“直接回应的营销”。它是以盈利为目标，通过个性化的沟通媒介向目标市场成员发布发盘信息，以寻求对方直接回应（问询或订购）的社会和管理过程。美国直复营销协会（DMA）定义为：“直复市场营销是一种互动的营销系统，运用一种或多种广告媒介在任意地点产生可衡量的反应或交易”。

b. 直接销售。直接销售也叫直销，是指生产商直接使用推销员面向消费者（不包括组织市场顾客）进行销售的零售形式，主要有挨门逐户推销、逐个办公室推销和举办家庭销售会等形式。

c. 自动售货。自动售货是指通过自动售货机进行商品售卖活动的零售业态。消费者通过投币进行简单的操作来实现钱货两清的零售活动。自动售货已经被用在相当多的产品上，包括习惯性购买的产品（如香烟、软饮料、糖果、报纸和热饮料等）和其他产品。

d. 购物服务公司。购物服务公司是一种专门为某些特定顾客，诸如学校、医院、工会和政府机关等大组织的员工提供生活性服务的无店铺零售商。

(3)零售组织

尽管许多零售商店拥有独立的所有权,但是越来越多的商店正在采用某种团体零售形式。零售组织有以下几种:

①连锁店。连锁商店,即在同一个总公司的控制下,统一店名、统一管理、统一经营的商业零售集团。统一经营,集中进货,可获得规模经济效益。连锁店可在以下几个方面提高其经济效益:a. 大量进货,充分利用数量折扣和运输费用低的优势;b. 雇用优秀管理人员,在存货控制、定价及促销等方面进行科学的管理;c. 可综合批发和零售的功能;d. 做广告可使各个分店受益;e. 各分店享有某种程度的自由,以适应顾客不同的偏好,有效地应对当地市场的竞争。

②自愿连锁店和零售合作组织。面对连锁店的竞争压力,引发了独立商店的竞争反应,它们开始组成两种联盟:自愿连锁商店和零售合作组织。前者是由批发商牵头组成的以统一采购为目的的联合组织;后者是独立零售商按自愿互利原则成立的统一采购组织。这两种组织与上述连锁店的区别,只在于这两种组织的所有权是各自独立的。

③消费者合作社。这是由一定地区的消费者自愿投股成立的零售组织,其目的是避免中间商的剥削,保护自己的利益。消费者合作社采用投票方式进行决策,并推选出一些人对合作社进行管理。社员按购货额分红;或低定价只对社员,不对非社员。

④特许专卖组织。这是特许专卖权所有者(制造商、批发商或服务企业)与接受者之间,通过契约建立的一种组织,后者通常是独立的零售商,根据约定的条件获得某种特许专卖权,特许专卖权的所有者,通常都是些享有盛誉的著名企业。特许专卖组织的基础一般是独特的产品、服务或者是生产的独特方式、商标、专利或者是特许人已经树立的良好声誉。如美国麦当劳汉堡包、肯德基炸鸡的特许专卖店遍及全美国以及世界许多国家和地区。

⑤商店集团。这是一种零售商业上的垄断组织,它以集中的形式将几种不同的零售产品类别和形式组合在一起,并将其销售、管理功能综合为一个整体。通常是采用多角化经营,在一个控股公司的控制下包括各行业的若干商店,如美国的“联合百货商店”等。

3. 分销渠道管理

(1)影响渠道选择的因素

①产品因素

a. 价格。一般而言,产品价格高昂,则渠道宜短且窄;产品价格较低,渠道宜长且宽。

b. 产品的体积与重量。它主要通过影响运输与储存的费用来影响渠道的模式选择。因此,一般较轻、较小的产品,可选择较长、较宽的渠道;而较笨重的产品,只宜选择较短的渠道。

c. 产品式样。式样与花色品种多变,时尚性强的产品,应该选择较短的渠道,以缩短对市场的反应时间;式样与花色品种不易改变的产品,则有选择较长渠道的条件。

d. 产品的物理化学性质。易损与易腐的产品,应选择较短的渠道。

e. 产品的技术复杂性。技术复杂性越高的产品对服务支持的要求也越高,同时顾客对产品了解和学习的难度也越大,因此应尽可能选择较短的渠道。

f. 产品的标准化程度。标准化程度越高的产品,其通用性也越强,因而可选择较长、较宽的渠道;反之则相反。

g. 新产品。新产品上市,由于一方面企业销售渠道尚未畅通,因而缺乏选择能力;同时较短的渠道既利于企业的促销,也利于企业对渠道的控制,因此渠道大多较短。但要注意的是,这是受客观情况限制的结果,而非主动选择的结果。

②市场因素

a. 市场区域的范围大小。市场区域的范围较大，宜选择较长、较宽的销售渠道；市场区域的范围较小，宜选择较短、较窄的销售渠道。

b. 顾客的集中程度。顾客若较为集中，宜选择较短、较窄的销售渠道；若顾客较为分散，则宜选择较长、较宽的销售渠道。

c. 顾客的购买量和购买频率。对于购买量较少、购买频率较高的产品，应选择较长、较宽的销售渠道；而对购买量较多、购买频率较低的产品，应选择较短、较窄的销售渠道。

③企业因素

a. 企业实力。企业的实力是指企业的声誉、人力、财力和物力。企业实力越强，越有缩短渠道的能力。

b. 企业销售能力。企业有足够的销售力量或有丰富的产品销售经验，可以选择较短的销售渠道，少用或不用中间商。

c. 企业服务能力。企业有较强的服务能力，能为最终顾客提供较多的服务，可以选择较短的销售渠道。

d. 企业控制能力。企业为了有效地控制销售渠道，则应选择较短的销售渠道。

除了上述因素之外，企业的营销意图、国家的法律约束、中间商的特性等，亦制约着企业销售渠道的选择与设计。

(2)分销渠道的具体设计

分销渠道的设计，要解决三个方面的问题：

①是否使用中间商

即是采用直接销售渠道还是采用间接销售渠道，这需要从销售业绩和经济效果两个方面来考虑。这两个方面并非总是一致的，究竟以何为重，应视企业的营销战略而定，并以此为标准考察和比较渠道。

②确定中间商的数目

a. 独家分销。即企业在一定时空范围内只选择一家中间商经销或代理其产品。此时，中间商不得经营企业竞争者的产品，企业也不得向其他中间商提供其产品。这是最窄的分销渠道，其特点是企业与中间商联系紧密，企业对渠道控制力强，中间商积极性高，对新的竞争性产品有排斥力；但是，它对市场的覆盖率较小，且对一家中间商依赖性过高，市场风险较大。较适用于特制品、名牌产品、高档消费品和工业用品。

b. 密集性分销。即在某一市场使用尽可能多的中间商以加宽渠道，扩大市场覆盖面或快速进入新市场。其缺点在于，企业对中间商控制难度大，中间商积极性有限，营销费用高。适用于价格较低、购买频率高的消费品和工业品中的标准件、小五金及原材料等。

c. 选择性分销。即在同一目标市场中，有条件地选择多家中间商。其特点介于前二者之间，较适用于消费品中的选购品和特殊品、工业品中的零配件。

③中间商的选择

a. 目标市场。中间商的服务对象与企业目标市场必须相一致。

b. 地理位置。交通、通信、仓储、顾客流量等都是考察的内容。

c. 经营范围。应尽可能选择经营上有连带需要的中间商。

d. 营销能力。中间商是否有能力并愿意承担促销义务。

e. 服务能力。中间商是否有能力向顾客提供优质服务。

f. 财务状况与信用。在现阶段的中国市场，这是选择中间商的重要条件。

g. 管理能力。中间商的管理能力直接影响分销渠道的效率。

(3)中间商管理

企业与中间商的利益并不是完全一致的，同时双方看问题的角度也有差异，因此对中间商的激励、评估与控制就显得极为重要了。

①中间商激励

激励中间商，必须从了解中间商的心理状态与行为特征入手。因为中间商是一个独立的市场营销者，有自己的目标、方法和制定政策的原则；中间商首先是顾客购买的代理人，其次才是生产厂家的代理人；中间商在销售过程中，总希望尽可能配套销售，而不是单一销售某一厂家的一种产品；中间商在没有特别奖励的情况下，决不会认为自己有向生产厂家反馈市场信息的义务。对生产企业而言，从中间商立场出发，采取合作双赢的态度才是正确的途径。

在具体激励时，还需注意激励过分与激励不足的问题。一般来说，对中间商的激励，应以交易关系组合为基础。如果仍激励不足，可采取以下措施：提高中间商毛利率；放宽信用条件；改变交易关系组合使之更利于中间商；采取多种形式激励中间商。

②中间商的评估

对中间商的定期评估，首先应建立一套评估标准，包括：销售指标完成情况、平均存货水平、向顾客交货的速度、对损坏产品的处理、与企业促销等活动的合作、对顾客的服务情况，等等。其次，应尽可能通过合同约束，来固定以上标准。最后，可通过动态的分析比较、中间商竞赛等方法，来评估中间商的绩效。

③渠道调整

渠道调整的前提是评估各种可能的渠道交替方案，即从各种看起来很合理却又相互排斥的替代性方案中选择最能满足企业长期目标的一种。其评估标准是：

a. 经济性。判断一个方案的好坏，取决于能否获得最大利润，而不是它能否获得较高的销售额或较低的成本。分析时，应首先从估计不同方案的销售情况开始，因为有部分成本会随销售水平而变化。其次，是评估不同方案达成一定销售额所需的成本。如利用代理人的固定成本会低于企业维持一个销售门店所需的固定成本。但当销售额达到一定水平时，因代理人的佣金率高，使用代理人的成本会赶超上来。此时，也可评估投资收益率。

b. 控制性。使用中间商必然会增加控制上的困难，且渠道越长，控制难度也越大。

c. 适应性。即生产厂家的应变如何。每一个渠道方案都会因承诺而失去弹性，因此承诺的期限控制就是必须考虑的问题。

在此基础上，就可以根据具体情况进行适当的渠道调整了。渠道调整有增减渠道长度、增减渠道宽度和调整渠道模式等方式。

4. 渠道冲突管理

渠道冲突是指某渠道成员从事的活动阻碍或者不利于本组织实现自身的目标，进而发生的种种矛盾和纠纷。分销渠道的设计是渠道成员在不同角度、不同利益和不同方法等多因素的影响下完成的，因此，渠道冲突是不可避免的。

(1)渠道冲突的类型

①水平渠道冲突

水平渠道冲突是指同一渠道模式中，同一层次中间商之间的冲突。产生水平冲突的原因大多是生产企业没有对目标市场的中间商分管区域做出合理的规划，使中间商为各自的利益互相倾轧。这是因为在生产企业开拓了一定的目标市场后，中间商为了获取更多的利益必然要争取更多的市场份额，在目标市场上展开“圈地运动”。

②垂直渠道冲突

垂直渠道冲突是指在同一渠道中不同层次企业之间的冲突，这种冲突较之水平渠道冲突要更常见。例如，某些批发商可能会抱怨生产企业在价格方面控制太紧，留给自己的利润空间太小，而提供的服务（如广告、促销等）太少；零售商对批发商或生产企业，可能也存在类似的不满。

垂直渠道冲突也称作渠道上下游冲突。一方面，越来越多的分销商从自身利益出发，采取直销与分销相结合的方式销售商品，这就不可避免地要同下游经销商争夺客户，大大挫伤了下游渠道的积极性；另一方面，当下游经销商的实力增强以后，不满足目前所处的地位，希望在渠道系统中有更大的权利，向上游渠道发起了挑战。

③不同渠道间的冲突

随着顾客细分市场和可利用的渠道不断增加，越来越多的企业采用多渠道营销系统，不同渠道间的冲突指的是生产企业建立多渠道营销系统后，不同渠道服务于同一目标市场时所产生的冲突。不同渠道间的冲突在某一渠道降低价格（一般发生在大量购买的情况下），或降低毛利时，表现得尤为强烈。

（2）渠道冲突形成的原因

①角色对立

角色是对某一岗位的成员的行为所做的一整套规定。应用于营销渠道中，任一渠道成员都要实现一系列应该实现的任务。

②感知差异

渠道成员要实现其各自的目标，导致他们会站在各自立场上对同一问题或资源产生截然不同的看法，即产生了感知差异，从而导致冲突。一个代表性的例子是关于现场（point-of-purchase，POP）促销的。采取这种方式的制造商认为 POP 是一种有效的促销方式，可以提高零售量；而零售商通常视现场宣传材料为一堆废物，占用了宝贵的空间。

③期望差异

典型的例子是全美最大的传输维修业务公司 Aamoco 公司。Aamoco 公司特许经营商预测随着汽车制造商提供的维修保证越来越多，他们今后的业务会越来越难做。这种业务会削减的预期使很多特许经营商迫切要求将特许使用费率从 9%降至 5%，同时扩大其经营区域。激烈的冲突由此而引发。Aamoco 公司辩解：因为预期未来传输维修业务将会下降，公司需要提高特许权费用以便做更大的广告宣传。

④决策领域有分歧

价格决策是一个典型的例子。许多零售商认为价格决策属于他们的决策领域，而有的制造商则认为他们才有权定价。比如在美国，制造商在有些情况下支持 1975 年废除的《公平贸易法》，因为该法给予其零售定价权，从而扩展了他们的决策领域。尽管正式的《公平贸易法》已废除，但公平交易仍大量存在。这样一来，制造商巧妙地告知零售商：如果他们不接受制造商的定价建议，就会失去货物的供应。那些在激烈竞争的市场中需要定价灵活性的零售商时常感到制造商试图通过操纵定价侵入其领域，这有时会导致长期的激烈冲突。

⑤目标不一致

以一家百货店的男士衬衫部为例，这里同时销售三种品牌。该部门的目标必然是总销量和销售额，至于卖出的是哪个品牌的衬衫都无所谓。而对于制造商来讲，其特定品牌产品的销售量和市场占有率决定其“生死存亡”，其品牌销售观与零售商有着天壤之别。若其中厂商感到零售商无视其品牌，零售商的行为就会被厂商视为对其所定目标的阻碍，由此也就埋下了目标冲突的种子。

⑥传播障碍

以 AlphaGraphics 公司为例，作为特许权授予者，它在美国及国外有 300 家特许经营店。很多特许经营者连连抱怨，觉得 AlphaGraphics 公司对其缺乏支持，他们交了特许经营费却不知这笔钱如何改善其业务。一些特许经营者气愤地起诉了特许权授予者，AlphaGraphics 公司为自己辩解说：他们需从特许经营者那里得到全面的信息。例如，只有不到半数的特许经营者按 AlphaGraphics 公司的要求每月交财务报表。针对这种窘境，AlphaGraphics 公司的总裁麦克尔声称：“除非特许经营者每月按时上交财务报表，否则 AlphaGraphics 公司难以帮助其改善业务。”为了化解矛盾，AlphaGraphics 公司重新修订了特许经营合同，规定增加了特许权授予者如何使用特许费的透明度，同时要求特许经营者必须及时向公司提供详尽的财务报表。同时，冲突还有一个直接根源就是生产企业与经销商、网络成员都在追求利润最大化。

(3)解决渠道冲突的方法

解决渠道冲突的典型方法有以下几种。

①超级目标法

当企业面临对手竞争时，树立超级目标是团结渠道各成员的根本。超级目标是指渠道成员共同努力，以达到单个所不能实现的目标，即共赢。渠道成员有时会以某种方式签订一个他们共同寻找的基本目标的协议，其内容包括渠道生存、市场份额、高品质和顾客满意。从根本上讲，超级目标是单个公司不能承担，只能通过合作实现的目标。一般只有当渠道一直受到威胁时，共同实现超级目标才会有助于冲突的解决，才有建立超级目标的必要。

对于垂直性冲突，一种有效的处理方法是在两个或两个以上的渠道层次上实行人员互换。比如，让制造商的一些销售主管去部分经销商处工作一段时间，有些经销商负责人可以在制造商制定有关经销商政策的领域内工作。经过互换人员，可以提供一个设身处地为对方考虑问题的位置，便于在确定共同目标的基础上处理一些冲突。

②沟通

通过劝说来解决冲突其实就是在利用领导力。从本质上说，劝说是为存在冲突的渠道成员提供沟通机会，强调通过劝说来影响其行为而非信息共享，也是为了减少有关职能分工引起的冲突。

③协商谈判

谈判的目标在于停止成员间的冲突。妥协也许会避免冲突爆发，但不能解决导致冲突的根本原因。只要压力继续存在，终究会导致冲突产生。其实，谈判是渠道成员讨价还价的一个方法。在谈判过程中，每个成员会放弃一些东西，从而避免冲突发生，但利用谈判或劝说要看成员的沟通能力。事实上，用上述方法解决冲突时，需要每一位成员形成一个独立的战略方法以确保能解决问题。

④法律战略

冲突有时要通过政府来解决，诉诸法律也是借助外力来解决问题的方法。对于这种方法的采用也意味着渠道中的领导力不起作用，即通过谈判、劝说等途径已没有效果。一旦采用了法律手段，另一方可能会完全遵守其意愿改变其行为，但是会对诉讼方产生不满，这样的结果可能是双方的冲突增加而非减少。从长远看来，双方可能会不断发生法律的纠纷问题而使渠道关系不断恶化。

⑤退出该营销渠道

事实上，退出某一营销渠道是解决冲突的普遍方法。一个企图退出渠道的企业应该要么为自己留条后路，要么愿意改变其根本不能实现的业务目标。若一个公司想继续从事原行业，必须有其他可供选择的渠道。对于该公司而言，可供选择的渠道成本至少不应比现在大，或者它愿意花更大的成本避免现有矛盾。当水平性或垂直性冲突处在不可调和的情况下时，退出是一种可取的办法。从现有渠道中退出可能意味着中断与某个或某些渠道成员的合同关系。

三、任务设计

以在项目三中设计的小店产品、服务特色为基础，围绕品牌定位，选择和利用连锁专卖、特许经营、网络零售等途径，为复制与扩张自己的小店制定市场营销策略，并拟定策划书，用以说服可能的投资人。

（一）营销环境分析

1. 宏观环境分析。分析现有市场需求状况、市场潜力。重点分析市场需求发展的趋势，及影响这种趋势变化的各种因素（机会或威胁）。

2. 竞争分析。分析小店的主要竞争对手类型，小店相对于主要竞争对手的优劣。重点分析与居民家庭这一特定目标顾客群体相联系，小店的竞争优势如何体现？落实在哪些方面？

3. 顾客分析。针对不同类型的居民家庭，进行准确的顾客素描和顾客描述，明确用什么样的服务来满足不同家庭的具体需求。

（二）STP

1. 通过细分和目标市场选择，说明选定的目标顾客的关键特征和特殊偏好，明确满足其需求的关键所在。

2. 明确市场定位，陈述定位的理由。重点是品牌内核和外延的阐释，同时明确品牌愿景。

（三）简述营销组合

围绕定位陈述，将针对不同目标顾客群体的定位陈述具体化，转化为相应的价格、服务、沟通的具体措施。

四、知识拓展

（一）直复营销

直复营销（direct marketing）是无店铺零售的一种形式。随着经济与技术的进步，直复营销得到了飞速的发展，特别是互联网和电子商务的出现，更为直复营销的发展开拓了广阔的前景。

1. 直复营销的定义

美国直复营销协会（ADMA）认为，直复营销是一种为了在任何地方，产生可度量的反应和（或）达成交易而使用一种或多种广告媒体的相互作用的市场营销体系。因此，直复营销的核心是营销人员与目标顾客间的双向信息交流，在直复营销中不仅营销人员可将信息传递给顾客，更重要的是，顾客可通过多种方式将自己的反应回复给营销人员，这正是传统营销方式不具备的。

具体来说，直复营销与传统营销的区别体现在：

（1）直复营销以单个顾客为营销对象，实现个性化服务。

(2)直复营销以媒体为销售渠道,实现无店铺销售。

(3)直复营销广告以让顾客订货为目的,由于不使用大众媒体,摆脱了巨额广告费的限制,可以提供有关产品的详尽信息,使顾客对产品有了更好的认识。

(4)因直复营销的分销渠道为零层次,可实现全过程对产品的有效控制。

(5)"一对一"的营销形式,富有人情味,但因顾客不能直接接触产品,如何建立顾客信任是一个必须首先解决的问题。与直销相比,直复营销是以非人员的形式进行销售,费用更为低廉。

2. 直复营销的形式

直复营销的传统形式主要有:

(1)邮购目录(mail order catalog)

指销售者按选定的目标顾客名单寄发产品目录,以达到让潜在顾客了解产品信息的目的。

(2)直接邮寄(direct mail)

指销售者通过向目标顾客直接寄发邮件来推销产品。其目的一般而言是希望顾客立即订货(有时也会作为顾客联系手段使用),因此选准目标很重要。

(3)电话营销(telemarketing)

它是与顾客进行简便交流的最佳形式,已得到广泛应用。

(4)电视直销(television marketing)

它通过直销节目,形象、生动地进行产品推广,是全面介绍产品的极好方式。

随着网络的普及,网络成为直复营销的最佳工具。原因是只有网络才真正具备了双向实时交流的条件,交流可以不受时空限制,信息流量也基本无限制,且费用极为低廉。网络零售(详见下一节)已成为最重要的直复营销方式。

3. 直复营销的实施

(1)直复营销的优势

①从供应者的角度看

直复营销可以避免地域的限制,充分发挥现代通信、传媒的作用,节省了巨额的流通费用,其效果直接且可测量;从顾客角度看,这种购物方式省掉了大量的购物成本,如出行的不便、商店的拥挤、时间和体力的消耗等。

②从顾客的角度看

现代顾客由于工作的压力及其他一些原因,在思想观念、生活方式上出现改变,对生活质量、时间价值的新认识,使其更愿意接受直复营销;交通问题的日益突出、城市的不断扩大、对拥挤和嘈杂的厌恶,使顾客日益减少去商店尤其是中心商业区的购物时间。

③从产品角度看

名牌产品的质量、信誉的不断增长,为进行直复营销提供了产品条件;而现代通信和传媒的不断普及为直复营销提供了工具。

(2)直复营销的限制

①增加了购买决策的难度

直复营销是一种无店铺营销,顾客无法直接接触欲购买的产品,使其购买决策的难度加大。信誉是直复营销首先面对的问题。

②更多地依赖媒体和通信手段

直复营销完全依赖媒体、通信手段等传递产品与营销信息。因此,信息传递载体,如邮寄目录、电视营销节目等的有效性,就成为营销成败的关键。

③解决物流问题

直复营销只解决了产品促销和信息传递的虚拟化，但并不能解决实体产品物流的问题。当顾客实际购买后，直复营销必须解决如何快速、安全、廉价地将顾客订购的产品送到其手中的问题，而这需要一个庞大而高效的物流网络的支持。

(二)网络零售

根据中国电子商务研究中心发布的《2009 年中国网络零售调查报告》给出的网络零售定义，网络零售是指交易双方以互联网为媒介进行的商品交易活动，即通过互联网进行的信息的组织和传递，实现了有形商品和无形商品所有权的转移或服务的消费。买卖双方通过电子商务(线上)应用实现交易信息的查询(信息流)、交易(资金流)和交付(物流)等行为。网络零售又称网络购物，包括 B2C 和 C2C 两种形式。

小案例

2014 年中国网络零售市场交易额 2.8 万亿元

近年来，网络零售在中国快速发展。2012 年，中国网络零售市场交易额达到 1.31 万亿元，同比增长 67.5%；2013 年，达到 1.85 万亿元，超过美国成为全球第一大网络零售市场，同比增长 41.2%；2014 年，上升到 2.8 万亿元，同比增长 49.7%。有人说，中国网络零售市场涨疯了。那么，成就中国网络零售市场高速发展的关键因素有哪些呢？

政策驱动

长期以来，中国政府致力于推进信息化建设，包括政府信息化、企业信息化和社会信息化。不仅如此，2013 年《国务院关于促进信息消费扩大内需的若干意见》更是提出了“拓展电子商务空间”，包括完善智能物流基础设施，加快推进电子商务示范城市建设，拓展移动电子商务应用，建设跨境电子商务通关服务平台和外贸交易平台等。各地政府积极响应国家号召，建立电子商务产业园区，扶植地方商品开展网络零售。2014 年政府工作报告中提出：扩大跨境电子商务试点，推进国际电子商务谈判，鼓励电子商务创新发展等。此外，政府加速推进《电子商务法》立法进程；《侵害消费者权益行为处罚办法》也在 2015 年“3・15”正式实施。

资本支撑

中国网络零售发展速度快于美国等科技领先的发达国家，也快于印度等消费者众多的发展中国家，很重要的原因在于资本市场对于中国网络零售的支撑作用。鉴于中国网络设施基建速度加快，人口消费红利释放，互联网免费模式对网民应用和消费模式的培养，众多的投资者洞察到网络零售在中国的发展潜力，参与和见证了网络零售在中国的疯长势头。网络零售现有的低价机制、信用基础、物流建设均离不开资本的推动作用。在全球互联网市值最高的 TOP10 企业中，阿里巴巴和京东位列其中。唯品会的闪购模式，小米模式主导的制造业与网络零售的融合，聚美优品从团购到垂直电商的转型成功，均体现出中国网络零售企业的创新发展潜力。

消费拉动

网络零售的发展经历了以“淘宝”为代表的 C2C 崛起阶段，以“京东”和“天猫”为代表的 B2C 崛起阶段和以“海淘”和“天猫国际”为代表的跨境电商崛起阶段。这三个阶段的特点从“低价”到“正品低价”再到“品牌低价”，不断满足着消费者增长的需求和欲望，从而刺激消费者壮大网购人群，加大网购比例。与此同时，移动电子商务的崛起降低了网购门槛，增加了县域人群和农村地区消费者的网购比例。从而推进中国市场网购大众化、全民化的发展趋势。

不过，“疯长”的阶段已接近尾声，中国的网络零售市场正在从“增量”增长向“提质”增长转型。从政府加大“知识产权保护”“整顿假货市场”的力度；到企业推行“二维码”追踪溯源，帮助消费者辨识假货；再到消费者的维权意识增强，网络零售投诉量的增多。可以看出中国的网络零售市场正在主动谋求“升级”，我们期待中国网络零售市场实现“质的飞跃”。

（资料来源：TechWeb. com. cn.2015. 3. 27）

1. 趋势

(1)由目前 B2C 领先者发展成结合密集网点的零售形式，电商用户群和商品种类不断发展，小区域用户群增长促使配送网点增多，高密度网点最终发展成实现更多服务的新型零售平台。

(2)由区域传统零售巨头，利用线下实体网点资源，利用供应链资源，在某个区域实现密集网点结合大仓的网络零售形式。这种发展的结果，最终可能发展成分地域的零售巨头，他们在当地建立了高效的零售物流网络，每个巨头甚至能占据当地零售总额半数以上的份额。

2. 类型

(1)综合类 B2C。这种模式类似网上的百货店，经营范围广泛，如当当网。

(2)垂直类 B2C。围绕某一产品线或行业经营的模式，如苏宁易购、国美在线。

(3)生产企业网络直销类 B2C，如格力商城。这种模式必须解决企业原有的线下渠道与网络平台的利益协调，相互协作，帮助实行差异化销售。

(4)平台类 B2C/C2C 网站。这是一种拓宽网上销售渠道的业务平台。中小企业和个人的人力、物力、财力一般都十分有限，利用此系统可以形成一个较高知名度、点击率和流量的第三方平台，如淘宝。

3. 意义

从供应链角度来看，渠道结构被网络零售加以扁平化。总体来看，网络零售对渠道结构的改造降低了零售业的渠道成本。

从商品类型来看，小众需求在网络渠道受到尊重。网络提供了足够宽广且廉价的零售平台，使得原本“小众”到难以支撑起一个实体零售网点或进入实体网点销售的需求，在网络零售平台上得以满足，并且这些零散却数量巨大的小众需求带来的销售总额并不亚于畅销商品。

从客户关系及体验来看，自助式的购物体验使得消费过程更轻松，“让顾客主动”“能动的营销”在网络零售中体现得更为鲜明。

（三）直销与非法传销的区别

1. 定义差异

直销是指直销企业招募直销员，由直销员在固定营业场所之外直接向最终消费者推销产品的经销方式(《直销管理条例》第三条)。传销是指组织者或者经营者发展人员，通过对被发展人员以其直接或者间接发展的人员数量或者销售业绩为依据计算和给付报酬，或者要求被发展人员以交纳一定费用为条件取得加入资格等方式牟取非法利益，扰乱经济秩序，影响社会稳定的行为(《禁止传销条例》第二条)。

根据《直销管理条例》，企业从事直销应当通过所在地省、自治区、直辖市商务主管部门向商务部提出申请。商务部在征求有关部门意见、依法审查申报材料的基础上，做出批准或者不予批准的决定；予以批准的，颁发直销经营许可证。未经批准，任何单位和个人不得从事直销。

商务部通过商务部直销行业管理信息系统(以下简称信息系统)公布经批准并完成服务网点核查备案的直销企业名单,并实时更新。通过查询直销企业名单,可辨别该企业是否为直销企业。

2. 行为特征

直销是合法经营行为,以“单层次”为主要特征。传销是非法经营行为,以“拉人头”“入门费”“多层次”“团队计酬”为主要特征。企业开展直销应当取得《直销经营许可证》,但《直销经营许可证》仅说明该企业有资格从事直销经营,不是区分直销与传销的依据。

3. 人员管理

直销活动中,直销企业招募直销员,应当对直销员进行业务培训和考试,考试合格后颁发直销员证,并与其签订推销合同。直销企业招募直销员,不以缴纳费用或者购买商品作为条件,对直销员进行业务培训和考试不收取任何费用。直销员自签订推销合同之日起60日内可以随时解除推销合同。传销活动中,参与者通常要缴纳费用或者以认购商品等方式变相缴纳费用,通过不断发展人员加入,拉人头,形成上下层级网络,并从直接或间接发展的下线缴纳的费用中提取报酬。

4. 产品退换货

直销活动中,消费者、直销员自购买直销产品之日起30日内,产品未开封的,可以凭直销企业开具的发票或者售货凭证向直销企业及其分支机构所在地的服务网点或者推销产品的直销员办理换货和退货。传销活动中,所谓的“产品”或缴纳的入门费通常不予退还,参与者的权益无法得到保障。

根据《直销管理条例》,从事直销经营必须经商务部批准获得直销经营许可,任何单位和个人未经批准从事直销活动的,将被依法查处。根据《行政许可法》,被许可人(即直销企业)涂改、倒卖、出租、出借行政许可证件,或者以其他形式非法转让行政许可证件的,行政机关将依法给予行政处罚;构成犯罪的,依法追究刑事责任。个别企业或团队打着与直销企业合作的名义从事直销,属于未经批准从事直销,是违法经营行为,工商、公安机关将依法予以查处。

(四)物流

产品由企业到达顾客手中,不仅要通过所有权的转移,而且要经过订货、运输、装卸、仓储、存货管理等活动,实现产品实体的空间转移。其中最为重要的有运输、配送和仓储,它们和企业的销售渠道相辅相成,构成了企业销售系统的物流系统。完成产品转移的基本要求是:恰当的时间、恰当的地点,出现恰当的物。

1. 概述

物流又称实体分配,是指通过有效地安排产品的仓储、管理和转移,使产品在需要的时间到达需要的地点的经营活动。中国的物流术语标准将物流定义为:物流是物品从供应地向接收地实体流动的过程中,根据实际需要,将运输、储存、采购、装卸搬运、包装、流通加工、配送、信息处理等功能有机结合起来实现用户要求的过程。

现代物流不仅考虑从生产者到消费者的货物配送问题,而且还考虑从供应商到生产者对原材料的采购,以及生产者本身在产品制造过程中的运输、保管和信息等各个方面,全面地、综合性地提高经济效益和效率的问题。因此,现代物流是以满足消费者的需求为目标,把制造、运输、销售等市场情况统一起来考虑的一种战略措施。

物流的任务,包括原料及最终产品从起点到最终使用点或消费点的实体移动的规划与执行,并在取得一定利润的前提下,满足顾客的需求。物流的职能,就是将产品由其生产地转移到消费地，从而创造地点效用。物流作为市场营销的一部分，不仅包括产品的运输、保管、装卸、包装，而且还包括在开展这些活动的过程中所伴随的信息的传播。它以企业销售预测为开端，在此基础上制订生产计划和存货水平。其涉及的主要环节如图 4－8 所示。

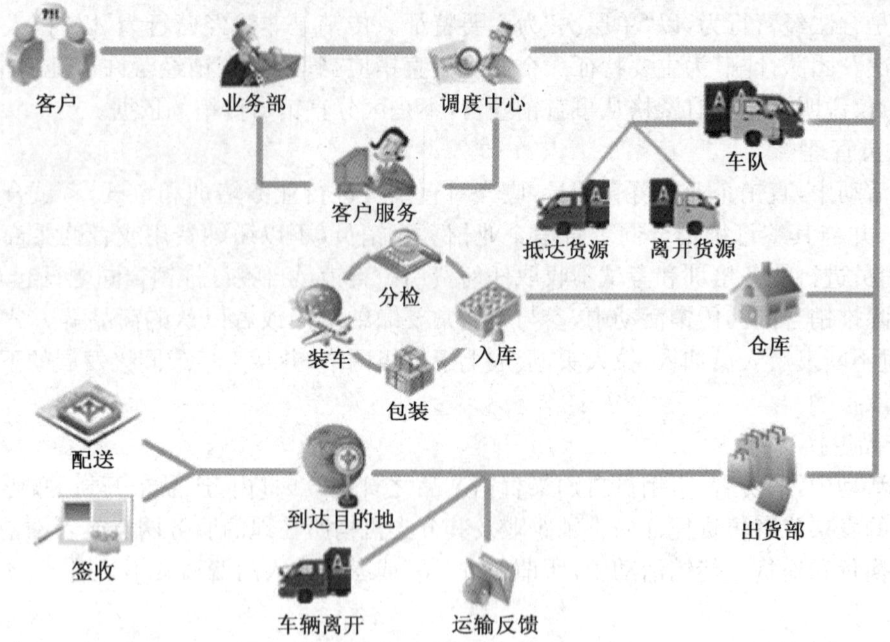

图 4－8 物流流程示意

2. 企业物流系统的设计方式

(1)单一工厂、单一市场

此时工厂多设在对应市场的中间，以节省运输的时间和费用；但设厂于偏远地区，也可能获得土地、劳动力、能源与原料等成本的降低。企业在评价时，还需考虑当前成本与长期成本的平衡。

(2)单一工厂、多个市场

①直运即直接运送产品到最终顾客手中。其前提是顾客订单的单位规模应达到一定的水平，以尽可能降低运输成本；同时，还需考虑送货速度的限制。多用于特制品、定制品的运输。

②整车批量运输，此时运输成本低于直运，但需考虑在当地市场的储存费用。当节约的运费大于因存货的增加而加大的储存费用时，此种方案可行。这种方案多用于大众消费品的销售。

③地区装配。即运输零配件到当地市场，在当地设厂组装。其优点是运费低且可以获得当地公众的支持；缺点是增加了企业总固定成本，从而增加了长期的经营风险。

(3)多个工厂、多个市场

企业此时面临两个最佳化选择：一是短期最佳化，在既定工厂和仓库位置上，制定一系列由工厂到仓库的运输方案，使运输成本最低；二是长期最佳化，即重新决定设备的数量与区位，使总的物流成本最低。

3. 物流现代化

现代意义上的物流管理出现在20世纪80年代。人们发现利用跨职能的流程管理的方式去观察、分析和解决企业经营中的问题非常有效。通过分析物料从原材料运到工厂，流经生产线上每个工作站，产出成品，再运送到配送中心，最后交付给客户的整个流通过程，企业可以消除很多看似高效率却实际上降低了整体效率的局部优化行为。比如运输部作为一个独立的职能部门，总是想方设法降低其运输成本，但若其因此而将一笔必须加快的订单交付海运而不是空运，这虽然省下了运费，却失去了客户，导致整体的失利。所以传统的垂直职能管理已不适应现代大规模工业化生产，而横向的物流管理却可以综合管理每一个流程上的不同职能，以取得整体最优化的协同作用。在这个阶段，物流管理的范围扩展到除运输外的需求预测、采购、生产计划、存货管理、配送与客户服务等，以系统化管理企业的运作，达到整体效益的最大化。高德拉特所著的《目标》一书风靡全球制造业界，其精髓就是从生产流程的角度来管理生产。

现代物流具有以下四个特点：

(1)电子商务与物流的紧密结合；

(2)现代物流是物流、信息流、资金流和人才流的统一；

(3)电子商务物流是信息化、自动化、网络化、智能化、柔性化的结合；

(4)物流设施、商品包装的标准化，物流的社会化、共同化也都是电子商务下物流模式的新特点。

物流现代化涵盖物流管理的多个环节，需要多种技术支持，其中包括：条形码技术、电子支付、管理信息系统、战略信息系统、电子数据交换和电子订货系统等。其中基本的技术基础是：条码技术、EDI技术、射频技术(RFID)、GIS技术(地理信息系统)、GPS技术。

当然，物流现代化的关键在于以以上技术为基础，在现代计算机网络平台上构筑一个完整的现代管理系统，但同时必须注意与这种管理系统相适应的管理系统和管理文化的构建，只有三者的完美结合才能真正建立一个现代化的物流系统。

现代物流新概念：

(1)敏捷物流

敏捷物流(agility logistics)又称敏捷供应链(agile supply chain，ASC)，多数中国物流公司将敏捷物流称为“途途物流”(wuliuku)。敏捷物流以核心物流企业为中心，运用科技手段，通过对资金流、物流、信息流的控制，将供应商、制造商、分销商、零售商及最终消费者用户整合到一个统一的、快速响应的、无缝化程度较高的功能物流网络链条之中，以形成一个极具竞争力的战略联盟。

(2)云物流

采用第三方物流，结成战略联盟，促进物流一体化，电商和物流的合作已经形成了轻公司轻资产模式、垂直一体化模式、半外包模式、云物流云仓储模式。

(3)虚拟物流

虚拟物流(virtual iogistics)是指以计算机网络技术进行物流运作与管理，实现企业间物流资源共享和优化配置的途途物流方式。即多个具有互补资源和技术的成员企业，为了实现资源共享、风险共担、优势互补等特点的战略目标，在保持自身独立性的条件下，建立的较为稳定的合作伙伴关系。

(4)配送中心配送

配送中心配送(delivery of distribution centers)是指配送活动的组织者是配送中心。配送中心是专门从事货物配送活动的流通企业，经营规模较大，其设施和工艺结构是根据配送活动的特点和要求专门设计和设置的，故专业化、现代化程度高，设施和设备比较齐全，货物配送能力强，不仅可以远距离配送，还可以进行多品种货物配送，不仅可以配送工业企业的原材料，还可以承担向批发商进行补充性货物配送。这种配送是工业发达国家货物配送的主要形式，是配送未来的发展方向。由于必须配置很多的先进设备和设施，故投资大，在实施配送初期，难以推广这种配送形式。

五、案例分析

把梳子卖给和尚：从一个经典销售故事看营销

某公司创业之初，为了选拔真正有效能的人才，要求每位应聘者必须经过一道测试：以比赛的方式推销100把奇妙的梳子，并且把它们卖给一个特别指定的人群——和尚。几乎所有的人都表示怀疑：把梳子卖给和尚？这怎么可能呢？许多人都打了退堂鼓，但是甲、乙、丙三个人勇敢地接受了挑战……

一个星期的期限到了，三人回公司汇报各自销售实践成果，甲先生仅仅只卖出1把，乙先生卖出10把，丙先生居然卖出了100把。

同样的条件，为什么结果会有这么大的差异呢？公司请他们谈谈各自的销售经过。甲讲述其历经的辛苦，跑了三座寺院，游说和尚应当买把梳子，无甚效果，还惨遭和尚的责骂。但他不屈不挠，终于感动了一个小和尚，买了一把梳子。乙去了一座名山古寺，由于山高风大，把前来进香的善男信女的头发都吹乱了。乙先生找到住持，说："蓬头垢面对佛是不敬的，应在每座香案前放把木梳，供善男信女梳头"。住持认为有理，那庙共有10座香案，于是买下10把梳子。丙来到一座颇负盛名、香火极旺的深山宝刹，对方丈说："凡来进香者，多有一颗虔诚之心，尤其对于积德行善之人宝刹应有回赠，保佑平安吉祥，鼓励多行善事。我有一批梳子，您的书法超群，远近闻名，可刻上'积善梳'三字，然后作为赠品。"方丈听罢大喜，立刻买下100把梳子。

公司认为，三个应考者代表着营销工作中三种类型的人员，各有特点。甲先生是一位执着型推销人员，有吃苦耐劳、锲而不舍、真诚感人的优点；乙先生具有善于观察事物和推理判断的能力，能够站在客户服务的角度，因势利导地实现销售；而丙先生通过对目标人群的分析研究，最后站在客户利益的角度，大胆创意，有效策划，开发了一种新的市场需求。由于丙先生过人的智慧，公司决定聘请他为市场部主管。这时挑战者——丁，找到公司领导说，卖给和尚100把梳子算什么？我可以让和尚源源不断地买我的梳子，至少也得上万把！以一年为限。许多人都认为他疯了。

1. 市场分析及策划

他还是找到了那个住持，问他：您这边每天大概能赠出多少把梳子呢？

住持回答：差不多10多把。

他继续问：您觉得这与您所获得的香火钱相比是不是也是成本呢？

住持回答：是的，虽然是赠，但也是钱啊。佛门本来就没有什么钱。

他又问：你有没有想过收费呢？

住持回答：怎么收费？

他说：到您这里来的人有达官贵人，也有平民百姓。总之是什么样的人都有吧。您可以在梳子上下点功夫，让您的梳子与普通梳子有着本质上的区别，您可以准备一些梳子，做成"开光梳"，千金不卖，只卖有缘人。然后把您的梳子命名为"智慧梳""姻缘梳""健康梳""功名梳"，卖给不同需求的人。这样一方面您的收入增加了，另一方面您的寺庙的档次也就体现出来了。

这个住持一听，觉得有点道理的，于是就说好，这事就交给你来办吧。

2. 市场活动，提升形象

丁很快就请了几个记者来宣传了一下这家寺院。然后做了一批梳子，举行了一个盛大的“开光”仪式，当地的政府要人、各界明星都来了。当天就卖出了1 000把梳子。寺院的名气一下就上去了。

丁又请人给这个寺院搜寻了一些历史故事和神奇传说，当然，很多是跟梳子有关的。很快，这个寺院成了当地的历史文物。来的香客越来越多，梳子的销量也越来越好。人们也不在乎掏钱买把梳子。这样过了一段时间，寺院挣了不少钱。住持很佩服丁。

3. 细分客户群，引入CRM

这个时候，丁找到住持说：你有没有发现前来的香客您都没有记录。据我观察，有的香客来了好几次了，有的香客很富有，有的香客很重要，有的香客是名人，您是不是应该对这些香客提供一些更有意义的梳子呢？

住持一听，觉得也是，于是很快就让小和尚开始记录前来拜佛的香客。很快，小和尚发现，前来的人太多了，手工记录根本来不及。住持又找到丁，问他有什么办法？丁说，我可以给你解决这个问题。丁购买了一些电脑，在寺院内很隐蔽地架构了一个局域网，连接到外部的互联网，并安装了一套CRM系统，又设置了硬件设备。只要香客一进入寺院，关于这个香客的详细记录就全部在CRM系统里面展现出来。

4. 贴近客户，精耕细作，挖掘客户价值。

住持看到这么个东西大吃一惊。丁开始用CRM分析来寺院香客的详细资料。一些香客刚来到寺院，就被突然告之今天是他的生日。香客们非常感动，香火钱更多了。

针对一些大香客(20%)，寺院开始量身定做一些特殊价值的高端梳子，例如，牛角梳、檀木梳、白玉梳等，由方丈亲自开光，分别赋予不同的含义，如奇妙聪明梳、健康如意梳、事业成功梳等，满足一些大香客特殊的需要；从那以后，这些香客们在逢年过节、小孩过生日、老人庆寿的时候总能收到寺院寄的小礼品。梳子已经成为人们心中的神圣之物。只要去那家寺院，至少要为自己和家人带几把梳子，给远方的亲人、朋友带几把梳子。一旦梳子用坏了，就自然想到了那家寺院。

5. 竞争对手分析——差异化竞争

过了一段时间。丁通过CRM发现，有些香客来得少了。一打听，原来不远处也有一家寺院采取了同样的赠送梳子的方式，一部分香客去了那家寺院，住持开始着急。

恰逢国际上将举办一次重大的佛教活动。于是丁通过各种渠道邀请了这次活动的主席——某活佛到这家寺院考察讲经。活佛对梳子特别感兴趣，最后由寺院举办盛大的“开光”仪式，邀请活佛亲自将一批制作精美的梳子“开光”，当地的政府要人、各界明星都来了，国内外N多记者记录了这一时刻，寺院梳子的美名度再次提升。

丁制作了N把活佛的开光梳，不过是微型的，出售给前来的香客，让这些人挂在脖子上、钥匙扣上做纪念。于是梳子与寺院更紧密地联系在一起。旁边的那家小寺院一下子就没有了香客。

6. 缝隙市场全面覆盖

住持根据CRM里的跟进记录发现，虽然当地香客的70%都到这家寺院来，但是本地还是有一些大香客没有上门过，于是丁专门组织了一些能力强的和尚对这些目标香客进行了一一了解，并详细分析和分工，制订行动计划，然后通过上门拜访、宣讲法事、祈福，以及其他香客做工作，最终这些大香客都到这家寺院来了。

7. 客户分类专人管理，强化绩效考核

虽然对香客进行分类管理，但是由于接待香客的和尚素质不一样，经常出现出售错了梳子。主持找到了丁，丁根据CRM里的跟进记录以及每个和尚接待香客的数量、次数、被香客投诉的次数将现在的和尚进行了分类，不同的和尚接待不同的香客。香客发现这些和尚更能了解他们的心思了，满意度大大提高了。

（资料来源：百度文库，文档贡献者：青城九头鸟，2011.1.14，有删改）

思考与分析：

1. 在这个案例中，成功的营销主体是谁？提供给顾客的产品是什么？

2. 丁的一系列营销策划中，还存在哪些不足的地方？

3. 针对香客的划分如何更合理？运用细分工具对香客进行细分，选定关键顾客群体进行顾客素描和顾客描述。

4. 利用定位陈述工具，总结提供给顾客利益，概括和提炼产品定位，并据此提出寺庙的品牌定位。

5. 运用市场集中化模式，寺庙在整体品牌下，还可以开发和提供哪些产品与服务给香客？列出产品组合，并进行针对性分析。

六、知识链接

服务营销

传统市场营销理论对产品的定义尽管是广义的，既包括实体产品的营销，也包括无形产品的营销，但其主要研究领域还是局限在实体产品的营销。由于无形产品，尤其是服务的营销有着自己的特点，如果仍然沿用实体产品营销的理论和方法，就有可能陷入“管理陷阱”。

（一）服务营销的基本特征

1. 服务的类型

(1)附带服务的实体产品

这种商品由附带一项或几项服务的实体产品组成，以增强对顾客的吸引力。

(2)主要是服务，配合少量的产品和附加服务

这种商品的内容主要由服务构成，同时伴有少量的附加服务或辅助性产品。例如，飞机乘客是在购买运输服务，在消费的需求得到满足后，他们没有得到任何有形的东西。然而，在消费过程中，也还能够得到一些有形的东西，如在途中可以得到食品、饮料、纪念品、报纸、杂志等。而且要实现这种服务，还需要一种资本密集的实体产品，即飞机，但这类商品基本的内容是服务。

(3)单纯服务

这种情况下提供的主要是服务，有形因素很少，甚至没有。如律师的法律咨询提供的是一种纯粹的服务，其有形要素可能仅仅是律师的办公设备。

2. 服务的范围及概念

服务作为独立的产品，根据美国市场营销学会（AMA）的定义，被解释为“可被区分界定，主要为不可感知，却可使欲望获得满足的活动，而这种活动并不需要与其他的产品或服务的出

售联系在一起，生产服务时可能会或不会需要利用实物。而且，若需要借助某些实物协助生产服务，将不涉及这些实物所有权的转移。”市场营销学大师菲利普·科特勒也提出类似的定义，他强调：“服务是指交换的一方向另外一方提供的任何活动或利益，而这些活动主要是不可感知的，且不涉及所有权的转移，它们的生产可能——但也可能不——与实物产品紧密地联系在一起。”

显然，根据西方市场营销学者对服务的认识，至少有两点需要强调：

(1)服务是一种独立的产品，就像具有实体形状的工业品或消费品一样，这就把“服务”同“顾客服务”区分开来。因为顾客服务，无论是售前服务还是售后服务，都只是附属于其他产品之上并为之提供附加价值的一种产品要素。

(2)既然服务被看作是独立的产品，那么，生产服务产品的服务业也就是一个独立的行业，创造社会价值。正确理解服务与服务业的含义，有助于我们完整地把握服务产品的基本特征，并在此基础上探讨服务产品市场营销活动的全过程。

(二) 服务的特征

服务始终是一种营销产品，能够满足顾客某种需要，给顾客带来某种利益，在这一点，服务和实体产品并无二致。但是，对服务的营销，必须明了服务产品所独有的五大特征：不可感知性、不可分离性、差异性、不可贮存性以及缺乏所有权。

1. 不可感知性

服务是无形的，在购买服务之前，我们既看不见，也摸不着。在走进理发店时，我们很难从理发师外表判断他(她)的服务水平和质量；向心理医生进行心理咨询的人当时也不可能知道治疗的结果。

服务的这一特征决定了顾客在服务购买决策时，要冒较大的风险，也就是说，顾客在初次接触某一服务时，对服务的取舍由于服务的不可感知性而变得困难了。为了减少服务消费的风险，增强自己的“信任感”，顾客会高度依赖于自身经验或他人的介绍。因此如何争取顾客的信任感，是服务营销要解决的首要问题。

同时需要强调，服务的不可感知性并非绝对，纯粹的服务并不多，大多数情况是：主要是服务，加上必要的有形部分；服务是无形产品，但无形产品并非都是服务，服务营销的方法并不适用于所有无形产品。

2. 不可分离性

实体产品的消费从生产到流通再到最终消费的使用要经过一系列中间环节，生产过程与消费过程具有一定的时空间隔。而服务则不同，其生产过程与消费过程是同时进行的，服务的生产时间就是顾客消费的时间。

服务的这种特性表明，顾客只有而且必须加入到服务的生产过程才能进行消费。这种特性决定了服务的供给受到了极大的限制，因为生产者的时间和空间都是有限的，而服务产品又无法通过储存和运输实现时间和空间的位移。

3. 差异性

实体产品，特别是工业品都是按照标准化体系生产的，能有效地对质量进行控制。而服务则不同，服务依赖于人来提供服务，由于人类个性的存在，使得服务的质量既难以标准化，又难以始终保持相对的稳定。

一方面，由于服务人员自身因素的影响，即使同一服务人员在不同情况下其服务质量都可能有较大差异；另一方面，由于顾客直接参与服务的生产过程，顾客本身的因素(如知识水平、兴趣和爱好等)也直接影响服务的质量和效果。这种差异性使顾客对企业形象难以确定,因为同一家快餐店,前一分店可能会得到顾客的交口称赞,而另一分店则可能由于服务低劣受到顾客的抱怨和投诉。

4. 不可贮存性

服务的生产与消费的一体化,决定了服务是无法贮存的,如飞机这一航班上座率只有50%,下一航班并不能把上座率增至150%。当服务需求比较稳定时,服务时间算不上问题,因为在服务之前就很容易配备好服务人员;但如果服务需求上下波动时,服务企业就碰到了难题。如旅馆就经常面临住宿淡旺季的变化,而其客房却又不能任意增减,往往出现旺季供不应求、淡季大量闲置的状况。因此,不可贮存性的特征要求服务企业必须解决由缺乏库存所引致的产品供求不平衡问题,如何制定分销策略来选择分销渠道和分销商以及如何设计生产过程和有效地弹性处理被动的服务需求等;为避免这一点带来的困难,服务中价格成为一个更灵活的营销手段。

5. 缺乏所有权

缺乏所有权是指在服务的生产和消费过程中不涉及任何东西的所有权转移。既然服务是无形的又不可贮存,服务产品在交易完成后便消失了,消费者并没有“实质性”地拥有服务新产品。以银行取款为例。通过银行的服务,顾客手里拿到了钱,但这并没有引起任何所有权的转移,因为这些钱本来就是顾客自己的,只不过是让银行保管一段时间而已。再比如,乘坐飞机之后旅客从一个地方被运送到另一个地方,而此时旅客手里除了握着机票和登机牌(而这些物品,是顾客登机前就买到的)之外,他们没再拥有任何东西,同时航空公司也没有把任何东西的所有权转让给旅客。

缺乏所有权会使消费者在购买服务时感受到较大的风险,如何克服此种消费心理,促进服务销售,是营销管理人员所要面对的问题。目前,服务产业发达的国家,很多服务企业逐渐采用“会员制度”的方法维持企业与顾客的关系。当顾客成为企业的会员后,他们可享受某些特殊优惠,让他们感觉到就某种意义而言他们确实拥有企业提供的服务。

从对上述五个特征的分析中不难看出,“不可分离性”大体上可被认为是服务产品的最基本特征,其他特征都是从这一特征派生出来的。

(三)服务市场营销与实体产品市场营销的差异

服务的上述特征决定了服务市场营销同实体产品的市场营销有着极大的差异,具体表现为以下几个方面:

1. 产品特点不同

实体产品表现为一个物体或一种东西;服务则是一种行为、利益、绩效和努力。由于服务是无形的,顾客难以感知和判断其质量和效果,他们更多的是根据服务设施和环境,以及提供服务的人来衡量。

2. 顾客对生产过程的参与

由于顾客直接参与生产过程,正确处理顾客与服务者的关系是服务营销管理的重要内容。

3. 人员素质的特别重要性

服务主体是人,必须运用社会学、心理学等学科的知识来加强人的管理以提高服务营销的水平。

4. 质量控制

服务难以标准化控制,要积极寻求建立有效的服务制度,向顾客提供可靠的质量保证。

5. 产品无法贮存

由于服务无法贮存，要通过供给和需求两方面的调整实现服务市场的供求平衡，变得更为困难。所以，如何使波动的需求同企业的生产能力相匹配，便成为服务营销管理中的一个难题。

6. 时间因素的重要性

服务供应必须及时快捷，以缩短顾客等候服务的时间。

7. 分销渠道不同

服务企业的分销渠道主要借助特定的媒体或地点把产品提供给消费者。

(四)服务市场营销组合

学者将服务业市场营销组合在原有的 4P 策略上加上 3P，即人员(people)、有形展示(physical evidence)和过程(process)，构成服务的营销组合 7P。前 4P 与实体产品基本一致，增加的三个因素如下：

1. 人员

在服务企业中担任服务的生产和操作性角色的人员，在顾客看来其实就是服务产品的一部分：美味佳肴的感觉并不总是来自菜品，可能与服装整洁、精神饱满、训练有素的侍应生不无关系，特别是在那些提供"高接触度"服务业务的企业，人员的因素就更加重要了。

一般而言，服务人员可能还要承担服务销售的工作。所以，必须重视服务人员的挑选、培训、激励和控制。

此外，顾客本身是服务生产的一个环节，对顾客的有效管理问题成为人员这一因素的关键。

2. 有形展示

服务产品的主体部分是无形的，不过为增强顾客的信任感，便于顾客"把握产品"，给予顾客有形展示是十分重要的。有形展示包含的因素有：实体环境(企业所在的内外部环境因素，如街道、建筑、绿化、装修、陈设、声音等)；服务提供时所需用的装备实体以及其他实体性信息标志，如航空公司使用的标识、干洗店将洗好的衣物加上"包装"等；提供服务的人员的外在特征和态度等。

3. 过程

由于生产和消费是同时进行的，过程在服务营销中显得很重要。如顾客进门时的热情接待、对等待服务顾客的周到安排、对偶尔的疏失进行的得体解释，顾客离开时的"欢迎再来"等都十分重要。为了提高服务质量，有必要像产品设计一样，对服务进行周密的过程策划，即要制定出规范的服务流程。

也有的学者提出服务市场内部营销和外部营销的看法，即服务营销应是二者的统一。外部市场营销是指企业为顾客准备的服务，考虑定价、分销、促销等销售组合要素，这一点与实体产品营销没有太大差异；内部市场营销指服务企业必须对直接接待顾客的人员以及相关辅助人员进行必要的激励和培训，使其认识到应该对顾客提供满意的服务，以及如何为顾客提供满意的服务。

(五)服务质量管理

服务质量不仅取决于企业本身，同时与顾客的感受有很大的关系。这是因为服务质量缺乏像实体产品一样的标准规范体系，同时服务构成的因素不固定，服务质量缺乏统一的比较标准。如一个五星级旅馆现代化的设施可能是顾客关心的，但对一个三星级旅馆而言，却可以通过很好的人员服务弥补设备方面的不足，同样让顾客感到满意。

我们可以认为，服务质量是由两个方面构成，即技术质量和职能质量。技术质量是指产品服务过程的产出，是顾客从服务过程中所得到的利益、好处，即服务在多大程度上使顾客的需求得到满足。如乘坐飞机，是否及时安全地抵达目的地，对于这一层面的服务质量，顾客容易感知，也便于评价。

不过飞机的及时安全到达并不能让顾客真正感到满意，因为顾客在得到这个服务的过程中，对机票的订购是否方便、机场手续的办理是否高效、机上的服务人员是否热情周到等，都会使顾客对航空公司的服务质量产生不同评价。所以，服务质量不仅包括顾客是否得到了他们所需要的利益、使用价值，还在于他们是如何得到这些东西的，这就是服务的职能质量。技术质量主要取决于服务企业，而职能质量更多地取决于顾客的主观感受。

要得到顾客的好评，企业形象能够产生巨大作用。这是因为如果服务企业本来就在顾客心目中具有良好的企业形象，那么顾客可能会原谅企业的偶然失误；反之，形象不佳的服务企业可能因为很小的失误而引起顾客的强烈反感。所以，人们有时把企业形象称为顾客感知服务质量的过滤器。

1. 服务质量的测定

(1)可感知性。无形产品的有形部分是顾客感知服务的最直接途径，如到饭店就餐，首先看它的店面是否整洁卫生，就可以在很大程度上把握其服务质量。服务的可感知性从两个方面影响顾客对服务质量的认识，首先，它们提供了有关服务质量本身的有形途径；其次，它们又直接影响顾客对服务质量的感知。

(2)可靠性。可靠性是指企业准确无误地完成所承诺的服务的能力，可靠性就是要尽量减少企业服务过程中的差异。

(3)反应性。反应性是指企业是否具有随时对顾客提供快捷、有效服务的能力。对于顾客的各种要求，企业能否及时满足，是否对顾客的反映采取了负责而恰当的措施。

(4)保证性。保证性是指服务人员的友好态度与胜任能力，它能增强顾客对企业服务质量的信心。友好的态度让顾客在整个服务过程中感到愉悦，但是，如果服务人员缺乏对服务的胜任能力，服务质量就缺乏必要的保证。

(5)移情性。移情性是指企业要真诚地关心顾客，了解他们的实际需要并予以满足，使整个服务过程充满人情味。服务是否出自真诚十分重要，如果“微笑服务”的微笑不是发自内心，其笑容并不能真正赢得顾客的好感。“顾客至上”不能只是口号，而必须是行动。服务人员只有确立“比顾客更了解顾客”的思路，才能真正做到到位的服务，使整个服务过程充满真诚。

2. 服务质量策略

(1)流程分析

企业要想提高自己的服务质量，必须对整个服务流程进行系统分析。流程分析正是通过分解组织系统和架构，鉴别顾客同服务人员的接触点并从这些接触点出发来改进企业服务质量的一种方法。

①把服务的各项内容用流程图的方式画出来，清楚地展示整个服务过程和相关部门。

②把服务流程中容易出问题的环节找出来。

③确立各环节的执行标准和规范，而这些标准和规范应体现企业的服务质量标准。

④找出顾客能够看得见的服务展示，每一个展示就是一个服务接触点。

这些接触点在服务营销中具有重要意义，正是通过这些接触点，顾客才形成对企业的综合评价和整体印象，这些接触点是服务质量控制的关键点。

(2)差异化策略

要使自己的服务产品具有竞争力，最好的办法是形成差别，形成服务特色。由于服务的无形性使得服务特色往往难以模仿，从而可以确保较长时期的竞争优势。

服务企业可以从以下几个方面进行差异化：

①人员。服务的核心因素是人，提高服务人员的服务技能和知识，形成有个性特点的服务；同时，合理地选择顾客，也是创造人员差异化的重要一环。

②环境。企业可以在服务场所的环境布置、服务设施的水平方面，表现自己的特色，如迪士尼乐园别具一格的园内景观。

③流程。服务企业可以通过不断完善和修改服务程序而使服务具有企业特色。

④品牌。服务企业通过符号象征和品牌标识来使自己区别于同行，一个与服务的特点和优点相联系的品牌，有助于人们辨认和确定一家公司在顾客心目中的地位。

(3)服务的有形展示

顾客在不确定性条件下，往往会更重视与服务相关的有形物所传递的信息，服务的水平和质量可由这些环境因素大致推断出来。对这些有形的线索加以管理，会增加顾客对相关服务的认识，影响顾客的服务购买行为。

有形展示是指那些可传达服务特色和优点的有形组成部分，对顾客的充分展露，这些有形展示是支持和反映服务产品质量的有力证明。从构成因素来划分，有形展示可分为三种类型：

①实体环境。包括周围因素、设计因素和社会因素。

周围因素是服务过程中不易引起人们重视的背景性的环境因素，通常被顾客认为是构成服务产品内涵的理所当然的组成部分。例如，一家高档酒店应该处于城市的黄金地段，如果在贫民区，就会削弱顾客对服务的信心。即周围因素是隐含的，但又不可缺少，一旦这样的因素不具备或令人不快，就会马上引起人们的注意。

设计因素通常是服务产品的有形层次，它可以使服务产品的功能更为明显和突出，以建立有形的、赏心悦目的产品形象。设计因素比周围因素更易引起顾客的注意，它有助于培养顾客的积极感觉，给顾客以强烈的心理暗示，且鼓励其采取接近行为。设计因素可分为两类：美学因素(如建筑装饰的风格、色彩)和功能因素(如陈设等)。

社会因素是指服务场所内一切参与及影响服务产品生产的人，包括服务员工和其他在服务场所同时出现的各类人士。如高档场所的出入人士向人们清楚地表明该场所的服务层次。

②信息沟通。信息沟通是另一种有形展示，从顾客的口碑到企业的标识，都向顾客传递了有关服务的线索。

③价格。价格之所以能成为服务产品有形展示的组织部分，是因为顾客把价格看成相关服务产品质量、档次的一个线索，服务的价格水平往往包含了服务企业对服务水平和质量的承诺，能增强顾客对产品的信任，当然也同样能降低这种信任。

3. 服务营销的原则

(1)发展与顾客的个人关系。服务企业以广告方式表达对个人利益的重视，必须靠市场上真实的个人化关心来协助实现，因此鼓励员工和顾客之间良好的人际接触，可以使双方相互满足。

(2)采取专业化导向。在顾客的心目中，销售人员的行为举止必须像一个地道的专家，服务提供者的外表、动作、举止行为和态度都必须符合顾客心目中一名专业人员应有的标准。

(3)重视间接销售。

①在销售服务时，注意引导顾客有效地利用现有服务来创造引申需求；

②利用公断人、见证人与舆论领袖来影响顾客的服务选择过程；

③自我推销。

(4)建立并维持有利的形象。有效的市场销售依赖于良好形象的创造与维持。

(5)销售多种服务。在推销核心服务时，服务企业可从包围着核心服务的一系列辅助性服务中获得利益；同时，这也可使顾客采购更加简易、便利。

(6)采购过程力求简化。服务的特征决定顾客对服务产品在概念上可能不甚了解。针对这种情况，服务销售人员应力求使顾客的采购简易化，也就是说，以专业方式照顾并做好一切的处理，并尽量减少对顾客提出各种要求。

服务的特性使其不可盲目地沿用实体产品的营销策略，在服务营销中一定要牢记两个基本点：

①服务的特征使其难以被顾客事先感知，因此，信誉、名声是服务营销企业生死攸关之所在。

②人的特殊性使服务营销更趋复杂化，一方面是质量标准的控制，另一方面是对顾客的管理。因此，在实践中服务营销出现了两种趋势：一是重人情味，以满足顾客的个性化要求为手段，建立情感纽带，争取回头客；二是重规范，以工业化大生产的经营为手段，通过标准化服务，提高和稳定服务产品质量，降低成本，从而达到企业目标。

项　目　五

顾客的小店

【教学目标】

1. 初步掌握价格与促销的基础知识。
2. 认识促销与品牌的相互关系,强化对整合营销的理解。
3. 初步掌握宣传、推广一家小店的基本方法。

【教学要求】

1. 进一步认知营销组合,初步掌握推广方案制作的基本方法。
2. 建立正确的沟通观念,初步建立整合传播意识。

一、案例讨论

可口可乐:“永恒”的黏性传播

各大金融、医疗、地产企业的品牌经理们最关心的问题莫过于:新媒体来了,我们下一步应该怎么办?忽然间,新媒体时代的品牌创建成了悬在他们头上的达摩克利斯之剑。真怕竞争品牌又运用最新的技术,奇招迭出博取眼球,而自己的上级领导突然指着问:“为什么我们不这么做?”这种今天不知道明天会发生什么事,却始终被突发事件推着走的日子,果真让人心惊胆战。

然而,在新媒体技术、传播渠道层出不穷的情况下,单纯从预测技术发展趋势、追求技术领先出发,最终带来的就是品牌运作人员疲于奔命。单纯模仿成功事件,带来的品牌效果往往差强人意。虽然新媒体时代的特征就是渠道、内容、关注的碎片化,但是能够超越单纯的技术操作层面,用宏观的眼光观察、思考新媒体时代的品牌运作,才能让新媒体回归品牌实践的本源意义。

那么,什么样的案例更适合解读新媒体时代的品牌运作难题呢?罗列、对比诸多案例之后,最终那个145年产品不曾改变、红色经典的可口可乐品牌浮出水面。在这样一个纷扰不已的新媒体世界,可口可乐如何与消费者持续谈一场“持久缠绵、循序渐进”的品牌互动恋爱?以此作为案例解析的切入点进行研究并得出结论，或许会对品牌运作人员有所启示。

新媒体时代，内容为王的时代

在以前那个渠道为王的年代，品牌运作人员可以通过购买黄金时段媒体资源，投放轰炸式广告，获取关注和影响力。在某些极端的情况下，“当谎言说了一千遍，就变成真理”。而新媒体时代，则是一个品牌失控的时代。新媒体时代，各种新技术频出，致使渠道日益多元，而Twitter、微博等自媒体带来的技术平民化，更是让渠道资源不再稀缺。如果品牌所有者仍试图控制渠道，控制品牌传播，只能是越来越力不从心。

那么，怎么做才是对的策略呢？可口可乐在YouTube上有一段点击爆棚的视频“Happy Machine”(快乐贩卖机)，给出了答案——让“内容”本身成为媒体，让内容获得持续关注与传播。当人们在观看这段视频时，不由地被情节发展所牵引，为学生们的情感反应所捧腹，为可口可乐带来的快乐所感染，由此一个个受众自然而然地成为品牌传播的接力棒，乐此不疲地转发，与自己的朋友分享。因此，只有那些真正让人们感兴趣、人性化的内容才能赢得关注，这就意味着开启了一个新的“内容为王”的时代。在新的“内容为王”时代，你无法掌控渠道，只能控制内容，你必须让“内容”本身成为媒体。在这样的时代，内容投放永远只是一个开始，开启对话，未完待续，只有持续跟踪、倾听、回应、引导，持续发酵内容与引燃对话，你的品牌才能持久地获取关注。

新媒体只是讲述故事的一部分，必须以长期的业务愿景和品牌目标为重

新媒体只是手段，而不是目的！品牌必须进行全局性的考虑，主动结合新媒体与传统媒体的特性，才能使传播效果最大化。事实上，很多企业每年都要针对某一个渠道，制订详细的策略计划，然而关于单个媒体策略之外，品牌的整体性思考是什么，却往往是一片茫然。而对品牌进行整体性思考，包括两层问题：其一，这些不同类别的新媒体要完成哪些重要的任务？品牌希望通过新媒体达到的业务目标(比如产品开发、品牌和营销战略、销售机会挖掘，以及客户服务与支持等)是什么？其二，品牌希望媒体之间的布局策略有何侧重？应该选择哪些关键媒体？如何界定各个平台在品牌整体互动战略中应该扮演什么样的角色？

综观可口可乐近年来一系列的新媒体传播，都是紧密围绕其品牌长期愿景并以不损伤品牌核心资产而展开的。在品牌创立125周年之际，可口可乐董事长兼首席执行官穆泰康提出“2020愿景”，到2020年可口可乐将在2010年营收的基础上实现营收翻番。事实上，由于经济衰退，在可口可乐的主战场美国，更多的人开始削减消费支出，或者选择果汁和茶做饮品。因此，可口可乐希望全球销售收入增长能够弥补美国市场不景气造成的损失。而要实现“2020愿景”，以下三个前提是必不可少的：首先，可口可乐在各个传统市场拥有很高的市场占有率；其次，关键产品的配方不可以进行大幅度的创新调整；最后，品牌核心资产不变，依然售卖“快乐”，依然忠于自己的品牌使命——“令全球人们的身体及思想更怡神畅快”。

而对于可口可乐这样一个快速消费品品牌而言，品牌战略成为其业务结果的关键支撑因素。因此，如何让更多的人喜欢可口可乐品牌，如何创造更多可口可乐能够被享用的情境，如何让可口可乐进入更多国家、更多消费者的视野，构成了可口可乐品牌战略核心的三大支柱。

对比可口可乐2010年前后的广告和新媒体视频，可以发现一些有趣的现象。虽然同样是在“Open Happiness”之下展开创意，但是策略调整前后讲述的故事明显不同。策略调整之前，故事的主角在经过一番历险或旅程之后，终于享用到了可口可乐，怡口怡神。而策略调整之后，故事往往是在各种极端或幽默的情境中展开，两个敌对的战士，在图书馆看书的情侣，或者是一群在学校餐厅享用午餐的学生，分享可口可乐，最终触动快乐瞬间。这就是可口可乐品牌战略的核心之所在——"创造更多一起分享的快乐"：通过嵌入其中以品牌为载体的互动体验，让消费者参与快乐体验的创造，从而传递可口可乐品牌的"快乐"承诺。与此同时，也是为了契合新媒体时代的"共享"精神，为了创造更多的消费，创造一个个品牌连接点，让更多的人乐于共同分享这样的快乐瞬间。正是奠定了以业务和品牌为长期指导的准则，可口可乐在传统的媒体渠道以及新媒体传播中，都呈示出高度的指向性，让品牌的演化"形散而神不散"，所有的内容都让受众会心一笑，因快乐而感动。

创造有黏性的内容，围绕品牌核心讲述单纯却不单调的故事

从2010年开始，可口可乐在世界各地主导、策划了一系列事件，并将其制成视频放到网上传播。从早期"Happy Machine"（快乐贩卖机，美国）、"Happy Truck"（快乐卡车，奥地利），到后续更广地域、更深卷入度的"Expedia 206"（快乐征程206，全球范围）、"Share a Coke"（分享快乐的可乐，澳大利亚）、"Happiness Refill"（快乐灌装机，巴西）、"Happy Hug"（快乐的拥抱，新加坡）、"Happiness is Home"（快乐是回家，菲律宾）等，创造了一系列有黏性的内容，围绕品牌核心讲述快乐的故事。

对以上一系列事件进行分析，有几点值得思索：

第一，这些故事的主旨竟然惊人的单纯、一致，即紧扣可口可乐的品牌承诺，针对不同人群讲述"快乐是什么？我们一起实现它"。然而，每个故事却各有血肉。坚持不变的品牌核心意义不意味我们永远只能单调地重复它。对其做进一步的解析，根据目标人群的需求来丰富演化其内涵才是正确的道路。

第二，虽然故事发生的国家、人群、场景，甚至具体完成的人都各不相同，但是有几个共同的元素还是潜移默化地让受众不约而同地记忆："很多人在一起、关于分享的故事（团聚、重逢或片刻偷闲）、出乎意料的故事发展、带来真实的快乐（笑脸，甚至感动的笑中带泪）。"在这个"内容为王"的时代，可口可乐通过构建有黏性的内容，让传播效果最大化。综观可口可乐历年的品牌故事演化，"快乐"的品牌主旨，已经被成功地解析成一些共通的品牌元素以及场景结构（比如，possibilities，各种可能性；sharing，分享；effortlessly，轻松；surprise，惊喜；cool，酷），通过控制这些共同的品牌元素，得以演绎永恒的品牌主题。

第三，有黏性的内容，往往是情绪感染力的故事，内容一旦创造出来并具有自我生命力，就能够迅速复制传播。有黏性的内容，也是能够被整体传播的信息，如同一颗"水银"，虽然传播的渠道分散而多元，但是由于信息本身具有的特殊结构，往往能够被完整传递。如同《创意更有黏性》（Made to Stick）的作者希斯兄弟所指出的，有黏性的内容往往遵循"SUCCESS法则"，即信息必须是一则S（简洁的）、U（出乎意料的）、C（具体的）、C（可信的）、E（富有情感的）的S（故事）。这样的信息始终进行整体性传播，不会在某个环节离散成为片段，让受众只能记忆部分内容，而丧失认知品牌的全景。

在网状结构的信息时代，寻找爆炸式的撬动点

新媒体的传播结构，某种意义上是社会关系网络的投射。在真实世界的社会人际网络中拥有影响力的人，往往在社会化媒体传播中拥有更强大的话语权和影响力。寻找并积累高能量的社会传播引爆点，全面而有创意地启用他们的社交网络影响力，让他们成为品牌传道者（brand evangelist），是网状结构的信息时代寻求爆炸式传播撬动点的不二法门。

在可口可乐历次的新媒体品牌事件运作中，大规模的传播启动都在于撬动点的准确把握。以澳大利亚举国上下为之欢腾的"分享快乐的可乐"（share a coke）为例，品牌在前期通过Facebook粉丝照片转发以及NFL广告投放，初具人气之后，最终利用名人效应，为高能量的明星们度身定制印有他们名字的可口可乐瓶子。当明星在 Twitter 上与粉丝分享他们的礼物之后，这场传播终于沸腾了，粉丝们迫不及待地希望拥有印着自己名字的可口可乐。这场战役由此引爆，关注度和参与度进一步提升。

在《引爆点》(*Tipping Point*)一书中，作者格拉德威尔指出要利用社交网络的网状结构，寻找三类关键人物，获得引爆点：

第一类是联系人，是那种“认识很多人”的人，这样的角色可以把信息快速地散布出去。

第二类是内行，是对某一类知识很懂的人，这样的角色对某件事情狂热，使他发掘出来的事情具有某种权威性、可信性。

第三类是推销员，就是那种“什么人都能够说服”的人，这样的角色能够把内行发现的东西与人们以简易的语言沟通。

每一次品牌事件之后，可口可乐要事后分析传播路径以及传播量递增的节点，并试图寻找出致使传播量激增的原因以及关键人物。在日后的品牌传播中，积极与这样一批颇具影响力的意见领袖建立关联，让他们成为品牌最大程度可以借力的外援，在顺境时为品牌摇旗呐喊，在品牌遭遇不实攻击之时能从第三方的角度为品牌增加公信力。

可以少投入钱，但是必须投入更多的时间

有一种新媒体内容开发的迷思，也值得探讨。人们经常可以听到这样的声音：“新媒体是一种省钱、省力又省时的传播方式，几乎不用什么投入就能完成。”或者是：“制作好内容，投放到网上，就能开始自动传播。”事实果真如此吗？

如果探讨一下可口可乐新媒体传播的发轫之作——“快乐贩卖机”的创造故事，也许可以找到成功背后的冰山：

的确，从项目本身的物理制作成本而言，真的可以忽略不计，传播渠道费用也不高。最开始的时候，有 3 个初步想法，通过筛选，最终选择一个方案，进行内容打磨。

前后共计 60 天的内容创意时间，直到完成故事脚本以及物料准备。40 名内部人员参与其中。数家顶尖创意公司参与其中。

内容投放后，可口可乐内部品牌团队与外部专业公司通力合作，持续半年之久的倾听与对话。

原来，新媒体时代品牌投入等式已经改变：investment＝money＋time。投入不仅仅是钱的问题，更是时间与精力的投入。与原先内部品牌团队可以将活动或者事件的 brief 完成，并将其交给外部 agency 来执行不同，在“内容为王”的时代，有两点重要的改变：

其一，内容没有生命力，即使再完美地予以后续执行，也无法达到预期的效果。所以内容的创意、打磨、制作的完善程度，都必须更加重视，因此虽然整体项目费用可能下降，但是降低的是传播费用，制作费用本身反倒有可能上升。

其二，新媒体时代的传播往往只有开始时的脚本，事件的后续发展都是未完待续，根据受众反馈再决定后续故事走向，这一点颇类似于卖座美剧的制作。由此可见，内部团队的卷入程度更深，责任也更大。因为每一次后续动作的反馈，不仅仅牵扯外部声音的反馈，更涉及企业内部跨部门协同运作，不仅仅品牌营销部门，更是牵扯到业务渠道、客户服务部门，甚至高层领导应对讲话等一系列动作。

如果从更长远的视角，可口可乐的 70/20/10 原则是一种更值得借鉴的长效机制。品牌不仅仅要创造今天传播的主流内容，更要为明天的成功准备秘密武器。70、20、10 分别指当年传播内容构成比重：70%是传统的常规性运作内容，20%是有一定创新性并在过去已被成功试验的内容，10%是有高风险也是最有创新性的内容。这最后10%的创新性尝试，要应用最前沿的技术和渠道，面向品牌忠实拥趸或意见领袖，一旦成功，影响力非凡。当然创新就意味着资源投入、经验摸索以及容忍失败的风险，10%的内容占有25%的资源投入，并且如果这样的活动失败，内部依然要为勇于尝试的创新行为喝彩。

从可口可乐的成功案例中，可以看到一种品牌运作之道的回归：在这样一个内容纷扰、注意力分散、讲求时效的新媒体时代，围绕品牌承诺老老实实讲对的故事，依然能够奏效。对于品牌而言，追逐新技术本身并不能成为伟大的品牌。长时间、大范围、系统化地将片段式的新媒体操作整合成一个个鲜活的传播运动，用变化的故事传递不变的品牌承诺，才能“超越一天感动，延续百年传奇”。即使是在新媒体时代，这也是品牌创建的根本之道。想清楚了这一点，然后回过头来看看：品牌承诺是什么？这样的承诺之下，能够演绎怎样“形散而神不散”的丰富故事？最后才是应该结合哪些新技术、策划何种事件？也许回到最根本的品牌运作之道，才能在当下这个“乱花渐欲迷人眼”的时代，为品牌拥有者、创建者、运作者带来一丝喘息凝神的时间，最终走出心惊胆战的日子。

（资料来源：http://guanli.brandcn.com/pinpaichuanbo/130513_347810.html，作者：Degel，2013.5.13）

思考与讨论：

1. 收集资料，整理和分析可口可乐品牌的核心价值及其历史演变。

2. 新媒体时代，品牌传播正在发生哪些变化？为什么？

3. 在这个案例中，可口可乐的整合传播表现在哪些方面？这种传播又是如何面对不同文化与地域的顾客的？

二、基本知识点

（一）定价策略

产品的销售价格是企业的市场营销过程中一个十分敏感而又最难有效控制的因素，它直接关系着市场对产品的接受程度，影响着市场需求量即产品销售量的大小和企业利润的多少。价格的高低涉及生产者、经营者和消费者（或用户）三方的利益，无论是生产者、顾客还是竞争对手，对产品的价格都十分关注。

定价策略是企业产品开拓市场、站稳市场、扩大市场的主要因素之一，是市场营销组合决策的重要组成部分，对企业市场营销组合的其他因素有重要的影响。

1. 影响定价的主要因素

价格是一个变量，它受到许多因素的影响和制约，包括企业的内部因素和外部因素。内部因素主要指定价目标、成本、产品特点、产品的分销渠道、促销策略等；外部因素主要是市场和需求情况、货币流通状况、市场竞争、国家法律和政策、社会心理等。产品定价时必须首先对这些因素进行分析，认识它们与价格的关系，据此选择企业的定价方法和策略。

（1）产品成本

产品成本包括制造成本、营销成本、储运成本等，它是价格构成中一项最基本的因素。成本是产品定价的最低限度，产品价格必须能够补偿产品生产、分销和促销的所有支出，并补偿企业为产品承担风险所付出的代价。企业利润是价格与成本的差额，因而企业必须了解成本的变动情况，尽可能去掉产品的过剩功能，节省一切不必要的消耗，降低成本、价格，从而扩大销售，增加盈利。

企业产品的总成本除生产成本外，还包括产品在流转环节中的流通费用，因此产品的总成本又称为产品的完全成本。从经济学的角度，价格通常应由正常的生产成本、合理利润、应纳税金和流通费所构成。即：

价格＝生产成本＋流通费用＋利润＋税金

而成本又分为短期成本与长期成本。短期是指企业不能自由调整生产力要素投入，不能自由选择生产规模的特定时期。长期则正好相反，即在长期成本中只包含变动成本，而不含固定成本，从长期看所有成本都是可变的。长期单位成本在很大程度上取决于规模效益——指当各种生产要素都做相同比例变动时，对产量变动的影响：如果企业产出增加大于投入增加，企业支出会使规模效益增加；反之亦然。短期成本的变化规律，符合量本利分析理论，即在产量＝销量的前提下，随着产量的提高，由于企业投入的已固定的生产要素利用率不断提高，产品单位成本不断下降，也就是说，此时产量与产品单位成本成反比——短期边际成本下降。

一般企业都不是以个别成本去决定企业产品的价格，而是依据社会平均成本制订自己产品的价格，所以，企业应努力降低其个别成本。如果企业个别成本较大地低于社会平均成本，则可获得高额利润，并有充分的调价余地，企业在市场竞争中也有强大的优势。

(2)市场需求状况

企业有一种判断定价是否合理的通俗说法："摆得住，卖得出"，即产品在柜台里能摆得住，不会被顾客一下子全部买走；同时也能卖得出去，不会积压。这个价格就是符合供求关系的合理价格。因此，企业给产品定价不但要考虑营销目标、生产成本、营销费用等因素，而且还必须考虑市场供求状况和需求弹性。

①需求与供给的关系

一般情况下，市场价格以市场供给和需求的关系为转移，供求规律是一切产品经济的客观规律，即产品供过于求时价格下降，供不应求时价格上涨，这就是所谓的市场经济"看不见的手"。在完全竞争的市场条件下，价格完全在供求规律的自发调节下形成，企业只能随行就市定价。在不完全竞争的市场条件下，企业才有选择定价方法和策略的必要和可能。

②需求的收入弹性

需求的收入弹性是指因消费者收入变动而引起的需求的相应变动率。有些产品的需求收入弹性大，意味着消费者货币收入的增加导致该产品的需求量有更大幅度的增加，如高档食品、耐用消费品、娱乐支出会出现这种情况。有些产品的需求收入弹性较小，这意味着消费者货币收入的增加导致该产品的需求量的增加幅度较小，生活必需品的情况就是如此。

一种特殊情况是当顾客认为产品变成低档时，需求收入弹性呈现为负值，这意味着消费者货币收入的增加将导致该产品需求量下降。因为消费者收入增加后，对这类产品的需求量将减少，甚至不再购买这些低档产品，而转向高档产品。在这种情况下，产品、品牌的再定位就成为必然的选择。

③需求的价格弹性

需求的价格弹性是指产品价格变动对市场需求量的影响。不同产品的市场需求量对价格变动的反应程度不同，价格弹性大小不同。需求的价格弹性在理论上有完全无弹性、完全有弹性、缺乏弹性和富有弹性。在现实中，需求的价格弹性主要是缺乏弹性和富有弹性。

所谓富有弹性，是指顾客对价格变动有较高的敏感性，此时市场需求与价格成反比。

缺乏弹性则相反，一般来说，缺乏弹性有如下情况：a. 产品无替代品或企业无竞争者；

b. 购买者对价格不敏感；c. 购买者保守，且并不努力寻找便宜的产品；d. 购买者认可并接受较高的价格。

④需求的交叉弹性

a. 替代性需求关系

替代性需求关系是指由于两种(或多种)产品之间，存在功能或利益的彼此替代关系，会导致在市场购买者实际收入不变的情况下，一种产品价格的小幅变化必然引发替代产品需求量的大幅度变化，即交叉弹性为正值。

b. 互补性需求关系

互补性需求关系是指必须彼此配合才能发挥其作用的产品，当其中一个产品价格大幅度变化时，其关联产品需求变化较小，交叉弹性为负值。如汽车和维修用零部件、剃须刀架与刀片。此类产品往往表现为耐用品(主产品)和易耗品(副产品)，营销实践中常常压低主产品价格，以带动对副产品的需求。如电信企业通过赠送手机来扩大总体营业收入。

(3)竞争者的产品与价格

无论在哪一种竞争形态下，市场竞争状况对企业定价都有重要的影响，有时甚至是决定性的。在营销活动中，价格是抑制或刺激需求、吸引或排斥消费者的关键，价格竞争是企业之间争夺顾客、争夺市场的一种最主要形式。因此，企业定价时必须认真考虑市场的竞争状况，重点分析竞争对手的定价策略和定价措施，研究本企业产品的特点，确定竞争中对本企业有利的定价策略。

企业在制定竞争价格时，应综合考虑：

①企业利用价格进行竞争，只能是一种权宜之计，必须与企业的营销目标和定价目标相一致，不能只顾一时的竞争取胜而丢掉企业的长期利益。

②要善于掌握价格竞争的策略。当与竞争对手势均力敌时，要充分利用差异化，扬长避短，出其不意；当竞争对手十分强大，产品同质化水平很高时，要灵活地随行就市，尾随大企业的产品价格，在夹缝中求生存。

③应根据产品的特性，确定具体的价格竞争策略。价格弹性大的产品，消费者对价格的变动较为敏感，受竞争状况的影响也较大，就要特别重视研究竞争对手的定价策略，制定有利的竞争价格；价格弹性小的产品，受竞争状况的影响不太大，可酌情定价。

(4)企业定价目标

企业为产品定价时，遵循市场规律制定定价策略，首先必须有明确的目标。不同企业、不同产品、不同市场有不同的营销目标，因而也就需要采取不同的定价策略。而决定企业定价的营销目标主要有以下五种：

①维持生存

当企业由于经营管理不善，或由于市场竞争激烈、顾客需求偏好突然变化时会造成产品销路不畅，大量积压，资金周转不灵，甚至濒临破产时，企业应为其积压产品定低价，只要能收回变动成本或部分固定成本即可，以求迅速出清存货，减少积压，收回资金。

②当期利润最大化

追求当期利润最大化，而较少考虑企业的长期效益。实现这一定价目标，一般而言有两个途径：优质优价——以差异化为前提，通过更好地满足目标顾客需求，实现产品单位利润增加(销量不下降)；大规模降价促销，以规模优势实现为前提，实现总利润增长，这条路径也可用于扩大市场占有率。

③保持或扩大市场占有率

市场占有率(市场份额)是企业的销售量(额)占整个行业销售量(额)的百分比,是企业的经营状况和企业产品竞争力的直接反映,它的高低对企业的生存和发展具有重要意义。

许多企业宁愿牺牲短期利润,以通过驱逐竞争者,确保长期的收益,即所谓“放长线,钓大鱼”。为此,就要实行全部或部分产品的低价策略,以实现提高市场占有率这一目标。

④保持最优产品质量

有些领先企业的目标是以高质量的产品占领市场,这就需要实行“优质优价”策略,以高价来保证高质量产品的研究与开发成本和生产成本。采取这种定价目标的企业,其产品一般都在消费者心目中享有一定声誉,利用消费者的求名心理,制定一个较高的产品价格。

⑤抑制或应付竞争

有些企业为了阻止竞争者进入自己的目标市场,故意将产品价格定得很低,如产品生命周期的成长期。这种定价目标一般适用于实力雄厚的大企业,而中小企业在市场竞争激烈的情况下,以市场主导企业的价格为基础,随行就市定价,从而也可以缓和竞争,稳定市场。

要注意的是,成本、需求、竞争是决定产品价格的基础要素,其中成本决定价格的下限,需求决定价格的上限,而竞争则在上限与下限间“固定”价格。而企业定价目标是在以上三者基础上对价格的调整性因素。

2. 定价的主要方法

影响定价的三个最基本因素是产品成本、市场需求和竞争。因此,定价方法也可分为三类:成本导向定价法、需求导向定价法和竞争导向定价法。

(1)成本导向定价法

成本导向定价法,是以产品成本作为定价基础的定价方法。这里所讲的成本,指产品的总成本,包括固定成本和变动成本。

①平均成本加成定价法

平均成本加成定价法是指企业在生产经营一单位产品时所花费的固定成本和变动成本之和,单位产品的平均成本加上一定比例的单位利润,就是单位产品的价格。售价与成本之间的差额就是“加成”。其计算公式是:

$P=C\times(1+n\%)$

式中:P 为单位产品价格;C 为单位产品平均总成本;$n\%$为预期利润率(即加成)。

例:设某产品单位固定成本为 40 元,变动成本为 60 元,预期利润率为 20%,则该产品的价格为:$P=(60+40)\times(1+20\%)=120$(元)

②目标效益定价法

目标效益定价法是指企业根据总成本和估计的总销售量,确定期望达到的目标收益率,然后推算价格。

例:设某企业接到 A 客户订单,销量为 1 000 个单位,如其全部投资为 50 000 元(其中固定成本 20 000 元,变动成本 30000 元),则每个单位的成本为 50 元,如果确定的目标收益率为 15%,那么该产品价格为:

企业的总收益$=15\%\times50\ 000=7\ 500$(元)

单位产品的利润$=7\ 500/1\ 000=7.5$(元)

产品价格$=50+7.5=57.5$(元)

目标收益率定价法计算比较简单,实现一定的销售额后即可获得预期的利润。但企业根据销售量倒推价格，而价格又是影响销售量的一个重要因素，因此销售量的估计难以准确。所以，此法其实主要适用于销量已知的订单化生产，或用于项目投资效益分析。

当然对于需求比较稳定的大型制造业、供不应求且价格弹性小的产品或垄断性的企业，以及大型的公用事业、劳务工程和服务项目等，在科学预测价格、销量、成本和利润四要素的基础上，目标收益法仍不失为一种有效的定价方法。

③边际成本加成定价法

边际成本加成定价法又称边际贡献定价法或变动成本定价法。即在定价时只计算变动成本，而不计算固定成本，在变动成本的基础上加上预期的边际贡献。“边际成本”是指每增加(或减少)一单位产品所增加(或减少)的成本。从量上看，边际成本与变动成本基本相等，故按变动成本定价即按边际成本定价。

边际成本加成定价法最常见于追加订货的情况下，是一种适应订单化生产的灵活定价方法。注意：按变动成本定价的最低界限是产品价格只能高于变动成本，不能等于或低于变动成本，否则，企业就不能获得边际收益，不能补偿固定成本，那么企业生产越多，则亏损越大。

如上例，该产品单位总成本 50 元，其中单位固定成本为 20 元，单位变动成本为 30 元，在第一张订单中总固定成本 20 000 元已经收回。如果此时客户 A 继续追加 1 000 单位的订单，则可以运用此法(设加成率为 50%)。

产品价格＝30×(1＋50%)＝45(元)

可见此时定价远低于首张订单的 57.5 元，但单位利润却翻了一番，而 A 客户还会觉得很满意。

④盈亏平衡定价法

盈亏平衡定价法根据盈亏平衡点原理进行定价。盈亏平衡点又称保本点，是指一定价格水平下，企业的销售收入刚好与同期发生的费用额相等，收支相抵、不盈不亏时的销售量；或在一定销售量前提下，使收支相抵的价格。使用这一定价法显然与企业高度关注市场占有率这一目标有密切的关系。

⑤投资回收定价法

企业开发产品和增加服务项目要投入一笔数目较大的资金，且在投资决策时总有一个预期的投资回收期，为确保投资按期收回并赚取利润，企业要根据产品成本和预期的产品数量，确定一个能实现目标的价格。这个价格不仅包括在投资回收期内单位产品应摊销的投资额，也包括单位产品的成本费用。利用投资回收定价法必须注意产品销量和服务设施的利用率。

⑥千分之一法

千分之一法又称千分之一法则或千分之一经验公式，是根据有关工程或设备造价的千分之一对产品或服务定价。酒店行业经常根据客房造价来确定房间出租价格，即将每间客房的出租价格确定为客房平均造价的千分之一。

(2)需求导向定价法

产品定价是否合理，最终取决于顾客，而价格是顾客的一种选择。需求导向定价法是指企业主要根据市场需求的大小和顾客对产品价值的认识程度，确定产品价格的定价方法。成本导向定价的逻辑关系是：成本＋税金＋利润＝价格；而需求导向定价的逻辑关系是：价格－税金－利润＝成本。

①理解价值定价法

理解价值定价法是指根据顾客对产品价值的理解和需求程度定价，这种方法多用于新产品和声誉较高的企业。因为消费者购买产品时总会在同类产品之间进行比较，选购那些既能满足其消费需要，又符合其支付标准的产品。消费者对产品价值的理解不同，会形成不同的价格限度，这个限度就是消费者宁愿多付货款而不愿失去这次购买机会的价格。

例如，凯特比勒是一家生产和销售牵引机的公司，它的定价方法十分奇特，一般牵引机的价格均在2万美元左右，然而该公司却卖2.4万美元，虽然高4 000美元一台，却卖得更多！当顾客上门，询问为何你公司的牵引机要贵4 000美元时，该公司的经销人员会给顾客算以下一笔账：

20 000美元是与竞争者同一型号的机器价格；

3 000美元是产品更耐用而多付的价格；

2 000美元是产品可靠性更好而多付的价格；

2 000美元是公司服务更佳而多付的价格；

1 000美元是保修期更长而多付的价格；

28 000美元是上述总和的应付价格；

4 000美元是折扣；

24 000美元是最后价格。

凯特比勒公司的经销人员使目瞪口呆的客户相信，他们要付24 000美元，就能买到价值28 000美元的牵引机一台，从长远来看，购买这种牵引机的成本比一般牵引机的成本更低。

②反向定价法

反向定价法是指根据顾客能够接受的最终价格，计算自己从事经营的成本利润后，逆向推算出产品价格。

③需求差异定价法

需求差异定价法以不同时间、地点、产品及不同消费者的消费需求强度差异为定价的基本依据，针对每种差异决定其在基础价格上是加价还是减价。主要有以下几种形式：

a. 因地点而异。如机场的商店、餐厅向乘客提供的产品价格普遍要远高于市内的商店和餐厅。

b. 因时间而异。旺季和淡季的产品价格差距明显。

c. 因产品而异。在奥运会举行期间，标有奥运会会徽或吉祥物的T恤的价格，比其他同类产品的价格要高。

d. 因顾客而异。因职业、阶层、年龄等原因，顾客存在需求差异。零售店在定价时给予相应的优惠或提高价格，可获得良好的促销效果。

实行差异定价要具备以下条件：市场能够根据需求强度的不同进行细分；细分后的市场在一定时期内相对独立，互不干扰；高价市场中不能有低价竞争者；价格差异适度，不会引起消费者的反感。

(3)竞争导向定价法

竞争导向定价法是以竞争对手的价格作为定价依据的定价方法。企业定价时，主要考虑竞争对手的产品价格，如果竞争对手的价格变了，本企业产品成本与需求量没有发生变化，也要随之改变产品价格；如果竞争对手的价格没有变，本企业产品成本与需求量发生了变化，也不应改变产品价格。竞争导向定价要以提高产品的市场占有率为目的，制定有利于企业获胜的竞争价格。

①随行就市定价法

随行就市定价法又称流行水准定价法，它是指在市场竞争激烈的情况下，企业为保存实力采取按同行竞争者的产品价格定价的方法。这种定价法特别适合完全竞争市场和寡头垄断市场。

随行就市定价法这种“随大流”的定价方法，主要适用于需求弹性比较小或供求基本平衡的产品，如大米、面粉、食油以及某些日常用品；服务产品因单位成本难以估算，也常用此定价方法。随行就市是一种较为稳妥的定价方法，也是竞争导向定价方法中广为流行的一种。其主要形式有两种，一是参考在本行业中占有垄断地位的企业的产品价格定价，可稍高或稍低于垄断价格；二是以本行业的平均价格水平作为企业的定价标准。随行就市法是最常见的定价方法之一。

②密封招标定价法

密封招标定价法又称投标竞争定价法，是指在招标竞标的情况下，企业在对其竞争对手了解的基础上定价。这种价格是企业根据对其竞争对手报价的估计确定的，其目的在于签订合同，所以它的报价应低于竞争对手的报价。这种特殊的价格策略，通常运用于重大工程、大型设备的承造、零部件的外购以及珍贵文物和艺术珍品的出售，或倒闭企业的财产拆卖等。

市场是动态的、变化的，因此一定要灵活地运用定价方法。比如，某服装店在市场上率先引入某新款女装 1 000 件，进价 60 元/件，则总成本为60 000元。设目标利润率为 20%，总利润目标是12 000元，则按成本加成法定价应为 72 元/件。但这样定价显然未考虑销售这1 000 件女装过程中的市场变化，所以我们可以假设如下：

第 1～200 件：新款女装需求旺盛，又缺乏竞争，当然应该按照需求导向定价：每件定价 200 元，销售额合计 40 000 元；

第 201～400 件：跟随者大量涌现，竞争出现，这时应根据竞争导向定价：半价打折每件定价 100 元，销售额合计 20 000 元。

此时，可以惊奇地发现，总成本 60 000 元已收回。还剩 600 件该款服装，平均每件只需卖出 20 元，就可满足 20%的利润率目标了。

3. 产品定价的策略

企业在确定与实施定价策略时，必须遵循如下基本原则：第一，必须在国家政策规定的范围内进行，树立全局观念，主动考虑社会总体利益。第二，必须兼顾企业营销的近期目标与远期目标。第三，必须以正当合法的手段进行价格竞争。第四，必须主动考虑顾客的长远利益。定价策略很多，常用的有以下几种：

(1)新产品价格策略

新产品上市时，在消费者大量需求的情况下，市场竞争者往往很少，因而企业定价的自由度比较大：企业既可以把新产品价格定得高一些，尽快收回投资；也可以把新产品价格定得低一些，以利扩大市场，限制竞争者的加入；同时，由于对新产品进入市场能否取得成功的把握性不同，于是产生了不同的新产品定价策略。

①撇脂定价策略

撇脂定价策略是一种高价策略，是指在新产品投放市场时定高价，争取在短时间内收回投资，并赚取高额利润。这种策略如同从牛奶中提取奶油一样，首先把牛奶中精华部分取走，故称撇脂定价策略。高价格维持一段时间后，随着竞争者的加入，产品供应的增加，企业再把产品价格降下来。

使用以上策略必须具备以下市场条件：

a. 市场有足够的购买者，他们的需求缺乏弹性，即使把价格定得很高，市场需求也不会大量减少。

b. 高价使需求减少，但不致抵消高价所带来的利益。

c. 在高价情况下，仍然独家经营，别无竞争者。高价使人们产生这种产品是高档产品的印象。

英雄牌水珠笔就是运用撇脂定价策略的典型成功案例。1995 年，国内文具用品市场日趋萧条，该厂成功地研制并生产出新产品水珠笔。当时每支成本为 0.20 元。专家们认为，这种产品在国内市场是第一次出现，奇货可居，尚无竞争者，最好是采用新产品的“撇脂定价策略”，利用消费者的求新求好心理以及要求产品新、奇、高、贵的特点，用高价格来刺激顾客购买。于是，该厂以每支 11 元的价格卖给零售商，零售商又以 20 元的价格卖给消费者。尽管价格如此昂贵，水珠笔却在一时间以其新颖、奇特和高贵而风靡全国，在市场上十分畅销。

②渗透定价策略

与撇脂定价相反，渗透定价策略是一种低价策略，即企业把新产品价格定得低一些，以吸引顾客，挤入市场，提高市场占有率。低价能使企业取得最大产品销售量，并且能够限制竞争者的加入。

采取这种策略的市场条件是：

a. 市场需求对价格极为敏感，低价会刺激市场需求迅速增长。

b. 企业的生产成本和经营费用会随着生产经营经验的增加而下降。

c. 低价不会引起实际和潜在的竞争。

例如：中国内地香皂进入中国香港地区市场也是利用了廉价策略。改革开放前，中国香港地区的香皂市场大多被美、日、英、法等国的产品垄断，其香型、质量、包装、造型都超过中国内地，但每块香皂的售价高达数十元港元不等。根据这一情况分析，内地企业努力降低产品成本，以低廉的价格（2～3 港元）迎合中国香港地区众多中低收入阶层的消费需求，扩大了产品的销售量，在中国香港地区香皂市场上争得一席之地，获取了可观的利润。

（2）产品组合定价策略

①产品线定价

当企业产品需求和成本具有内在关联性时，为了充分发挥这种内在关联性的积极效应，可采用产品线定价策略。在定价时，首先确定某种产品价格为最低价格，它在产品线中充当招徕顾客的角色，吸引消费者购买产品线中的其他产品；其次，确定产品线中某种产品的价格为最高价格，它在产品线中充当品牌质量象征和收回投资的角色；最后，产品线中的其他产品也分别依据其在产品线中的角色不同，而制定介于其间的不同价格。

②分级定价策略

分级定价策略是企业将系统产品按等级分为几组，形成相对应的几个档次的价格的策略。其目的是便于顾客按质选择、比较，满足不同类型消费者的需求，从而促进销售。

③单一价格定价

企业销售品种较多而成本差距不大的产品时，为了方便顾客挑选和内部管理的需要，企业所销售的全部产品实行单一的价格。例如，在市场风靡一时的“十元店”“二元店”就是单一价格定价，店内所有的产品无论颜色、大小、款式、档次，价格一律“十元”或“二元”。

④选择产品定价

选择产品定价就是顾客购买相关产品时，提供多种价格方案以供顾客选择。各种选择的定价方案是鼓励顾客多买产品。例如，上衣与裤子的出售，可以有三种组合方式及其相应的价格供顾客选择：a. 只买上衣，每件700元；b. 只买裤子，每条300元；c. 成套购买，每套880元。可见，这种组合方式及其定价是鼓励顾客成套购进相关配套产品。

⑤模块化定价

装配式产品或组合性产品是由不同的相对独立的功能模块构成的，可以先确定基本配置的价格，以此为基准，再对不同模块分别定价，以便顾客自由地选择。如iPhone一直根据16G、64G、128G不同配置有不同定价。

(3)心理定价策略

心理定价是指企业定价时利用消费者不同的心理需要和对不同价格的感受，有意识地采取多种价格形式，以促进销售。主要有以下几种：

①尾数定价

尾数定价就是定价时保留小数点后的尾数，这可使购买者对定价增强信任感，同时还可使人感觉价廉。例如，本应定价100元的产品，定成99.98元，本应定价70元的产品，定成69.95元，这种方法多用于需求价格弹性较大的中低档产品。

②声望定价

声望定价与尾数定价相反，它不是为了给人以价廉的感觉，而是故意把价格定成整数或定为较高价格，以显示其品牌或企业的名望。

③招徕定价

这是一种以低价产品吸引顾客，从而引发交叉购买的定价方式，其要点在于低定价产品必须能有效诱发交叉购买。

④参照定价

当顾客选购产品时，头脑中常有一个参照价格。参照价格可能是顾客已了解到的目前市场上这种产品的一般价格，也可能是把以前的价格当作参照价格。企业在定价时可以利用和影响顾客心目中的参照价格。例如，在柜台陈列时有意识地将某件价格较高的产品放在附近，以表示这些产品都属于高档之列；时装店常把妇女服装按价格的不同放在不同柜台出售，明确显示其档次的不同，以适应不同层次的需要。营销者还可用其他方式影响顾客的参照价格，如告诉顾客这种产品的原价比现价要高得多，或启发顾客将本企业的价格同竞争者的价格比较，等等。

⑤习惯定价策略

有些产品的价格是长时间形成的，消费者对此已形成习惯，企业应当按照这种习惯价格定价，不要轻易地改变，这就是习惯定价策略。

如果企业的产品要提价，最好不改变原标价，而将单位数量略微减少或质量适当降低，以减少成本，这样比提高价格更容易为消费者所接受。如果成本价格无法降低，最好是把品牌或包装改变一下再行提价，让顾客以为这是一种经过改进的产品，多付钱是合理的。

小案例

休布雷的伏特加

休布雷公司在美国伏特加酒的市场中，属于营销出色的公司，其生产的史密诺夫酒，在伏特加酒的市场占有率达到23%。20世纪60年代，另一家公司推出一种新型伏特加酒，其质量不比史密诺夫酒低，每瓶价格却比它低1美元。按照惯例，休布雷公司有三条对策可用：①降价1美元，以保住市场占有率；②维持原价，通过增加广告费用和推销支出来与竞争对手竞争；③维护原价，听任其市场占有率降低。不论休布雷公司采取上述哪种策略，似乎都输定了。但是，该公司的市场营销人员经过深思熟虑后，却采取了对方意想不到的第四种策略。那就是，将史密诺夫酒的价格再提高1美元，同时推出一种与竞争对手新伏特加酒价格一样的瑞色加酒和另一种价格更低的波波酒。这一产品线策略一方面提高了史密诺夫酒的地位，同时使竞争对手的新产品沦为一种普通的品牌。结果，休布雷不仅渡过了难关，而且利润大增。实际上，休布雷公司的上述三种产品的味道和成本几乎相同，只是该公司懂得以不同的价格来销售相同产品的策略而已。

(4)差别定价策略

需求差别定价，也称价格歧视，就是企业按照两种或两种以上不反映成本费用的比例差异的价格销售某种产品或劳务。需求差别的定价有四种形式：

①按不同的价格把同一种产品或劳务卖给不同的顾客

例如，某汽车经销商按照价目表价格把某种型号汽车卖给顾客A，同时按照较低价格把同一种型号汽车卖给顾客B。这种价格歧视表明，顾客的需求强度和对产品的了解有所不同。

②对不同型号或形式的产品分别制定不同的价格

不同型号或形式的产品的价格之间的差额和成本费用之间的差额并不成比例。如同一品牌香烟的普通型与极品型的巨大价差。

③对处在不同位置的产品或服务分别制定不同的价格

例如剧院，虽然不同座位的成本费用都一样，但是不同座位的票价有所不同，这是因为人们对剧院的不同座位的偏好有所不同。

④对不同季节、时期甚至不同钟点的产品服务分别制定不同的价格

例如，如旅馆、饭馆等在一天中某些时间、周末和平常日子的收费标准有所不同。

企业采取需求差别定价必须具备以下条件：a. 市场必须是可以细分的，而且各个市场部分需表现出不同的需求程度；b. 以较低价格购买某种产品的顾客没有可能以较高价格把这种产品倒卖给别人；c. 竞争者没有可能在企业以较高价格销售产品的市场上以低价竞销；d. 细分市场和控制市场的成本费用不得超过因实行价格歧视所得额外收入，这就是说，不能得不偿失；e. 价格歧视不会引起顾客反感，进而放弃购买，影响销售；f. 采取的价格歧视形式不能违法。

(5)折扣定价策略

企业为了调动各类中间商和其他顾客购买产品的积极性，对基本价格酌情实行折扣和折让价格，以鼓励购买者的积极性，或争取顾客长期购买。折扣定价策略的具体形式很多，常用的有以下几种：

①现金折

企业对现金交易的顾客或按约定日期提前以现金支付货款的顾客，给予一定折扣。在分期供货的交易中常采用这种折扣方式，目的在于鼓励顾客提前付款，以加速企业资金周转。现金折扣的大小，一般应比银行存款利率稍高一些，比贷款利率稍低一些，这样对企业和顾客双方都有好处。例如，顾客必须在30天内付清货款，若在10天内付清，则给予2%的价格折扣，若在20天内付清，则给予1%的价格折扣。

②数量折

指按购买数量的多少，分别给予不同的折扣，购买数量越多，折扣越大。鼓励大量购买，或集中购买。数量折扣实质上是将大量购买时所节约费用的一部分返回给购买者。数量折扣分为累计折扣和非累计折扣。

a. 非累计数量折扣。规定一次购买产品达到一定数量或购买多种产品达到一定金额，给予折扣优惠。这种折扣不仅能够鼓励顾客大量购买，而且能节省销售费用。

b. 累计数量折扣。规定顾客在一定时间内，购买产品达到一定数量或金额时，按总量的大小给予不同的折扣。我国商界形象地将这种定价策略称为“上台阶”，可以鼓励顾客持续向本企业购买，成为可依赖的长期客户(所以更适用于面向中间商，作为渠道初建时的定价策略)。

③业务折

业务折又称功能折或交易折，是生产企业根据多类中间商在市场营销中所负担的不同的功能而给予不同的折扣，实质上是生产企业对中间商所支付的劳务报酬。如由于中间商承担了本应由生产者担负的运输、储存、宣传等功能，生产企业给予中间商一定的价格折让，这样有利于生产企业与中间商建立融洽的关系。

④季节折

经营季节性产品的企业，对销售淡季来采购的买主，给予折扣优惠，鼓励中间商及顾客提早购买，减轻企业的仓储压力，加速资金周转，调节淡旺季之间的销售不均衡。这种定价策略主要适用于季节性较强的产品，包括常年生产季节消费或季节生产常年消费的产品。

⑤推广让价

推广让价是指生产企业为了鼓励中间商开展各种促销活动，给予某种程度的报酬，或以津贴形式或以让价形式推广。其形式主要有：

a. 促销让价。当中间商为产品提供各种促销活动时，如刊登广告、设置样品陈列窗等。生产者给予津贴，或降低价格作为补偿。

b. 以旧换新让价。进入成熟期的耐用品，部分企业采用以旧换新的让价策略，刺激消费需求，促进产品的更新换代，扩大新一代产品的销售。

(6)地区定价

地区定价是指供应商对距离较远的购买者减价，补偿部分或全部运输费用，其实质是由买方和卖方共同承担运输费用，以鼓励外地顾客进货，拓展企业的市场范围。这种定价方式还隐含了供需双方所有权转移及责任划分的含义。

①统一交货定价

指企业对于卖给不同地区顾客的某种产品，都按照相同的出厂价加相同的运费定价。

②分区定价

分区定价指企业把全国(或某些地区)分为若干价格区，对于卖给不同价格区顾客的某种产品，分别制定不同的地区价格。

③基点定价

基点定价指企业选定某些城市作为基点，然后按一定的出厂价加上从基点城市到顾客所在地的运费来定价，而不管货物实际上是从哪个城市启运的。

④运费免收定价

运费免收定价是不收运费的定价方法。

4. 调整定价策略

当企业的内部环境或外部环境发生变化时,企业必须调整价格,以适应激烈的市场竞争。

(1)主动降价

①企业生产能力过剩,产品积压,虽运用各种营销手段(如改进产品、努力促销等),仍难以打开销路;

②高度同质化,面临着激烈的价格竞争,企业市场占有率下降,为了击败竞争者,扩大市场份额,必须降价;

③企业的产品成本比竞争者低但销路不好,需要通过降价来提高市场占有率,同时使成本由于销量和产量增加而进一步降低,形成良性循环。

(2)提高价格

①在市场供不应求,企业无法满足顾客对其产品的全部需求时,只有提高价格以平衡供求,增加收入;

②在通货膨胀物价上涨,使企业成本费用上升时,必须提高产品销价,以平衡收支,保证盈利;

③提价可改善和提高产品形象等。

(3)企业对竞争者降价竞销的对策

①维持原价不变,这时差异化优势是关键;

②维持原价,同时改进产品质量或增加服务项目,加强广告宣传等;

③降价,同时努力保持产品质量和服务水平稳定不变;

④提价,同时推出某些新品牌,以围攻竞争对手的降价品牌;

⑤推出更廉价的产品进行反击。

一般来说,竞争者降价总是在准备已久的市场,而企业在事先毫无准备的情况下,突然面临对手降价进攻,往往难以立即做出准确适当的反应。因此,企业应加强营销调研,及时掌握竞争者的动态,同时做好应付意外情况的准备。

(二)促销策略

企业为取得营销的成功,不仅要以适当的价格,通过适当的渠道向顾客提供适当的产品。而且还必须通过适当的方式,使顾客从纷繁复杂的市场上,注意、认识、了解、接受并购买本企业的产品,这就是促销的功能。

1. 促销组合

(1)促销与促销组合

促销(promotion)是促进销售的简称,指企业以人员或非人员的方式,同目标顾客沟通,影响和帮助顾客认识某一产品的价值;或者是使顾客对企业及其产品和品牌产生信任与好感,进而引起顾客兴趣,激发其购买欲和购买行为的相关行为。其实质是在企业与现实和潜在顾客之间进行有关交换的信息沟通。

促销组合是指企业根据促销的需要,对广告、人员推销、营业推广与公共关系等促销工具的适当选择与综合利用。从广义而言,任何可以传递信息的营销组合因素,都是促销组合的构成要素,如产品的式样、包装、价格等。这里只讨论具有沟通性质的狭义促销工具的特点。

①广告

这是一种高度大众化的信息传播方式,渗透力强,通过多次的信息重复,加深受众的印象。但在受众心目中有可信度低的固有弱点,同时传统广告因投放渠道限制是一种单向信息的灌输,易导致顾客逆反。随着网络广告的发展,针对性、互动式广告成为广告发展的方向。

②人员推销

这是人与人之间面对面的沟通,既便于信息的有效传达,更利于双方的情感交流,对建立长期合作关系有不可替代的作用。同时,人员推销还利于顾客意见、建议迅速而准确的反馈。但人员推销的相对成本较高,从而限制了它的应用范围。多用于工业品与利润率较高的快速消费品。

③营业推广(销售促进)

通过提供信息,刺激和引导顾客接近产品;通过提供奖励和优惠,激励与招揽顾客达成购买。种类极为丰富,但功能局限于刺激购买,易对品牌形象产生不利影响导致其使用受到限制

④公共关系

用于树立企业良好的形象,作为一种使用媒体进行第三方宣传的手段,可信度高,使顾客易于接受,且对受众的影响力大。但其促销作用是一种间接模式,相对来说见效慢。

(2)影响促销组合的相关因素

企业促销组合的确定,首先会受到投入预算的限制,此外还受到以下因素的影响。

①产品类型

主要是指产品是消费品还是产业用品。通常而言,广告是消费品最主要的促销工具,原因在于消费者购买的感性决策特征;而人员推销是产业用品的主要促销工具,原因是产业用品购买决策的理性特征;营业推广对两种市场的意义基本相同;公关排在最后只是因为其首要功能不是促销,并不是说公关的促销作用不如其他三个工具。具体如图5—1所示。

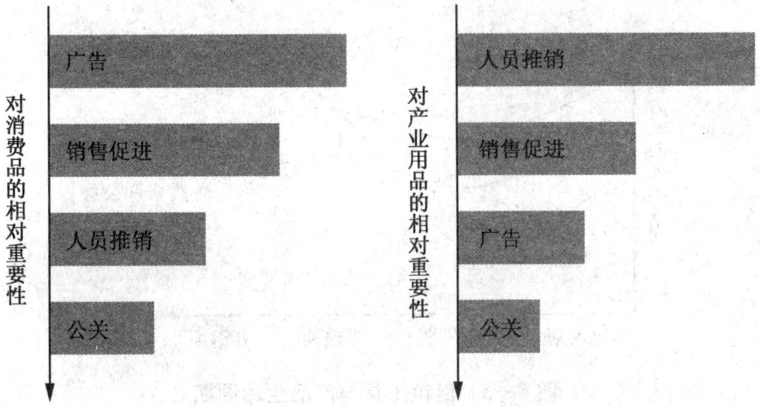

图5—1　各种促销方式对消费品和产业用品的相对重要性

②促销目标

相同的促销工具,用于不同的促销目标,其成本效益会有所不同:广告、营业推广和公关在建立顾客知晓方面,效益远高于人员推销;而在建立购买者对企业与产品的信任方面,人员推销最有效,公关次之;相反,在促进顾客对企业与产品的了解方面,广告的成本效益则优于人员推销。

③推式与拉式策略

推式策略从企业出发,强调利用中间商与推销人员将产品“强力推入”分销渠道,再由零售商将产品推给顾客;拉式策略则强调,通过广告及其他有效促销手段,刺激及调动顾客需求,再

通过顾客主动寻求促销对象，逆分销渠道而行，最后达到销售促销对象产品的目的。具体如图5－2所示。

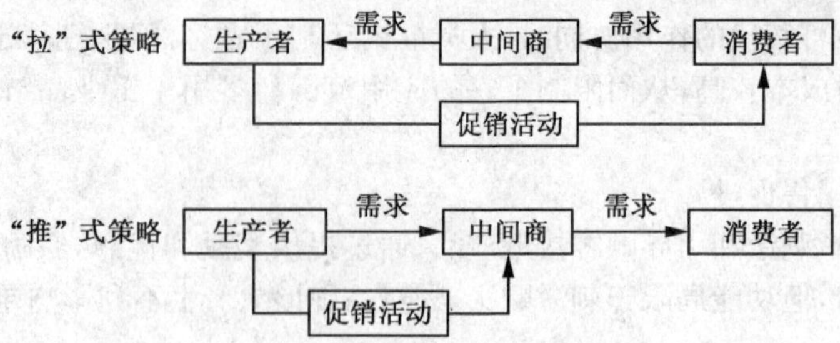

图5－2 促销的拉式与推式策略示意

④产品生命周期

a. 引入期。应主要使用广告与营业推广，以产品认知为主，加快顾客对新产品认识和了解的步伐。

b. 成长期。大众认知的效果已显著，沟通重心要转向形象树立，公关、广告成为主力。

c. 成熟期。为对抗竞争，保持市场占有率，营业推广的作用上升到第一位。

d. 衰退期。企业促销规模应迅速缩小，只需保留最低限度的广告和人员推销即可，其他促销工具都应停止。

具体如图5－3所示。

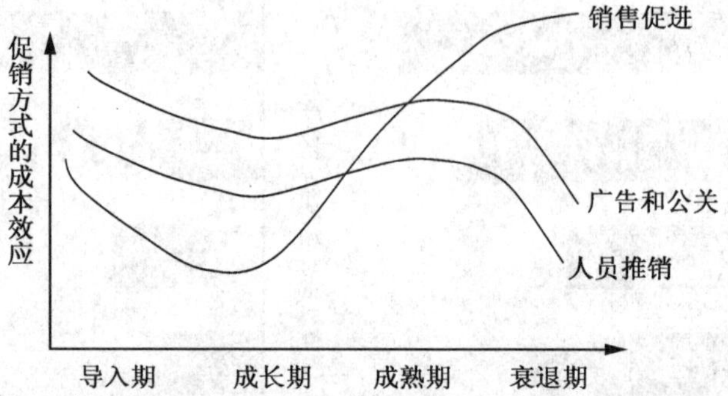

图5－3 促销工具与产品生命周期

⑤营销环境

营销环境会对企业促销组合的选择产生诸多影响，如从企业的市场地位角度看，理论上讲，处于市场领先地位的企业和品牌，能从广告与营业推广中获取最大利益；目标市场顾客接触传媒的频率，会极大地影响广告的效果；社区的重大活动也会对促销产生重大影响；等等。

⑥市场状况

不同的目标市场，其接受信息的能力和对信息的反应态度都会有不同。对于空间分散而广阔的目标市场，广告的作用就极其重要；相反，则应以人员推销为主要的促销手段。

2. 广告策略

广告是当代社会最重要的促销方式之一，它深入我们的生活，甚至成为评价经济繁荣的一个晴雨表。对大多数企业来说，广告是产品进入市场的敲门砖和入场券。

(1)广告的定义

美国市场营销协会为了将广告与其他促销手段严格地区分开，对广告作了如下定义："广告是由明确的发起人，以公开付费的做法，用非人员的任何形式，对产品、服务或某项行动的意见和想法等的介绍。"

《简明大不列颠百科全书》(第15版)对广告的定义是：广告是传播信息的一种方式，其目的在于推销商品、劳务服务、取得政治支持、推进一种事业或引起刊登广告者所希望的其他的反应。广告信息通过各种宣传工具，传递给它所想要吸引的观众或听众。广告不同于其他传递信息的形式，它必须由登广告者付给传播的媒介以一定的报酬。

"任何形式"是指采取除人员面对面之外的任何方式、手段对产品、服务或某项行动进行介绍。"非人员"是指将广告与人员推销严格地区分开来，任何面对面的形式都被排除在广告之外。广告主必须明确，且公开承认为使用广告媒体支付了费用，这就将广告与公关、宣传区分开来。广告的内容是指除产品、服务以外，还包括对某项行动的意见和想法的介绍，这是广告的重要内容，也是区分广义或狭义广告的主要标志。

(2)广告的构成要素

①以广告活动的参与者为出发点，广告构成要素有：广告主，广告公司，广告媒体，广告信息，广告思想和技巧，广告受众，广告费用及广告效果。

②以大众传播理论为出发点，广告信息传播过程中的广告构成要素有：广告信源、广告信息、广告媒介、广告信宿等。

(3) 广告的特点

①有偿服务。广告通过媒体传播必须支付费用，费用的高低取决于媒体种类、时间、发布位置、频率、次数等。

②传播面广。广告是一种渗透性的信息传递方式，可大量复制和广泛传播，易于迅速取得效果。

③间接传播。广告通过媒体影响目标对象，"舆论领袖"有举足轻重的作用。同时广告的内容与形式直接影响广告的效果。

④媒体效应。由于目标对象是通过媒体来接触广告的，因此媒体的声誉、吸引力等，都对广告的最终效果产生重大的影响。

⑤信任度低。由于广告是由广告主以公开付费的方式进行的宣传，趋利性明显，顾客对其传递的信息真实性，普遍存在一定程度的怀疑。

⑥针对性差。传统广告通过大众媒体传递，很难区分目标顾客与普通公众，从而导致广告效果大打折扣。百货业巨头约翰·沃纳梅克有一句名言："我知道我的广告费有一半是浪费的，但我不知道是哪一半。"真实而准确地反映了这一点。

(4)广告的媒体选择

①广告媒体的种类

a. 报纸。报纸是传递信息的最重要工具，是广告运用最多的媒体形式之一。报纸的优点是：信息传递及时、受众广泛稳定、可信度比较高；刊登日期和版面的可选度较高、便于对广告内容进行较详细的说明；便于保存，制作简便，费用较低。报纸的局限性是：时效短、转阅读者少；印刷简单因而不够形象和生动，感染力相对差一些。

b. 杂志。杂志专业性较强，目标读者较集中，是刊登各种专业产品广告的良好媒体。优点是读者对象比较确定、易于送达特定的广告对象；时效长、转阅读者多、便于保存；印刷比较精美、有较强的感染力。不足是广告信息传递前置时间长、信息传递的及时性差、有些发行量是无效的。

c. 广播。广播是听觉媒体，在我国现阶段随着汽车的普及，其受众群体质量和数量出现了明显上升。其优点是：传收同步，易收到最快最新的信息；展露频率高；适应性强，广告费用很低。其缺点是：稍纵即逝、保留性差、不宜查询；受频道限制缺少选择性，直观性与形象性较差，吸引力与感染力较弱。

d. 电视。电视是最重要的现代媒体之一，它通过视觉形象和听觉的结合，综合运用各种艺术手法，融声音、图像、色彩、运动于一体，直观形象地传递产品信息，具有丰富的表现力和强烈的感染力。其优点是：表现力丰富，多媒体效果明显，感染力强；播放及时，覆盖面广、收视率高；可以重复播放，加深印象。其缺点是：制作成本高；信息消失快；目标观众无法选择。

e. 网络广告。是当前增长最快的广告投放方式。优点是覆盖面大，观众基数大，传播范围广；方式灵活，互动性强；可以分类检索，广告针对性强；制作简便，广告费用低；可以准确地统计受众数量。缺点是受众类型相对单一；因受众媒体习惯，受众的抗拒性更强。

f. 户外广告。主要包括路牌、传单、灯箱、车身广告、车辆广告、招贴等。其优点是：传播主题鲜明、形象突出；不受时间限制，比较灵活；展露重复性较强，成本较低。其缺点是：不能选择对象、传播面窄，信息容量小、动态化受到限制。

g. 售点广告。指售货点及购物场所的广告。例如，柜台广告、货架陈列广告、模特广告、门面装饰等。

h. 其他媒体。主要包括邮寄广告、赞助广告、体育广告、包装广告等。

②媒体选择的影响因素

要使广告达到一定的促销效果，则必须注意广告媒体的覆盖面、接触频率及作用强度等。企业在选择广告媒体时应考虑以下因素：

a. 市场方面

要考虑消费者的媒体习惯。人总是依其个人品位来选择适合的媒体，因此要配合消费者的性别、年龄、教育程度、职业及地域性等来决定应用何种媒体。

要考虑产品的特性。产品的性质、特点等不同，要选择不同的广告媒体。如服装，就应在有色彩的媒体上发布广告。

要考虑产品的销售范围。全国性的销售，或是限于地方区域性市场的销售。

b. 媒体方面

要考虑媒体的传播广度。如报纸杂志的发行量、电视的收视率、电台的收听率，才能了解效果。

要考虑媒体的传播对象构成。即考虑媒体的受众类型和组成，以期与目标顾客的类型符合。

要考虑媒体的传播内容。节目或编辑内容是否与广告效果有关。

要考虑媒体声誉、专业性、影响力等。

c. 广告主方面

要考虑广告主销售方法的特征。销售方式究竟以推销员为主还是以零售商为主，这要看用什么样的销售策略。销售策略不同，选择媒体的标准也不同。

要考虑广告主的促销方法。如计划一个赠送样品的广告活动，就要用能配合赠送活动的媒体。

要考虑广告主活动的基本目的及广告预算的分配额和广告主的经济能力。

不同媒体的成本不同，在选用时还要考虑企业广告费用支付能力，分析费用与广告效果之间的关系，选用成本低、效果好的媒体。从支付费用的绝对值看，电视是最昂贵的广告媒体。但从相对成本，即支付单位费用覆盖的受众人数来看（千人成本准则），电视因受众群体巨大，其成本往往是最低的。但要注意的是，千人成本准则也存在问题：第一，媒体受众并不等于广告的目标对象，但广告成本却是以此为根据的；第二，发布的概念不准确：从表面看，广告发布即意味着是所有受众都接受了广告欲传达的信息，而实际上一个广告发布后，只有一部分人会注意到该广告，较少的人了解广告的内容，更少的人能正确地理解；第三，由于连续在同一时段、位置，重复发布同一广告，受众往往也是重复的，此时显然存在一个收益递减问题。

(5)产品生命周期广告策略

在产品的引入期和成长期前期，新产品刚进入市场，产品的品质、功效、造型、结构等都尚未被消费者所认知。在这一阶段，广告宣传以引起注意为目标，目的是使消费者产生新的需要，执行开拓市场的战略；以告知为主作为广告策略，突出新旧产品的差异，向消费者介绍新产品的有关知识，使消费者对新产品有所认识，从而引起兴趣，产生信任感，不断扩大知名度。

其目的在于运用各种与促销相结合的广告手段，争取更多的早期采用者，从而带动早期大众采用。在这一阶段，应该投入较多的广告费，运用各种媒介，配合宣传，造成较大的广告声势，以便使新产品迅速打入市场。

广告的中期阶段，产品进入成长期后期和成熟期早期。在这一阶段，广告要说服更多的消费者购买本产品、提高产品市场占有率，总的来说是一种劝服性广告——广告内容从原先建立知名度出发转向说服消费者接受和采取购买行动上。因为竞争加剧，同时产品的定位也逐渐明确，广告信息不再仅仅满足于向消费者提供告知性的理性知识，而是加紧了品牌形象的塑造，以求得在目标市场中的长久坚固的地位；展开竞争性广告宣传，引导消费者建立品牌忠诚。广告诉求必须具有强有力的说服力，突出本产品同其他品牌同类产品的差异性和优越性，巩固企业和产品的声誉，加深消费者对企业和商品的印象。

在产品进入饱和期和衰退期之后，产品供求日益饱和，原有产品已逐渐变成老产品，新的产品已逐步进入市场。这一时期的广告目标，重点放在维持产品市场上，采用延续市场的手段，保持产品的销售量或延缓销售量的下降。其主要做法是运用广告提醒消费者，以长期、间隔、定时发布广告的方法，及时唤起注意，巩固习惯性购买。诉求重点应该突出产品的销前和售后服务、保持企业荣誉、稳定产品的晚期使用者及保守者。

3. 人员推销

人员推销是一种古老的促销方式，但同时也是有效的现代促销工具，尤其是在生产资料的销售中，更占有不可替代的地位。

(1)人员推销的特点

人员推销是指企业通过派出销售人员与可能的购买者交谈，作口头陈述与实物展示，以推销产品，促进和扩大销售。即人员推销是销售人员帮助和说服购买者购买某种产品或服务的过程。作为企业和购买者之间相互联系的纽带，销售人员负有维护双方利益的责任，尽管这些责任有时会发生矛盾。

①销售人员的工作任务

a. 积极寻找和发现更多的可能的顾客或潜在顾客。

b. 把关于企业产品和服务方面的信息传递给现有及潜在的顾客。

c. 运用推销技术(接近顾客、展示产品、回答异议、提供帮助等)销售产品。

d. 向顾客提供各种服务,如向顾客提供咨询服务、帮助顾客解决某些技术问题、安排融资、催促加快办理交货等。

e. 进行市场调查和收集市场情报。

②人员推销的优点和缺点

人员推销的优点是:

a. 人员推销注重人际关系,有利于顾客与销售人员之间建立友谊。

由于满足顾客需要是保证销售达成的关键,因此,销售人员总愿意在许多方面为顾客提供服务,帮助他们解决问题;同时,在面对面的交谈过程中,双方极有可能建立起友谊。

b. 人员推销具有较大的灵活性。

销售人员可以亲眼观察到顾客对推销陈述和推销方法的反应,把握其心理变化,因而能立即根据顾客情绪及心理的变化酌情改进推销陈述和推销方法,以适应顾客的行为和需要,促进最终交易的达成。

c. 人员推销与广告相比,其针对性强,无效劳动较少。

销售人员通过主动筛选能较准确地直达目标顾客,而不是所谓受众。

d. 人员推销易实现潜在交换,达成实际销售。

一般来说,如果顾客确实存在对所推销的产品的需要,那么,销售人员适当地运用推销艺术肯定能使交易达成。

e. 人员推销有利于企业了解市场,提高决策水平。

由于人员推销是一个双向沟通的过程,销售人员处于第一线,经常直接和顾客打交道,他们最了解市场状况和顾客的反应,因而也最有资格为企业的市场营销决策提供建议和意见。

f. 人员推销的适用面较广。

人员推销经常用于竞争激烈的情况,也适用于推销那些价格昂贵和性能复杂的产品。对于专业性很强的产品,企业只有派出训练有素的推销员为顾客展示、操作产品,并解答其疑难问题,才能达成销售。

人员推销的缺点主要是相对成本较高。

(2)推销技巧

推销工作程序主要有以下两种模式:

①AIDA 模式,即引起注意(attention)—激发兴趣(interest)—刺激需求(desire)—生成购买欲望和行动(action)。同时推销人员不要忘记,使消费者为买到称心的产品而感到满意,也是推销工作的重要一环。

②DIPADA 模式,即发现需要(discover)—激发兴趣(interest)—加强信任(porto)—使之接受(accept)—刺激需求(desire)—生成购买欲望和行动(action)。

谈判技巧主要有以下几种:

①将感情与问题分开

谈判是一个有关利益的沟通过程,切忌任意地攻击对方和感情用事,最好直接讨论利害关系所在,这样双方将会得到一个达成满意的机会。

②将立场与利益分开

立场虽是谈判决策的基础,但实际利益才是立场的根源。记住这一点,就会发现以利益为本，调和所谓立场，往往会收到良好的效果。

③努力创造双赢的局面

做到这一点的关键是，双方要明白做一个更大的蛋糕，什么时候都比怎样切蛋糕更重要。

④坚持客观标准

对原则问题，在对方坚持其立场不退后时，应寻找并坚持客观标准。这往往更有助于问题的解决，原因是此时任何一方都没有向对方让步，而是向公正让步。

4. 营业推广

营业推广又称销售促进，是指除人员推销、广告、公关之外的，能有效刺激顾客购买、提高交易效率的一切促销活动，如陈列、展示、示范、表演、演出等。营业推广一般是暂时和短期的、有特殊目的性的促销活动，是对广告和人员推销的补充。原因在于，营业推广具有两个彼此矛盾的特点：一方面，营业推广以现场刺激和特别优惠为主要手段，给予消费者以机不可失的紧迫感，从而促使其立即购买，具有促销效果显著且见效快的特点。另一方面，营业推广这种以短、平、快为特征的促销活动，其意图往往过于明显，从而也可能给予顾客不良印象，甚至于损害产品和企业的声誉及形象。

(1)营业推广的目标

影响企业营业推广目标确定的主要因素，在于企业的营销战略和目标市场的特征。具体而言，营业推广的目标对象主要是三个：顾客、中间商、推销人员。

①针对顾客的营业推广

目标是鼓励重购，吸引和刺激新购，争夺竞争对手的顾客。企业针对顾客的营业推广工具，在鼓励重购和争夺竞争对手的顾客时，多采用产品组合降价的手段，进行快速的防御性反应；在吸引与刺激新购时，则可以采用赠送和免费试用等手段。针对顾客的营业推广工具常见的有：

a. 折价券。即打折凭证，可通过邮寄、附赠等渠道发送，多用于成熟品牌或新产品的推广。

b. 特价包。即以低于正常价格的方式销售产品，多采用组合包装的形式进行，特价包对刺激短期销售十分有效。

c. 退款。即在顾客购买后，凭购物凭证获得相应的退款。

d. 赠品印花。即在顾客购买后，赠予一定数目和种类的印花标志，待其凑足规定数目和种类后，即可兑换相应的赠品，用于吸引顾客重复光临效果显著。

此外，常用工具还有售点陈列、产品示范、赠奖、表演、竞赛、兑奖、游戏等。同时，要注意的是，营业推广工具是促销组合中活跃的因素之一，新工具不断出现，需要我们时刻关注、不断创新，灵活应用。

②针对中间商的营业推广

目标是刺激中间商经营新的产品项目，保持较高存货水平；鼓励其购买和储存过季产品；建立中间商对企业的品牌忠诚；吸引新的中间商等。常用工具主要有购买折让、广告折让、陈列折让、免费赠品、销售奖金等。

③针对推销人员的营业推广

目标是刺激其支持新产品、新型号、新品种；鼓励其开拓市场，不断寻找潜在顾客；激励其推销过季产品等。销售竞赛、分红、奖品等是最常用的手段。

(2)营业推广方案

①诱因大小

即达到推广目标所需的最佳刺激条件。对顾客的刺激只有达到一定的水平，才能产生诱因，且诱因也存在边际效应。因此，适当地确定诱因大小是方案设计的首要任务。

②目标对象

即决定营业推广的对象是谁。由于营业推广是用于短期和带有特定目的的一种促销工具，因此恰当地针对特定顾客群，也是方案设计必须考虑的一个问题。

③媒介设计

即使用何种手段，将营业推广的信息和媒介传递给目标顾客。如折价券可通过放在包装中或邮寄给顾客，而很显然邮寄更适于有目的地影响潜在顾客；放在包装中则主要是鼓励重购。

④时间长短

营业推广必须有时间限制，以避免暴露其弱点。一般认为，某种产品的营业推广，其最佳频率是每季度三周，每次最佳时间长度为该产品的顾客平均购买周期。

⑤促销时机

这一点主要受销售需要、营销战略、生产情况、分销等因素的影响。

⑥确定营业推广预算

它受促销总预算、促销组合中营业推广的地位和营业推广的成本效益等因素的制约。

5. 公共关系

公共关系是一门研究如何建立信誉，树立良好形象，以引起顾客好感、兴趣和信赖，直到赢得顾客信任和支持，为企业营销创造良好条件的科学。它通过运用传播、沟通等手段，使组织与顾客、公众、社区、政府之间相互了解、相互协调，以实现企业的目标。

(1)公共关系的概念和特征

公共关系(public relations)是指组织有计划和持续地应用沟通手段，争取组织公众的谅解、协助和支持，从而建立和维护组织形象的活动。它强调的是成功的人际关系、和谐的氛围和良好的社会舆论环境，更注重长期效应。公共关系能以极低的成本，使公众产生难以磨灭的印象，而广告则很难做到这一点。一方面，公共关系是以非直接付费的形式进行的，同时组织的重大消息往往是媒体关注的新闻。更重要的是公共关系具有以下的一些特征：

①客观真实性

由于关于组织的新闻报道是由媒体中立地进行报道的，体现了组织外部公众的利益和看法，因此顾客会认为它具有高度的客观性和真实性。这同顾客认为广告是组织自吹自擂的主观信息，影响效力完全不同。

②易送达性

由于顾客认为组织的公关信息具有可靠性，因此一般不会加以拒绝。而对其他促销方式而言，避免被拒绝接受显然都是首要任务。

③促销效果显著

公关同广告一样，通过媒体的广泛传播，具有将组织及其产品充分展示于目标市场的效果。

(2)公共关系的基本内容

①与媒体互动

公关要求以最有利于组织的方式展示组织新闻和信息，因此，与媒体的良好互动关系是成功公关工作的基础。

②产品与品牌宣传

通过媒体以非广告的形式，对产品或品牌进行信息展示。

③组织的信息传播

通过组织信息的传播，促进组织内部与外部公众对组织的理解，为树立组织良好形象服务。

④咨询

就公众事件、组织地位、组织形象等向管理层提出建议，为组织决策服务。

⑤与公共权力机构互动

通过各种方式与公共权力机构打交道，传播有利于组织的各种信息，影响公共权力的运作，尤其是公共立法的走向。

⑥建立良好的组织和产品形象

这是公关活动的核心。组织应通过各种渠道和方式向内、外部各种类型的公众和组织，传达有利于树立组织形象的信息，并有效控制一切不利信息。

(3)公共关系的对象

①媒体公众

媒体是指一切从事广告、新闻、信息传播的机构，媒体掌握着舆论导向，对组织的信息传播有着直接的制约作用。公关相对于广告的高可信度，很大程度上是依靠媒体这一组织信息传播的中立的第三者的特殊地位而获得的，对组织的公关活动而言，必须注意培养与传播媒体的良好关系，以形成一种相互信任、相互促进、平等互利的合作关系。

②组织内部公众

组织内部公众就是指所有的组织内部员工及其家属。组织良好的声誉和形象的树立，首先必须获得组织员工的理解和支持，而员工家属在这一点上显然也具有特别重要的意义。

员工的凝聚力、集体荣誉感、共同的价值观念、团队精神，是组织形象和声誉构建的内核。争取员工及其家属的理解、支持，有效协调组织内部矛盾，调动员工的积极性，构建组织文化，是公关活动的重要一环。

③政府公众

政府公众包括行政、司法、立法部门。组织公关要积极地处理组织与政府的关系，争取政府对组织及其活动的理解、帮助和支持；积极影响政府的法律、法规和政策的制定，为组织经营创造良好的政策环境。

④社区公众

组织处于一定的社区中，社区的居民、机关、团体、社会组织，都与组织有着千丝万缕的关系，与社区公众保持和发展融洽的关系，是组织公关活动的必要环节。

⑤市民行动公众

市民行动公众即各种主要由普通群众，为某一方面的特殊目的而成立的有较强社会影响力的组织，如消费者权益保护组织、环境保护组织等。随着社会的不断发展，特别是民众收入和受教育水平的不断提高，市民行动组织的实力和影响力不断扩大，甚至成为影响政府有关立法的重要力量，企业在经营活动中将受到其越来越大的影响。

⑥顾客

顾客是企业公关的首要目标，向顾客传达组织信息，建立品牌知名度和美誉度，提高顾客满意度是公关的基本内容。

⑦一般群众和其他公众

一般群众和其他公众是指除以上几个方面外的其他一切个人和组织。它们虽然与企业经营的联系较为松散,但也会对企业目标的实现产生影响。

(4)公共关系的实施方式

公关的具体实施方式多种多样,我们只介绍常见的一些方式。

①直接披露组织信息

直接披露组织信息是指组织运用各种可以直接控制的方式,将组织信息传播给目标公众。此方式的主要缺点是:a. 一般来说,组织所直接掌握的信息传播工具少且对受众影响力也小,限制了传播范围和传播效果;b. 直接传播信息,对组织而言虽然更得心应手,但对信息的受众而言,其信息的可信度显然下降了。

②安排特殊事件

安排特殊事件是指组织通过安排一些特殊事件,来吸引公众和顾客对组织的注意。如各种招待会、讨论会、展览会,以及对社会公益的赞助、支持等。

③收集与传播新闻

收集与传播新闻是公关人员的基本任务,即不断发现、有效传播一切有关组织的新闻消息。收集、整理、分析组织信息,从中发现有价值的新闻是公关的基础。

④公开演讲

公开演讲往往在一些重要的场合进行,其公信力、影响面都比较令人满意。在网络公关中,力争成为网络论坛的主持人,是一种重要方式。

⑤参与社会活动

组织积极参与各种社会公益活动,是融洽与政府、社区、市民行动和一般群众的最佳方式。

(5)公共关系的实施步骤

①确定公关目标

准确地确定公关目标,是公关活动有效展开的前提。例如,某咨询机构为一家葡萄酒厂的公关确定了如下目标:a. 是使公众相信饮葡萄酒是生活优越、愉快的表现;b. 强化该葡萄酒的形象,以提高其市场占有率。

据此,确定了采取以下措施:

a. 撰写有关葡萄酒的报道,利用一流媒体发布,特别是从医学角度,强调饮葡萄酒对人体健康的好处,有针对性地争取原来的白酒顾客;

b. 针对不同目标市场,制定相应的宣传方案,尤其强调目标市场受教育水平较高这一特点。

②恰当选择传播工具和信息

组织应对组织信息资料进行深入挖掘,以不断发现适宜的新闻素材。同时根据公众特点,适当选择传播工具。如上例中,因葡萄酒的目标市场顾客具有受教育水平较高这一明显特点,就可选择杂志这种媒体为主。

③实施

方案的实施实际上主要是一个如何有效调动和利用媒体的问题。公关人员的重要资本之一就是其与各种媒体编辑、记者建立的私人关系,此时就要充分发挥其作用了;当然更重要的是,如何使组织要传播的信息具有或是显得有足够的吸引力?做到这一点的关键是将媒体编辑、记者视为营销目标，去充分满足他们的需求。

从促销的实质看，其发挥的作用是实现组织与顾客的信息沟通，为组织与顾客的交换创造条件。因此，必须注意的是，沟通是一种双向交流，如何在促销中实现这一点是促销成败的关键。

三、任务设计

整合利用4P营销组合和促销组合工具，为小店制定推广方案。

以在项目四中设计的策划方案为基础，围绕品牌定位，选择和利用网络新媒体等途径，为推广自己的小店制定整合营销传播方案，并拟定策划书。具体要求如下：

(1)明确推广目标；

(2)明确推广的总主题和主广告语，并解释和介绍；

(3)针对不同顾客群，根据总主题和主广告语，分别制定分主题和分广告语，并利用PPT等工具设计相应海报和宣传文案；

(4)针对不同顾客群，分别选择恰当的传播途径，设计相应的传播方案。

四、知识拓展

整合营销与整合营销传播

(一)整合营销传播

整合营销传播(integrated marketing communication，IMC)是指将与组织进行市场营销有关的一切传播活动一元化的过程。整合营销传播一方面把广告、促销、公关、直销、CI、包装、新闻媒体等一切传播活动都涵盖于营销活动的范围之内，另一方面则使组织能够将统一的传播信息传达给顾客。

其中心思想是通过组织与顾客、公众的沟通，以满足顾客、公众需要为目标，确定组织统一的促销策略，协调使用各种不同的传播手段，发挥不同传播工具的优势，从而使组织实现促销的高效率和低成本化，建立组织的良好形象。

广义的整合营销传播是指组织或品牌通过发展与协调战略传播活动，使自己借助各种媒介或其他接触方式与员工、顾客、其他利益相关者以及普通公众建立建设性的关系，从而建立和加强与他们之间互利关系的过程。

狭义的整合营销传播是指确认与评估各种传播方法、战略、作用，形成一个增加价值的综合计划，通过组合这些方法，实现对分散信息的无缝结合，以提供明确的、连续一致和最大影响力的传播。

1. IMC的目标

实施IMC的目的在于使组织所有的营销活动在市场上针对不同的顾客与公众，进行“一对一”的针对性传播，形成一个总体的、综合的印象和情感认同，是塑造品牌、建立品牌影响力和提高品牌忠诚度的过程。具体来说是三个目标：

(1)以顾客为中心，研究和实施如何抓住顾客，打动顾客，与顾客建立、维护、发展一种“一对一”的互动式的营销关系。

(2)整合营销传播要通过各种营销手段建立顾客对品牌的忠诚，维护和发展顾客与品牌间的情感纽带。

(3)IMC在使用上强调的是系统整合的概念。这种整合是促销组合—营销组合—营销环境—跨企业伙伴的系统整合,也是顾客—公众—社会的系统整合。

2. IMC 整合什么

整合营销传播理论的先驱、全球第一本整合营销传播专著的第一作者唐·E.舒尔茨教授,根据对组织应当如何展开整合营销传播的研究,并考虑到营销传播不断变动的管理环境,给整合营销传播下一个新的定义:“整合营销传播是一个业务战略过程,它是指制定、优化、执行并评价协调的、可测度的、有说服力的品牌传播计划,这些活动的受众包括消费者、顾客、潜在顾客、内部和外部受众及其他目标。”

唐·E.舒尔茨认为 IMC 要进行内容整合和资源整合。

(1)内容整合

①精确区隔顾客——根据顾客的行为及对产品的需求来区分;

②提供一个具有竞争力的利益点——根据顾客的购买诱因;

③确认目前顾客如何在心中进行品牌定位;

④建立一个突出的、整体的品牌个性,以便顾客能够区别该品牌与竞争品牌之不同,关键是“用一个声音来说话”。

(2)资源整合

资源整合应该发掘关键“接触点”,了解如何才能更有效地接触消费者。传播手段包括:广告、直销、公关、包装、产品展示、店面促销等,关键是“在什么时候使用什么传播手段”。

无论是内容整合还是资源整合,两者都统一到建立良好的“品牌—顾客”关系上来。内容整合是资源整合的基础,资源整合推动内容整合的实现。

整合营销传播 IMC 的核心思想是将与组织进行市场营销有关的一切传播活动一元化。一方面把广告、促销、公关、直销、CI、包装、新闻媒体等一切传播活动都涵盖到营销活动的范围之内;另一方面则使组织能够将统一的传播资讯传达给消费者。所以,整合营销传播也被称为 speak with one voice(用一个声音说话),即营销传播的一元化策略。

(3)IMC 的七个层次

①认知的整合。这是实现整合营销传播的第一个层次,这里只有要求营销人员认识或明了整合传播的需要。

②形象的整合。这个层次牵涉到确保信息与媒体一致性的决策,信息与媒体一致性是指广告的文字与其他视觉要素之间要达到的一致性,以及在不同媒体上投放广告的传达主旨的一致性。

③功能的整合。功能的整合是把不同的营销传播方案编制出来,作为服务于营销目标的直接功能,也就是说,对每个营销传播要素的优势、劣势都经过详尽的分析,并与特定的营销目标紧密结合起来。

④协调的整合。是人员推销功能与其他营销传播工具等被直接整合在一起,这意味着各种手段都用来确保人际营销传播与非人际形式的营销传播的高度一致。例如推销人员所说的内容必须与其他媒体上的广告内容协调一致。

⑤基于顾客的整合。传播策略必须在了解顾客的需求和欲望的基础上锁定目标顾客,在给产品以明确的定位以后才能开始传播策划;换句话说,IMC 要使得市场定位的信息可以直达目标顾客的心中。

⑥基于风险共担者的整合。这是营销人员认识到目标顾客不是本企业应该传播的唯一群体,其他共担风险的经营者也应该包含在整体的整合营销传播战术之内。例如内部公众、供应

商、中间商等。

⑦关系管理的整合。这一层次被认为是整合的最高阶段。关系管理的整合就是要向不同的关系对象做出有效的传播，保证组织顺利发展的战略。这些战略不只是营销战略，还有制造战略、工程战略、财务战略、人力资源战略等，也就是说，公司必须在每个功能环节内（如制造、工程、研发、营销等环节）发展出整体战略以达成不同功能部门的协调，同时对社会资源也要作出战略整合。

(4)IMC的六种方法

①建立顾客资料库

IMC的起点是建立顾客和潜在顾客的资料库，资料库的内容至少应包括人员统计资料、心理统计、顾客态度的信息和以往购买记录等。整合营销传播和传统营销沟通的最大不同在于整合营销传播是将整个焦点置于顾客、潜在顾客身上，因为所有的厂商、营销组织，无论是在销售量或利润上的成果，最终都依赖顾客的购买行为。

②研究顾客行为

这是第二个重要的步骤，就是要尽可能使用顾客及潜在顾客的行为方面的资料作为市场细分的依据，相信顾客“行为”资讯比其他资料如“态度与希望”测量结果更能够清楚地显现顾客在未来将会采取什么行动。

在整合营销传播中，可以将顾客分为三类：对该品牌的忠诚顾客，其他品牌的忠诚顾客和游离不定的顾客。很明显这三类顾客有着各自不同的“品牌网路”，而想要了解顾客的品牌网路，就必须借助顾客行为资讯才行。

③顾客接触管理

顾客接触管理是指组织应该在什么时间、什么地点或什么场合与顾客进行沟通。现在的市场由于信息超载、媒体繁多，干扰的“噪声”大为增大，所以最重要的是决定“如何、何时与顾客接触”，以及采用什么样的方式与顾客接触。

④营销目标确定

这意味着在什么样的接触管理之下，该传播什么样的信息。也就是要针对恰当对象，传达统一的声音，形成统一的形象。

⑤营销工具的创新

显而易见，如果我们将产品、价格、渠道都视为是和顾客沟通的要素，整合营销传播将拥有更多样、广泛的营销工具来完成传播策划，其关键在于哪些工具、哪种结合最能够协助组织达成传播目标。

⑥传播手段的组合

最后一步就是选择有助于达成营销目标的传播手段，这里所用的传播手段可以无限宽广，除了促销组合以外，事实上所有可以与顾客接触的点都是能协助达成传播目标的方法，都是整合营销传播的有力手段。

（二）营销组合与整合营销

1. 营销组合

营销组合指的是将营销中的各种要素组合起来进行营销活动的过程，营销组合强调了各种要素之间的相互关联，并要使它们有机统一成整体。从这个意义上讲，营销组合和整合营销是一致的，两者的区别是整合营销强调使各种作用力统一方向，形成合力，共同为组织的营销目标服务。

营销组合的相关概念如下：

(1)4Ps

1960年，麦卡锡提出了著名的4P组合。麦卡锡认为，企业从事市场营销活动，一方面要考虑企业的各种外部环境，另一方面要制订市场营销组合策略，通过策略的实施，适应环境，满足目标市场的需要，实现企业的目标。麦卡锡绘制了一幅市场营销组合模式图，图的中心是某个消费群，即目标市场，中间一圈是四个可控要素：产品(product)、地点(place)、价格(price)、促销(promotion)，即4Ps组合。在这里，产品就是考虑为目标市场开发适当的产品，选择产品线、品牌和包装等；地点就是要通过适当的渠道安排运输储藏等，把产品送到目标市场；价格就是考虑制订适当的价格；促销就是考虑如何将适当的产品，按适当的价格，在适当的地点通知目标市场。

(2)6Ps-10Ps-11Ps

6Ps是由科特勒提出的，它是在原4P的基础上再加权利(power)和公共关系(public relations)，最初主要应用是针对实行贸易保护主义的特定市场。

随后，科特勒又进一步把6Ps发展为10Ps。他把已有的6Ps称为战术性营销组合，新提出了4P：研究(probing)、划分(partitioning)即细分(segmentation)、优先(prioritizing)即目标选定(targeting)、定位(positioning)，称为战略营销，他认为，战略营销计划过程必须先于战术性营销组合的制订，只有在搞好战略营销计划过程的基础上，战术性营销组合的制订才能顺利进行。

到20世纪90年代，又有人认为，企业要有效地开展营销活动，首先要有为人们(people)服务的正确的指导思想，又要有正确的战略性营销组合[市场调研(probing)、市场细分(partitioning)、市场择优(prioritizing)、市场定位(positioning)]的指导。这种战略的4Ps营销组合与正确的指导思想(people)和战术性的6Ps组合就形成了市场营销的11Ps组合。

(3)4C

20世纪90年代，美国市场学家罗伯特·劳特伯恩提出了以"4C"为主要内容的作为企业营销策略的市场营销组合，即4C理论，包括顾客(consumer)、成本(cost)、便利(convenience)，沟通(communication)。即针对产品策略，提出应更关注顾客的需求与欲望；针对价格策略，提出应重点考虑顾客为得到某项商品或服务所愿意付出的代价；针对渠道策略，强调要更多地考虑顾客的方便，而不是企业或中间商自己方便；并强调促销过程应该是一个与顾客保持双向沟通的过程。总体而言，4C相对于4P更突出企业营销策略必须立足于顾客，而不是企业，是对90年代后互联网普及带来的企业与顾客双向沟通逐渐成为现实的反映。

总体来看，4C营销理论注重以消费者需求为导向，与市场导向的4Ps相比，4C营销理论有了很大的进步和发展。但从企业的营销实践和市场发展的趋势看，4C营销理论依然存在以下不足：

a. 4C营销理论是顾客导向，而市场要求的是竞争导向，中国的企业营销也已经转向了市场竞争导向阶段。顾客导向与市场竞争导向的本质区别是：前者看到的是新的顾客需求；后者不仅看到了需求，还更多地注意到了竞争对手，冷静分析自身在竞争中的优、劣势并采取相应的策略，在竞争中求发展。

b. 4C营销理论无法彻底解决营销同质化的问题。不同企业至多是个程度的差距问题，并不能形成营销个性或营销特色，不能形成营销优势，保证企业顾客份额的稳定性、积累性和发展性。

c. 4C 营销理论以顾客需求为导向，但顾客需求有个合理性问题。顾客总是希望质量好，价格低，特别是在价格上要求是无界限的。所以从长远看，企业经营要遵循双赢的原则，这是 4C 需要进一步解决的问题。

d. 4C 营销理论仍然没有体现既赢得客户，又长期地拥有客户的关系营销思想。没有解决满足顾客需求的操作性问题，如提供集成解决方案、快速反应等。

4C 营销理论总体上虽是 4Ps 的转化和发展，但被动适应顾客需求的色彩较浓。根据市场的发展，需要从更高层次以更有效的方式在企业与顾客之间建立起有别于传统的新型的主动性关系，如互动关系、双赢关系、关联关系等。

(4)4R

21 世纪伊始，《4R 营销》的作者艾略特・艾登伯格提出 4R 营销理论。4R 理论以关系营销为核心，重在建立顾客忠诚。它阐述了四个全新的营销组合要素，即关联(relativity)、反应(reaction)、关系(relation)和回报(retribution)。4R 营销理论的最大特点是以竞争为导向，在新的层次上概括了营销的新框架。

4R 理论强调企业与顾客在市场变化的动态中应建立长久互动的关系，以防止顾客流失，赢得长期而稳定的市场；其次，面对迅速变化的顾客需求，企业应学会倾听顾客的意见，及时寻找、发现和挖掘顾客的渴望与不满及其可能发生的演变，同时建立快速反应机制以对市场变化快速做出反应；企业与顾客之间应建立长期而稳定的朋友关系，从实现销售转变为实现对顾客的责任与承诺，以维持顾客再次购买和顾客忠诚；企业应追求市场回报，并将市场回报当作企业进一步发展和保持与市场建立关系的动力与源泉。

①4R 营销的操作要点

第一，紧密联系顾客。企业必须通过某些有效的方式在业务、需求等方面与顾客建立关联，形成一种互助、互求、互需的关系，把顾客与企业联系在一起，减少顾客的流失，以此来提高顾客的忠诚度，赢得长期而稳定的市场。

第二，提高对市场的反应速度。在相互渗透、相互影响的市场中，对企业来说最现实的问题不在于如何制定、实施计划和控制，而在于如何及时地倾听顾客的希望、渴望和需求，并及时做出反应来满足顾客的需求。这样才利于市场的发展。

第三，重视与顾客的互动关系。抢占市场的关键已转变为与顾客建立长期而稳固的关系，把交易转变成一种责任，建立起和顾客的互动关系，而沟通是建立这种互动关系的重要手段。

第四，回报是营销的源泉。由于营销目标必须注重产出，注重企业在营销活动中的回报，所以企业要满足客户需求，为客户提供价值，不能做无用的事情。一方面，回报是维持市场关系的必要条件；另一方面，追求回报是营销发展的动力，营销的最终价值在于其是否给企业带来短期或长期的收入能力。

②4R 的特点

第一，4R 以竞争为导向，在新的层次上提出了营销新思路。

4R 着眼于企业与顾客建立互动与双赢的关系，不仅积极地满足顾客的需求，而且主动地创造需求，通过关联、关系、反应等形式建立与顾客独特的关系，把企业与顾客整合在一起，形成了独特的竞争优势。

第二，4R 营销真正体现并落实了关系营销的思想。

4R 营销提出了如何建立关系、长期拥有客户、保证长期利益的具体操作方式，这是关系营销史上的一个很大的进步。

第三，4R是实现互动与双赢的保证。

4R的反应机制为建立企业与顾客关联、互动与双赢的关系提供了基础和保证，同时也延伸和升华了营销便利性。

第四，4R的回报使企业兼顾到成本和双赢两方面的内容。

为了追求利润，企业必然实施低成本战略，充分考虑顾客愿意支付的成本，实现成本的最小化，并在此基础上获得更多的顾客份额，形成规模效益。这样一来，企业为顾客提供的产品和追求回报就会最终融合，相互促进，从而达到双赢的目的。

4R之外的+0.5R，几乎所有的市场营销理论都是在强调如何抢占市场和争取客户，夺取利润为最大目标。但市场行为本身就是一种风险博弈，也可以说在市场上什么都是可变的，只有利润和风险是永恒的。所以建议在学习该理论的时候能再加上0.5R，即risky control，相信能够把握好风险控制的管理者才能拥有更长久的发展动力和空间。

2. 整合营销

1995年，Paustian Chude首次提出了整合营销概念，他给整合营销下了一个简单的定义：整合营销就是"根据目标设计(组织的)战略，并支配(组织各种)资源以达到组织目标"。菲利普·科特勒在《营销管理》一书中从实用主义角度揭示整合营销实施的方式，即组织里所有部门都为了顾客利益而共同工作。这样，整合营销就包括两个层次的内容：一是不同营销功能——销售、广告、产品管理、售后服务、市场调研等必须协调；二是营销部门与组织其他部门，如生产部门、研究开发部门等职能部门之间的协同。尽管对于整合营销的定义仍存在很大争议，但它们的基本思想是一致的，即以顾客需求为中心，变单向诉求和灌输，为双向沟通；树立产品品牌在消费者心目中的地位，建立长期关系，达到消费者和厂家的双赢(win-win)。

整合营销是以整合组织内外部所有资源为手段，重组再造组织的生产行为与市场行为，充分调动一切积极因素，以实现组织目标的、全面的、一致化营销。简言之，就是一体化营销。整合营销主张把一切组织活动，如采购、生产、外联、公关、产品开发等，不管是组织经营的战略、策略、方式、方法，还是具体的实际操作，都要进行一元化整合重组，使组织在各个环节上达到高度协调一致，紧密配合，共同进行组合化营销。

(1)基本思路

①以整合为中心。整合营销重在整合，从而打破了以往仅仅以消费者为中心或以竞争为中心的营销模式，而着重组织所有资源的综合利用，实现组织的高度一体化营销。整合营销的整合既包括组织营销过程、营销方式以及营销管理等方面的整合，也包括对组织内外的商流、物流及信息流的整合。总而言之，整合、一体化、一致化是整合营销最为基本的思路。

②讲求系统化管理。整合营销时代的组织由于所面对的竞争环境的复杂多变，因而只有整体配置组织所有资源，组织中各层次、各部门和各岗位，以及总公司、子公司，供应商、中间商及相关合作伙伴协调行动，才能形成竞争优势。所以，整合营销所主张的营销管理，必然是整合的管理、系统化的管理。

③强调协调与统一。整合营销就是要形成一致化营销，形成统一的行动。这就要强调组织营销活动的协调性，不仅仅是组织内部各环节、各部门的协调一致，而且也强调组织与外部环境协调一致，共同努力以实现整合营销，这是整合营销与传统营销模式的一个重要区别。

④注重规模化与现代化。整合营销是以当代及未来社会经济为背景的组织营销新模式，因而，十分注重组织的规模化与现代化经营。规模化不仅能使组织获得规模经济效益，而且，也为组织有效地实施整合营销提供了客观基础。与此同时，整合营销依赖于现代科学技术、现

代化的管理手段，现代化可为组织实施整合营销提供效益保障。

整合营销是一种对各种营销工具和手段的系统化结合，根据环境进行即时性的动态修正，以使交换双方在交互中实现价值增值的营销理念与方法。整合就是把各个独立的营销活动（包括广告、直接营销、销售促进、人员推销、包装、事件、赞助和客户服务等），综合成一个整体，以产生协同效应，战略性地审视整合营销体系、行业、产品及客户，从而制定出符合组织实际情况的整合营销策略。

(2)整合营销的两个层次

①水平整合

a. 信息内容的整合。组织的所有与消费者有接触的活动，无论其方式是媒体传播还是其他的营销活动，都是在向消费者传播一定的信息。组织必须对所有这些信息内容进行整合，根据组织的传播目标，对受众传播一致的信息。

b. 传播工具的整合。组织要根据不同类型受众接受信息的途径，衡量各个传播工具的传播成本和传播效果，找出最有效的传播组合。

c. 传播要素资源的整合。组织的一举一动、一言一行都是在向受众传播信息，所以有必要对组织的所有与传播有关联的资源（人力、物力、财力）进行整合，这种整合也可以说是对接触管理的整合。

②垂直整合

a. 市场定位整合。组织营销的任何活动都不能有损组织的市场定位。

b. 传播目标的整合。有了确定的市场定位以后，就应该确定传播目标了，想要达到什么样的效果？多高的知名度？传播什么样的信息？这些都要进行整合，有了确定的目标才能更好地开展后面的工作。

c. 营销组合的整合。其主要任务是根据产品的市场定位设计统一的产品形象，保证营销组合各环节的协调一致，避免互相冲突、矛盾。

d. 品牌形象整合。对品牌识别、品牌内涵与外延、品牌延展等围绕品牌核心价值的整合，以建立统一的品牌形象。

整合营销最重要的主题是关于目标市场是否更有针对性的争论。营销不是针对普通消费的大多数人，而是针对定制消费的特定人群。“量体裁衣”的做法使得满足消费者需求的目标最大化。我们应该设定的目标是：对消费者的需求反应最优化，把精力浪费降至最低。在这个意义上才能得到理想的营销哲学：营销需要综合考虑更多的目标消费者的点滴需求。

另外一个有价值的主题是——整合营销应该和消费者本身有关，也就是需要全面地观察消费者，多角度地观察消费者将创造更多的机会，使得消费者不是“一次性购买”或重复购买同一产品。

第三个主题是——整合营销必须考虑到如何与消费者沟通。消费者和品牌之间有更多的“联络点”或“接触点”，这不是单靠媒介宣传所能达到的。消费者在使用产品时对产品有更深的了解、打开包装时见到产品、拨打销售电话都是一种沟通，消费者之间相互交谈也产生了“病毒传播”般的销售机会。

(3)网络化的整合营销

①网络整合营销4I原则：

a. 利益原则(interests)

共赢是营销新的主题。

b. 趣味原则(interesting)

趣味是火爆的通行证,趣味性的广告更能吸引年轻人的眼球。

c. 互动原则(interaction)

充分挖掘网络的交互性,充分地利用网络的特性与消费者交流,才能让网络营销的功能发挥到极致。消费者亲自参与互动与创造的营销过程,会在大脑中刻下更深的品牌印记;把消费者作为一个主体,发起其与品牌之间的平等互动交流,可以为营销带来独特的竞争优势;未来的品牌将是半成品,一半由消费者体验、参与来确定。

d. 个性原则(individuality)

因为个性,所以精准;因为专属,所以诱人。个性化的营销,让消费者心理产生"焦点关注"的满足感;个性化营销更能投消费者所好,更容易引发互动与购买行动。在网络媒体中,数字流的特征让这一切变得简单、便宜,细分出一小类人,甚至一个人,做到一对一营销都成为可能。

②双向三维五步推广法

a. 双向。渠道规划定位,主要包括以下两个方面。

第一,自有渠道:打造属于您的互联网销售运营资源——网站 、商城(网店)、博客、微博、微信公众号、微信朋友圈等。

第二,合作渠道:打造适合您的互联网第三方网络推广资源——论坛、B2B(商贸网站)分类信息、视频、新闻平台、百度产品等。

b. 三维。多层面营销体系,主要包括以下三个方面:

第一,横向覆盖。抢占适合您的网络信息渠道和信息覆盖,展示组织信息和形象,让客户找到您、认识您,产生购买意愿。

第二,纵向深入。每个信息渠道互联互通,将覆盖的信息汇聚强化,让客户了解您、信任您和依赖您,营造网络销售。

第三,定向服务。策划组织行业相关事件、软文、病毒营销,根据客户区域分布和职业分布进行定点推广,开发潜在客户。

c. 五步。营销实施定位,主要包括以下五个方面:

第一,抢地盘。在客户可能出现的平台进行抢占,好让客户有机会找到你、发现你。

第二,初步认识。在抢占的地盘进行有效的信息发布,客户找到你时对你有初步认识。

第三,强化印象。完善信息,对各个渠道进行有效开发,客户认识你并有个好的印象。

第四,增加信任。每个渠道通路信息汇聚,让客户信任你,进行购买。

第五,因势利导。借助事件、病毒营销的引爆和传播性,让更多的网民发现你,依靠前面的基础,开发更多潜在客户。

五、案例分析

老干妈:如何把5元钱生意做到36亿元

她不识字,没有任何财务知识,但她喜欢钻研,记忆力惊人,不畏艰难,执着于想做的事,对现金近乎偏执的重视,绝不涉足自己不熟悉的行业,每一次迈出扩张的脚步都慎之又慎。2012年,她以36亿元身家登上胡润中国富豪榜。她,就是老干妈陶华碧。2012年,老干妈产值达到33.7亿元,纳税4.3亿元,人均产值168.5万元。老干妈到底是怎么成功的?

陶华碧出生在贵州省湄潭县一个偏僻的山村。由于家里贫穷,陶华碧从小到大没读过一天书。20 岁那年，陶华碧嫁给了贵州 206 地质队的一名地质普查员，但没过几年，丈夫就病逝了。丈夫病重期间，陶华碧曾到南方打工，她吃不惯也吃不起外面的饭菜，就从家里带了很多辣椒做成辣椒酱拌饭吃。经过不断调配，她做出了一种很好吃的辣椒酱，这就是现在“老干妈”仍在使用的配方。

丈夫去世后，没有收入的陶华碧为了维持生计，开始晚上做米豆腐(贵阳最常见的一种廉价凉粉)。1989 年，陶华碧在贵阳市南明区龙洞堡贵阳公干院的大门外侧，开了个专卖凉粉和冷面的“实惠饭店”。

“说是个餐馆，其实就是她用捡来的半截砖和油毛毡、石棉瓦搭起的‘路边摊’而已，餐厅的背墙就是公干院的围墙。”当时餐馆的老主顾韩先生 20 年后对这个餐馆的记忆依旧清晰。陶华碧做的米豆腐价低量足，吸引了附近几所中专学校的学生常常光顾。久而久之，就有不少学生因为无钱付账，赊欠了很多饭钱。陶华碧通过了解，对凡是家境困难的学生所欠的饭钱，一律销账。“我的印象是她只要碰上钱不够的学生，分量不仅没减少，反而还额外多些。”韩先生回忆道。

在“实惠饭店”，陶华碧用自己做的豆豉麻辣酱拌凉粉，很多客人吃完凉粉后，还要买一点麻辣酱带回去，甚至有人不吃凉粉却专门来买她的麻辣酱。后来，她的凉粉生意越来越差，可麻辣酱却做多少都不够卖。有一天中午，陶华碧的麻辣酱卖完后，吃凉粉的客人就一个也没有了。她关上店门去看看别人的生意怎样，走了十多家卖凉粉的餐馆和食摊，发现每家的生意都非常红火。陶华碧找到了这些餐厅生意红火的共同原因——都在使用她的麻辣酱。

1994 年，贵阳修建环城公路，昔日偏僻的龙洞堡成为贵阳南环线的主干道，途经此处的货车司机日渐增多，他们成了“实惠饭店”的主要客源。陶华碧近乎本能的商业智慧第一次发挥出来，她开始向司机免费赠送自家制作的豆豉辣酱、香辣菜等小吃和调味品，这些赠品大受欢迎。货车司机们的口头传播显然是最佳广告形式，“龙洞堡老干妈辣椒”的名号在贵阳不胫而走，很多人甚至就是为了尝一尝她的辣椒酱，专程从市区开车来公干院大门外的“实惠饭店”购买。对于这些慕名登门而来的客人，陶华碧都是半卖半送，但渐渐地来的人实在太多了，她感觉到“送不起了”。

1994 年 11 月，“实惠饭店”更名为“贵阳南明陶氏风味食品店”，米豆腐和凉粉没有了，辣椒酱系列产品开始成为这家小店的主营产品。尽管调整了产品结构，但小店的辣椒酱产量依旧供不应求。龙洞堡街道办事处和贵阳南明区工商局的干部开始游说陶华碧，放弃餐馆经营，办厂专门生产辣椒酱，但被陶华碧拒绝了。陶华碧的理由很简单：“如果小店关了，那这些穷学生到哪里去吃饭?”。“每次我们谈到这个话题的时候，她都是这样说，让人根本接不下去话，而且每次都哭得一塌糊涂”，时任龙洞堡街道办事处副主任的廖正林回忆当时的情景说。让陶华碧办厂的呼声越来越高，以至于受其照顾的学生都参与到游说“干妈”的行动中。1996 年 8 月，陶华碧借用南明区云关村村委会的两间房子，办起了辣椒酱加工厂，牌子就叫“老干妈”。刚刚成立的辣椒酱加工厂，是一个只有 40 名员工的简陋手工作坊，没有生产线，全部工艺都采用最原始的手工操作。“老干妈”员工回忆说，当时捣麻椒、切辣椒是谁也不愿意做的苦差事。手工操作中溅起的飞沫会把眼睛辣得不停地流泪。陶华碧就自己动手，她一手握一把菜刀，两把刀抡起来上下翻飞，嘴里还不停地说：“我把辣椒当成苹果切，就一点也不辣眼睛了，年轻娃娃吃点苦怕啥。”

很快陶华碧发现，她找不到装辣椒酱的合适玻璃瓶。她找到贵阳市第二玻璃厂，但当时年产 1.8 万吨的贵阳市第二玻璃厂根本不愿意搭理这个要货量少得可怜的小客户，拒绝了为她的作坊定制玻璃瓶的请求。面对厂长，陶华碧开始了她的第一次“商业谈判”：“哪个娃儿是一生下来就一大个哦，都是慢慢长大的嘛，今天你要不给我瓶子，我就不走了。"软磨硬泡了几个小时后，双方达成了如下协议：玻璃厂允许她每次用提篮到厂里捡几十个瓶子拎回去用，其余免谈。陶华碧满意而归。当时谁也没有料到，就是当初这份"协议"，日后成为贵阳市第二玻璃厂能在国企倒闭狂潮中屹立不倒，甚至能发展壮大的唯一原因。"老干妈"的生产规模爆炸式膨胀后，合作企业中不乏重庆、郑州等地的大型组织，贵阳市第二玻璃厂与这些企业相比，并无成本和质量优势，但陶华碧从来没有削减过贵阳市第二玻璃厂的供货份额。现在"老干妈"60%产品的玻璃瓶都由贵阳市第二玻璃厂生产，该厂的4条生产线，有3条都是为"老干妈"24小时开动。

作坊时代的"老干妈"虽然产量很小，但光靠龙洞堡周边的凉粉店已经消化不了，她必须开拓另外的市场。陶华碧第一次感受到经营的压力。陶华碧用了一个"笨办法"：她用提篮装起辣椒酱，走街串巷向各单位食堂和路边的商店推销。一开始，食品商店和单位食堂都不肯接受这瓶名不见经传的辣椒酱，陶华碧跟商家协商将辣椒酱摆在商店和食堂柜台，卖出去了再收钱，卖不出就退货。商家这才肯试销。一周后，商店和食堂纷纷打来电话，让她加倍送货。她派员工加倍送去，竟然很快又脱销了。

陶华碧开始扩大生产，她给贵阳市第二玻璃厂的厂长毛礼伟打了一个电话："我要一万个瓶子，现款现货。"无论是收购农民的辣椒还是把辣椒酱卖给经销商，陶华碧永远是现款现货，"我从不欠别人一分钱，别人也不能欠我一分钱"。从第一次买玻璃瓶的几十元钱，到现在日销售额过千万元，她始终坚持这个原则。"老干妈"没有库存，也没有应收账款和应付账款，只有高达十数亿元的现金流。

思考与分析：

1. 结合关系营销理念和4R的思想，你是如何解读"老干妈"成功的秘诀的？

2. "老干妈"的推广策略是什么？结合所学营销知识梳理总结一下，尤其注意其中还存在哪些问题，如何解决？

3. 为"老干妈"设计一个品牌定位，并基于利用新媒体，为其设计品牌推广方案。

六、知识链接

(一)关系营销

关系营销是指把营销活动看成是一个组织与消费者、供应商、分销商、竞争者、政府机构及其他公众发生互动作用的过程，其核心是建立和发展与这些公众的良好关系。

德克萨斯州A&M大学的伦纳德·L.贝瑞(Leonard L. Berry)教授于1983年在美国市场营销学会的一份报告中最早对关系营销做出了如下的定义："关系营销是吸引、维持和增强客户关系。"在1996年又给出更为全面的定义："关系营销是为了满足组织和相关利益者的目标而进行的识别、建立、维持、促进同消费者的关系，并在必要时终止关系的过程，这只有通过交换和承诺才能实现。"工业市场营销专家巴巴拉·B.杰克逊(Jackson B. B,1985)从工业营销的角度将关系营销描述为"关系营销关注于吸引、发展和保留客户关系"；摩根和亨特(Morgan and Hunt,1994)从经济交换与社会交换的差异来认识关系营销，认为关系营销"旨在建立、发展和维持成功关系交换的营销活动"；顾曼森(Gummesson,1990)则从组织竞争网络化的角度来定义关系营销，认为"关系营销就是市场被看作关系、互动与网络"。

1. 多角度理解关系营销

(1)系统论把社会、组织及其他事物都看作是一个个的系统,而这些系统又是由若干子系统所构成的,整个系统的运转就依赖于这些子系统及其构成要素间的相互依赖和相互作用。

依据系统论的观点,组织就是一个由子系统组成的并与其所处环境有可确认的边界的系统,研究者和管理者需要了解子系统内部和子系统之间以及组织与环境之间的相互关系,以便确定关系的模式或各变量之间的结构,并采取有效措施以保证系统的有效运行。果真如此的话,营销就需要处理和管理好上述各种关系。

(2)协同学认为,系统的性质的改变是由于系统中要素子系统之间的相互作用所致。任何系统运动都有两种趋向:一种是自发地倾向无序的运动,这是系统瓦解的重要原因;另一种是子系统之间的关联引起的协调、合作运动,这是系统自发走向有序的重要原因。役使原理表明,无序即意味着杂乱无章,存在大量不同的可能性。占据主导地位的序参数迫使其他因素和状态纳入它的轨道,从而使一切事物有条不紊地组织起来。

而协同本身是一种自组织能力,这种组织能力是以信息联系为基础、通过反馈控制来实现的。当系统与环境进行物质、能量、信息交换时,自组织能力就体现在控制与调整环境系统内各子系统,使之协同运作,保持系统的和谐有序运转。协同学的这一原理对于研究组织内部及组织与外部环境之间的关系具有重要意义。实际上,协同正是关系营销所要追求的利益:因为系统虽具有自组织能力,但如何减少无序的状态和无序状态保持的时间,对于关系营销来说无疑是一个具有实践意义的课题。

(3)传播是关系双方借以交换信息的符号传递过程。在这一过程当中,传播的最终目的是使信息的发送者和接收者的认识趋于一致。传统营销中,广告等大众传播方式(单向传播方式)是组织与消费者进行沟通的主要渠道,这一方式之所以能够实现沟通目标,是因为厂商控制着大部分产品信息,依靠这些有限的信息也可以进行决策。

现代传播将是一种双向沟通,组织与消费者之间的信息交换将经历这样一个过程:首先组织要了解消费者所拥有的信息形态和信息内容,然后通过某种渠道和方式明确消费者对信息的需要,最后才以适当的方式传递信息。整合营销传播就是对传统营销理论和传播学的抽象和升华,在这个概念里,广告、促销、公共关系、人员推销、CI、包装以及媒体计划等一切营销活动构成传播的全部含义,并用一致的信息与消费者沟通,即"用同一种声音说话"。从这个意义上说,传播就等于营销,营销的过程也就是传播的过程。

(4)关系营销是对传统营销理念的有力拓展。传统的市场营销理论,以单个组织为分析单元,认为组织营销是一个利用内部可控因素来影响外部环境的过程。对内部可控因素的总结是4Ps组合,即产品、价格、分销、促销策略,营销活动的核心即在于制定并实施有效的市场营销组合策略。但是实践证明,传统的营销理念越来越难以直接有效地帮助组织获得经营优势,这是因为任何一个组织都不可能独立地提供营运过程中所有必要的资源,而必须通过银行获得资金、从社会招聘人员、与科研机构进行交易或合作、通过经销商分销产品、与广告公司联合进行促销和媒体沟通;不仅如此,组织还必须被更广义的相关成员所接受,包括同行组织、社区公众、媒体、政府、消费者组织、环境保护团体等,组织无法以一己之力应付所有的环境压力。

因此,组织与这些环境因素息息相关,构成了保障组织生存与发展的事业共同体。共同体中的伙伴建立起适当的关系,形成一张巨型的网络,对于大多数组织来说,组织的成功正是充分利用这种网络资源的结果。这样,对组织资源的认识,就从组织"边界"以内,扩展到了组织边界以外,即包括所有与组织生存和发展具有关联的组织、群体和个人,以及由这些"节点"及其相互间的互动关系所构成的整个网络。而这些关系是否稳定并能给网络的成员带来利益的增长，即达到“多赢”的结果，则依赖于有效的关系管理，包括利益的共享、通过“感情投资”在伙伴间建立亲密的关系等。

(5)信息技术对关系营销发展的驱动。现代信息技术的发展为各种营销伙伴关系的建立、维护和发展提供了低成本、高效率的沟通工具，它解决了关系营销所必需的基本技术条件。

正是在上述诸因素的作用下，关系营销自80年代后期以来得到了迅速的发展。贝瑞率先提出和讨论了如何维系和改善同现有顾客之间关系的问题。随后，杰克逊提出要与不同的顾客建立不同类型的关系。北欧诺迪克学派的代表人物葛劳罗斯、舒莱辛格和赫斯基则论证了组织同顾客的关系对服务组织市场营销的巨大影响。今天，人们对关系营销的讨论和实践，已从单纯的顾客关系扩展到了组织与供应商、中间商、竞争者、政府、社区等的关系。这样，关系营销的市场范围就从顾客市场扩展到了供应商市场、内部市场、竞争者市场、分销商市场、影响者市场、招聘市场等，从而大大地拓展了传统市场营销的含义和范围。

2. 关系营销的层次

(1)一级关系营销

一级关系营销是指组织通过价格和其他财务上的价值让渡吸引顾客与组织建立长期交易关系。如对那些频繁购买以及按稳定数量进行购买的顾客给予财务奖励的营销计划。

(2)二级关系营销

二级关系营销是指组织不仅用财务上的价值让渡吸引顾客，而且尽量了解各个顾客的需要和愿望，并使服务个性化和人格化，以此来增强公司和顾客的社会联系。

(3)三级关系营销

三级关系营销是指组织和顾客相互依赖对方的结构，双方成为合作伙伴关系。三级关系营销的建立，在存在专用性资产和重复交易的条件下，如果一方放弃关系将会付出转移成本，关系的维持具有价值，从而形成“双边锁定”。这种良好的结构性关系将会提高客户转向竞争者的机会成本，同时也将增加客户脱离竞争者而转向本组织的利益。

3. 关系营销的基本模式

发现正当需求—满足需求并保证顾客满意—营造顾客忠诚，构成了关系营销中的三部曲：

(1)分析顾客

关系营销涉及吸引、发展并保持同顾客的关系，其中心原则是创造“真正的顾客”。这些顾客不但自己愿意与组织建立持续、长期的关系，而且对组织进行义务宣传。组织的顾客群体可能在产品的使用方式、购买数量、作用重要性等方面有很大不同，所以我们需要对以下几个方面的顾客素质进行分析：相对于公司能力的购买需求、顾客的增长潜力、顾客的价格敏感性等。只要有可能挑选，公司就应向最可能盈利的顾客推销产品。

(2)保证顾客满意

有营销学者提出了导致顾客全面满意的七个因素及其相互间的关系：欲望、感知绩效、期望、欲望一致、期望一致、属性满意、信息满意；欲望和感知绩效生成欲望一致，期望和感知绩效生成期望一致，然后生成属性满意和信息满意，最后导致全面满意。从模式中可以看出，期望和欲望与感知绩效的差异程度是产生满意感的来源，所以，组织可采取下面的方法来取得顾客满意：提供满意的产品和服务；提供附加利益；提供信息通道，展开与顾客的互动。

(3)顾客维系

科特勒对维系顾客成本进行研究，提出下面四个步骤来测定：测定顾客的维系率即发生重复购买的顾客比率；识别各种造成顾客损失的原因，计算流失顾客的比率；估算由于不必要的顾客流失，组织将损失的利润；组织维系顾客的成本只要小于损失的利润，组织就应当支付降低顾客损失率的费用。

4. 关系营销的市场模型

在“关系营销”概念里，一个组织必须处理好与下面六个子市场的关系：

(1)供应商市场

与供应商的关系决定了组织所能获得的资源数量、质量及获得的速度，组织与供应商必须结成紧密的合作网络，进行必要的资源交换；另外，公司在市场上的声誉也是部分地来自与供应商所形成的关系。例如，当 IBM 决定在其个人电脑上使用微软公司的操作系统时，微软公司在软件行业的声誉便急速上升。

(2)内部市场

内部营销起源于这样一个观念，即把员工看作是组织的内部市场。任何一家组织，要想让外部顾客满意，它首先得让内部员工满意；只有工作满意的员工，才可能以更高的效率和效益为外部顾客提供更加优质的服务，并最终让外部顾客感到满意；在为顾客创造价值的生产过程中，任何一个环节的低效率或低质量都会影响最终的顾客价值。

(3)竞争者市场

在竞争者市场上，营销活动的主要目的是争取与那些拥有与自己具有互补性资源的竞争者协作，实现知识的转移、资源的共享和更有效的利用。例如，“共同品牌”方式的战略联盟已经成为品牌推广的常态，因为这样可以分担巨额的推广费用和风险。种种迹象表明，现代竞争已发展为“协作竞争”，在竞争中实现“双赢”的结果才是最理想的战略选择。

(4)分销商市场

在分销商市场上，零售商和批发商的支持对于产品的成功至关重要。IBM 公司曾花费 1 亿美元为其 PCjr 做广告，结果还是以失败而告终，原因在于作为第三方的供应商和零售商反对该产品。IBM 公司投入了大量的资源去争取顾客，而忽略了与零售商、经销商等对产品的销售起关键作用的个人或组织建立积极的关系，扼杀 PCjr 的正是分销商一类的市场基础设施。

(5)顾客市场

市场竞争的实质是对顾客的争夺。组织可以通过数据库营销、发展会员关系等多种形式，更好地满足顾客需求，增加顾客信任，密切双方关系。

(6)影响者市场

金融机构、新闻媒体、政府、社区，以及诸如消费者权益保护组织、环保组织等各种各样的社会行动团体，对于组织的生存和发展都会产生重要的影响。因此，组织有必要把它们作为一个市场来对待，并制定以公共关系为主要手段的营销策略。

5. 关系营销与传统营销的不同

(1)营销核心。传统营销的核心是交易，关心如何实现交易和吸引新顾客；关系营销的核心是关系，强调如何保持与客户的友好关系，获取忠诚客户。

(2)营销对象。传统营销的营销对象只是顾客；关系营销的营销对象则包括顾客、供应商、员工、分销商等与组织利益相关的多重市场。

(3)营销部门。传统的营销部门职责就是完成组织的营销任务，其他的部门很少直接参与组织营销活动；奉行关系营销思想的组织，其营销任务不仅仅由营销部门完成，许多部门都积极参与和各方建立良好关系，营销部门成了关系营销的协调中心。

(4)顾客价值。传统营销将顾客价值理解为一次交易产生的利润;关系营销彻底颠覆了这一点,顾客价值是持续交换的价值,顾客价值是"口碑"的价值,顾客价值是动态、变化的价值,需要对顾客价值进行有效管理。

(二)绿色营销

绿色营销是一种能辨识、预期及符合消费的社会需求,并且可带来利润及永续经营的管理过程。绿色营销观念认为,组织在营销活动中,要顺应时代可持续发展战略的要求,注重地球生态环境保护,促进经济与生态环境协调发展,以实现组织利益、顾客利益、社会利益及生态环境利益的协调统一。从这些界定中可知,绿色营销是以满足消费者和经营者的共同利益为目的的社会绿色需求管理,以保护生态环境为宗旨的绿色市场营销模式。

概念一:所谓绿色营销是指组织在生产经营过程中,将组织自身利益、消费者利益和环境保护利益三者统一起来,以此为中心,对产品和服务进行构思、设计、销售和制造。

概念二:绿色营销是指组织以环境保护为经营指导思想,以绿色文化为价值观念,以消费者的绿色消费为中心和出发点的营销观念、营销方式和营销策略。它要求组织在经营中贯彻自身利益、消费者利益和环境利益相结合的原则。

概念三:所谓"绿色营销",是指社会和组织在充分意识到消费者日益提高的环保意识和由此产生的对清洁型无公害产品需要的基础上,发现、创造并选择市场机会,通过一系列理性化的营销手段来满足消费者以及社会生态环境发展的需要,实现可持续发展的过程。

绿色营销概念的核心是按照环保与生态原则来选择和确定营销组合的策略,是建立在绿色技术、绿色市场和绿色经济基础上的、对人类的生态关注给予回应的一种经营方式。绿色营销不是一种诱导顾客消费的手段,也不是组织塑造公众形象的"美容法",它是一个导向持续发展、永续经营的过程,其最终目的是在化解环境危机的过程中获得商业机会,在实现组织利润和消费者满意的同时,达成人与自然的和谐相处,共存共荣。经济发达国家的绿色营销发展过程已经基本上形成了绿色需求—绿色研发—绿色生产—绿色产品—绿色价格—绿色市场开发—绿色消费为主线的消费链条。

1. 绿色营销管理的内容

(1)树立绿色营销观念

绿色营销观念是在绿色营销环境条件下组织生产经营的指导思想。绿色营销观念在传统营销观念的基础上增添了新的思想内容:组织营销决策的制定必须首先建立在有利于节约能源、资源和保护自然环境的基点上,促使组织市场营销的立足点发生新的转移;对市场消费者需求的研究,是在传统需求理论基础上,着眼于绿色需求的研究,并且认为这种绿色需求不仅要考虑现实需求,更要放眼于潜在需求;组织与同行竞争的焦点,不在于传统营销要素的较量,争夺传统目标市场的份额,而在于最佳保护生态环境的营销措施,并且认为这些措施的不断建立和完善,是组织实现长远经营目标的需要,它能形成和创造新的目标市场,是竞争制胜的法宝。

与传统的社会营销观念相比,绿色营销观念注重的社会利益更明确定位于节能与环保,立足于可持续发展,放眼于社会经济的长远利益与全球利益。

(2)设计绿色产品

产品策略是市场营销的首要策略,组织实施绿色营销必须以绿色产品为载体,为社会和消费者提供满足绿色需求的绿色产品。所谓绿色产品是指对社会、对环境改善有利的产品,与传统同类产品相比,至少具有下列特征:

①产品的核心功能既要能满足消费者的传统需要，符合相应的技术和质量标准，更要满足对社会、自然环境和人类身心健康有利的绿色需求，符合有关环保和安全卫生的标准。

②产品的实体部分应减少资源的消耗，尽可能利用再生资源。产品实体中不应添加有害环境和人体健康的原料、辅料。在产品制造过程中应消除或减少“三废”对环境的污染。

③产品的包装应减少对资源的消耗，包装的和产品报废后的残物应尽可能成为新的资源。

④产品生产和销售的着眼点，不在于引导消费者大量消费而大量生产，而是指导消费者正确消费而适量生产，建立全新的生产美学观念。

(3)制定绿色产品的价格

一般来说，绿色产品在市场的投入期，生产成本会高于同类传统产品，因为绿色产品成本中应计入产品环保的成本，主要包括以下几方面：

①在产品开发中，因增加或改善环保功能而支付的研制经费。

②在产品制造中，因研制对环境和人体无污染、无伤害而增加的工艺成本。

③使用新的绿色原料、辅料而可能增加的资源成本。

④由于实施绿色营销而可能增加的管理成本、销售费用。

但是，产品价格的上升会是暂时的，随着科学技术的发展和各种环保措施的完善，绿色产品的制造成本会逐步下降，趋向稳定。组织制定绿色产品价格，一方面当然应考虑上述因素，另一方面应注意到，随着人们环保意识的增强，消费者经济收入的增加，消费者对产品可接受的价格观念会逐步与消费观念相协调。所以，组织营销绿色产品不仅能使组织盈利，更能在同行竞争中取得优势。

(4)绿色营销的渠道策略

实施绿色营销必须建立稳定的绿色营销渠道，策略上可从以下几方面努力：

①启发和引导中间商的绿色意识，建立与中间商恰当的利益关系，不断发现和选择热心的营销伙伴，逐步建立稳定的营销网络。

②注重营销渠道有关环节的工作。为了真正实施绿色营销，从绿色交通工具的选择、绿色仓库的建立，到绿色装卸、运输、贮存、管理办法的制定与实施，认真做好绿色营销渠道的一系列基础工作。

③尽可能建立短渠道、宽渠道，减少渠道资源消耗，降低渠道费用。

(5)搞好绿色营销的促销活动

绿色促销是通过绿色促销媒体，传递绿色信息，指导绿色消费，启发引导消费者的绿色需求，最终促成购买行为。绿色促销的主要手段有以下几方面：

①绿色广告。通过广告对产品的绿色功能定位，引导消费者理解并接受广告诉求。在绿色产品的市场投入期和成长期，通过量大、面广的绿色广告，营造市场营销的绿色氛围，激发消费者的购买欲望。

②绿色推广。通过绿色营销人员的绿色推销和营业推广，从销售现场到推销实地，直接向消费者宣传、推广产品绿色信息，讲解、示范产品的绿色功能，回答消费者绿色咨询，宣讲绿色营销的各种环境现状和发展趋势，激励消费者的消费欲望。同时，通过试用、馈赠、竞赛、优惠等策略，引导消费兴趣，促成购买行为。

③绿色公关。通过组织的公关人员参与一系列公关活动，诸如发表文章、演讲、影视资料的播放，社交联谊、环保公益活动的参与、赞助等，广泛与社会公众进行接触，增强公众的绿色意识，树立组织的绿色形象，为绿色营销建立广泛的社会基础，促进绿色营销业的发展。

2. 绿色需求

绿色需求就是在人类社会更加注重消费质量、环境保护、安全健康及社会可持续发展的情况下应运而生的。组织在制订绿色营销方案时必须认真分析和考证绿色需求，才能为进一步的绿色营销工作的开展打下基础。

(1)绿色需求是人类社会发展的产物

人类的工业文明仅仅经历了一百多年的历史，就已经让地球付出了沉重的代价，同时也是人类应该承受的代价。随着资源短缺、环境的进一步恶化、淡水的枯竭、大气层的破坏、地球变暖等生态及环保问题的加剧，人们开始将生态观念、HSE的健康、安全、环保观念根深蒂固地扎根于人类的思维理念中，继而形成绿色习惯，从而由绿色习惯催生出绿色需求。

(2)绿色需求是人类追求高品质及高品位的必然

当人们已经不再为基本的需求而奔波的时候，人们开始追求生存质量和生活质量：生存质量的追求表现在更加注重生态环保，生活质量的追求表现在倾向于消费无公害产品、绿色产品。由于这些产品本身所包含的特性和特点，使人们在消费过程中得到品质的满足和品位的提升。

(3)绿色需求是新型消费观念形成的产物

新的消费观念讲究满足基本消费的同时，开始考虑基本消费所带来的附加值。比如，人们在购买汽车时已经在考虑排放标准，无氟冰箱已经进入千家万户，人们开始关注服装对人体的健康等方面的安全保护，这些都是新兴消费观念对于传统需求的冲击。事实上，随着人们对于生态环保观念的认知和加强，也促使人们改变原有的消费观念，许多人已经自愿拒绝非绿色产品，这些人心甘情愿地站在绿色消费立场上，心甘情愿地为人类社会的可持续发展买单，具有高度的前瞻性。

(4)绿色需求法制化和广泛的社会宣传

为了更好地推行绿色消费，培育绿色需求，一些国家特别是发达国家已经制定和颁布了相关法规，来规范和推行绿色需求，实现绿色消费。乌拉圭回合的《贸易壁垒协议》中规定："不得阻碍任何国家采取措施来保护人类、动物或植物的生命健康、保护环境。"这实际上就为国际进出口的"产品绿化"提供了法制基础。

3. 绿色营销之绿色研发、绿色生产、绿色产品

这是创造绿色消费载体的过程。组织进行绿色营销的前提是组织要拥有绿色经营管理理念，只有在这种先进理念的指导下，才可能真正实现绿色营销，引导绿色消费，创造绿色效益。

在我国风能、太阳能的应用；日本推出节省25%燃油、少排80%废气的绿色汽车；美国研制出燃烧效率比现有汽车高3倍的小型汽车，推出装有计算机闲置部件"安眠"的电流控制芯片，推行低辐射的节能电视机……越来越多的事实证明，只有发展清洁技术，生产绿色产品，推进生产全过程控制和预防，才能建立节能、降耗、节水、节地的资源节约型经济，实现生产方式的变革，加速工业、交通及通信业发展模式的全面转换，实现以尽可能小的代价和最少的能源、资源消耗，获得最大的经济发展效益。国际商会和联合国环境规划署联合在巴黎召开的可持续发展商务宪章委员会提出的第一条基本原则就明确指出，要把可持续发展和保护环境作为组织发展的首要目标，只有"绿色组织"才有竞争力。

4. 特点

(1)综合性特点

绿色营销综合了市场营销、生态营销、社会营销和大市场营销观念的内容。市场营销观念

的重点是满足消费的需求，一切为了顾客需求是组织制定一切工作的最高准则；生态营销观念要求组织把市场要求和自身资源条件有机结合，发展也要与周围自然的、社会的、经济的环境相协调；社会营销要求组织不仅要根据自身资源条件满足消费者需求，还要符合消费者及整个社会目前需要及长远需要，倡导符合社会长远利益，促进人类社会自身发展；大市场营销，是在传统的市场营销四要素（即产品、价格、渠道、促销）基础上加上权力与公共关系，使组织能成功地进入特定市场，在策略上必须协调地使用经济、心理、政治和公共关系等手段，以取得外国或地方有关方面的合作和支持。绿色营销观念是多种营销观念的综合，它要求组织在满足顾客需要和保护生态环境的前提下取得利润，把三方利益协调起来，实现可持续发展。

（2）统一性特点

绿色营销强调社会效益与组织经济效益统一在一起。组织在制定产品策略的实施战略决策时，既要考虑到产品的经济效益，同时又必须考虑社会公众的长远利益与身心健康，这样，产品才能在大市场中站住脚。人类要寻求可持续发展，就必须约束自己，尊重自然规律，实现经济、自然环境和生活质量三者之间的相互促进与协调。社会公众绿色意识的觉醒，使他们在购买产品时不仅考虑对自己身心健康的影响，也考虑对地球生态环境的影响，谴责破坏生态环境的组织，拒绝接受有害于环境的产品、服务和消费方式，只有国家、组织和消费者三者同时牢牢树立绿色意识并付诸实施，绿色营销才能蓬勃发展。

（3）无差别性特点

绿色标准及标志呈现世界无差别性。绿色产品的标准尽管世界各国不尽相同，但都是要求产品质量、产品生产、使用消费及处置等方面符合环境保护要求，对生态环境和人体健康无损害。

（4）双向性特点

绿色营销不仅要求组织树立绿色观念、生产绿色产品、开发绿色产业，同时也要求广大消费者购买绿色产品，对有害产品进行自觉抵制，树立绿色观念。绿色营销的兴起与发展，进一步培育消费者的环保观念。大量绿色食品的出现，已掀起热爱绿色食品的浪潮，促进了绿色消费意识的形成；可降解餐饮用具的使用，不仅减少了"白色污染"，也增强了人们保护环境、防止污染的意识；可回收电池的应用也大大促进了人们节约资源、回收废物的观念……消费者环保观念的进一步培育与加强又直接作用于可持续发展的进程。人们在思索，在期盼，希望绿色营销能让世界真正回归自然，回归绿色。

5. 策略

（1）绿色产品和品牌策略

绿色营销的开端更是要从源头抓起。只有这样，才能保证绿色产品供应链的有效运转，最终实现绿色消费，达到对生态环境保护并减少污染的目的。

①绿色产品设计成为重中之重。要求采取绿色营销的组织从材料的选购、产品结构、功能性能、设计理念、制造过程开始层层把关，加强生态、环保、节能、资源利用等方面的控制与遴选，确保绿色消费的达成。除此之外，在产品的包装、运输、储存及使用、废弃物的处理等都要考虑各种有可能受到影响的绿色因素。

②绿色产品讲究综合成果，即绿色产品要能够体现健康、安全、环保，体现对社会的一种责任意识，将原本属于社会职能的内容考虑进组织的经营管理当中，并认真负责地承担起解决这些社会问题的义务。

③组织在进行品牌战略时，要切实抓紧绿色产品这一载体，赋予绿色品牌更多的内涵，体

现绿色经营管理文化，灌输绿色经营管理观念，丰富品牌承载量，扩展品牌深度，从而实现品牌价值最优化、最大化。

④绿色品牌策略包括如下内容：一是具有高度责任意识的绿色品牌定位；二是精细而健康的绿色品牌维护；三是科学系统的绿色品牌经营管理；四是长期不懈地进行绿色品牌修正。

(2)绿色产品的价格策略及市场定位

①绿色产品具有较高附加值，拥有优良的品质，从健康、安全、环保等诸多方面都具有普通产品无法比拟的优势。因此，在其市场定位上应该着眼于较高的消费需求。

②在价格策略上，绿色产品由于支付了相当昂贵的环保成本，在产品选材及设计上的独特性和高要求，使其具有普通产品无法比拟的高附加值，因此其价格比一般普通产品高是极其正常的，消费者也很愿意接受这样的一种价格。因此，组织在为绿色产品进行定价时，要充分地将环保成本、研发设计成本、其他诸如绿色包装、绿色材料、绿色渠道、绿色服务等的成本考虑在内，从而制定出对于组织和消费大众都是比较合理的市场价格，逐步在消费者心目中灌输一种"污染者付费""环境有偿使用"的现代观念。

③组织在对绿色产品进行定价时，应该遵循一般产品定价策略。根据市场需求、竞争情况、市场潜力、生产能力和成本、仿制的难易程度等因素综合考虑。

(3)绿色渠道策略

①建设属于绿色营销的专用渠道。

②绿色代表着健康向上，绿色中间商或经销商也要具有良好的绿色本质和气质。一方面，绿色经销商或中间商要具有良好的绿色信誉，能够并愿意为绿色事业做出贡献；另一方面，能够接受并秉承绿色营销理念，要求其在日常的经营过程中已经注意绿色环保的重要性，并通过其绿色经营以从中获取相当可观的绿色收益；再就是，绿色经销商或中间商在日常经营过程中愿意接受组织相关的绿色指导，采取正当可行的绿色竞争手段，实施可持续发展的绿色健康竞争秩序。

③作为辅助，组织可以开设一些绿色专营店，确保专营店"纯绿色经营"，对于建立产品良好的绿色信誉，确保消费者对于绿色产品的认知，都将发挥较大作用。

(4)绿色促销策略

绿色促销策略的核心是通过相关活动，达到树立组织绿色健康形象，丰富组织绿色营销内涵，促进绿色产品推广和消费。

绿色促销要重点开展具体的营销和推广活动，将组织的绿色行动付诸实施。组织可以通过一些媒体宣传自己在绿色领域的所作所为，并积极参与各种公益及环保活动，大力提倡绿色环保产品的推广和使用，带头推动一些有意义的环保事业。组织必须时刻以对自然、对他人、对未来、对竞争对手负责的态度，来奉献自己的绿色爱心，提高公众的绿色意识，引导绿色消费需求。

因此，制定绿色促销策略，不但要突出爱心、责任、奉献等人文因素，而且要具有长期的战略眼光，将组织的长期利益与组织的短期目标结合起来，要有重点、有秩序地层层推进，切不可虚张声势、不讲实际。

(5)绿色服务

①传播绿色消费观念，减少绿色消费误区。

②真正从专业化的角度解决消费者在绿色消费中出现的问题，指导消费者进行纯绿色消费。

③实现绿色产品价值再造。通过绿色服务，减少资源浪费、节约物质消耗、减少环保成本、实施资源综合利用，实现绿色产品在绿色服务中价值最大化。

(6)绿色管理

组织在对外推行绿色观念的过程中，也要将绿色观念融入组织的生产经营管理活动中。目前，国际比较通行的做法是“5R”原则：研究(research)，就是把环保纳入组织的管理决策中，重视对于环保的研究及相关的环境对策；减消(reduce)，通过采用新技术、新工艺、新材料，减少或消除有害废弃物的排放；再开发(rediscover)，积极进行科研活动，变普通产品为绿色产品，积极创造绿色品牌；循环(recycle)，对废旧产品进行回收处理，循环利用；保护(reserver)，积极参与环境整治活动，培养员工环保意识，树立组织绿色形象。

组织通过绿色管理原则，建立绿色发展战略，实施绿色经营管理策略，制定绿色营销方案，才能加快绿色组织文化的形成，推动组织绿色技术、绿色生产，生产出满足公众绿色需求的产品，实现社会和组织经济的可持续发展。

参考文献

[1](美)菲利普·科特勒(Kotler,P.),(美)阿姆斯特朗(Armstrong,G.).郭国庆等译.市场营销原理[M].北京:清华大学出版社,2007.

[2](美)卡尔·迈克丹尼尔.营销学精要[M].北京:电子工业出版社,2007.

[3]吴健安.市场营销学[M].北京:高等教育出版社,2007.

[4]郭国庆.现代市场营销学[M].北京:清华大学出版社,2008.

[5]吕一林.市场营销学[M].北京:科学出版社,2006.

[6]杨洪涛.现代市场营销学[M].北京:机械工业出版社,2009.

[7]张雁白,苗泽华.市场营销学概论(第二版)[M].北京:经济科学出版社、中国铁道出版社,2010.

[8]钱旭潮,王龙,韩翔.市场营销管理[M].北京:机械工业出版社,2009.

[9]吴涛,王建军.市场营销管理[M].北京:中国发展出版社,2005.

[10](美)纳雷希·K.马尔霍特拉.涂平译.市场营销研究:应用导向(第三版)[M].北京:电子工业出版社,2002.

[11](美)杰特劳特.定位[M].北京:中华工商联合出版社,2006.

[12](美)唐·舒尔茨(Don E. Schultz).整合营销传播[M].北京:中国财政经济出版社,2005.

[13](韩)W.钱金(W. Chan Kim).蓝海战略[M].北京:商务印书馆,2005.